教育部职业教育与成人教育司推荐教材
中等职业学校汽车运用与维修专业教学用书

汽车运用与维修专业技能型紧缺人才培养培训教材

Daxing Yunshu Cheliang Dipan Gouzao Yu Weixiu

大型运输车辆底盘构造与维修

主编　熊建国

主审　杨宏进
　　　杨维和

人民交通出版社

内 容 提 要

本书是教育部职业教育与成人教育推荐教材，也是汽车运用与维修专业技能型紧缺人才培养培训教材。

本书是汽车运用与维修专业大型运输车辆维修技术专门化方向的一门主干专业课程。本课程是在学习了《汽车底盘构造与维修》课程的基础上，进一步学习和掌握大型运输车辆底盘的结构特点、工作原理、维护和修理方法。本课程讲授国产和进口典型的大型运输车辆底盘的构造、工作原理、维护、修理、常见故障诊断与排除等知识。

本书可作为中等职业教育汽车运用与维修专业汽车大型运输车辆方向的教学用书，也可供汽车维修人员及大专院校的学生学习参考。

图书在版编目(CIP)数据

大型运输车辆底盘构造与维修/熊建国主编．—北京：人民交通出版社，2005.12 （重印 2011.3）
中职教材
ISBN 978-7-114-05860-8

Ⅰ.大… Ⅱ.熊… Ⅲ.①重型载重汽车－底盘－构造－高等学校：技术学校－教材②重型载重汽车－底盘－维修－高等学校：技术学校－教材 Ⅳ.U469.2

中国版本图书馆 CIP 数据核字(2005)第 144862 号

书　　名：大型运输车辆底盘构造与维修
著 作 者：熊建国
责任编辑：钟　伟
出版发行：人民交通出版社股份有限公司
地　　址：（100011）北京市朝阳区安定门外外馆斜街 3 号
网　　址：http://www.ccpress.com.cn
销售电话：（010） 59757973
总 经 销：人民交通出版社股份有限公司发行部
经　　销：各地新华书店
印　　刷：北京市密东印刷有限公司
开　　本：787×1092　1/16
印　　张：11
字　　数：198 千
版　　次：2006 年 1 月　第 1 版
印　　次：2015 年 11 月　第 4 次印刷
书　　号：ISBN 978-7-114-05860-8
印　　数：7001-9000 册
定　　价：14.00 元

前言 QIANYAN

为深入贯彻《国务院关于大力推进职业教育改革与发展的决定》以及教育部等六部委《关于实施职业院校制造业和现代服务业技能型紧缺人才培养培训工程的通知》精神，全面实施《2003—2007年教育振兴行动计划》中提出的“职业教育与培训创新工程”，积极推进课程改革和教材建设，为职业教育教学和培训提供更加丰富、多样和实用的教材，更好地满足职业教育改革与发展的需要。交通职业教育教学指导委员会汽车运用与维修学科委员会组织全国交通职业院校的专业教师，按照教育部颁布的《中等职业院校汽车运用与维修专业领域技能型紧缺人才培养培训指导方案》的要求，编写了教育部职业教育与成人教育司推荐教材，供中等职业院校汽车运用与维修专业教学使用。

本系列教材符合国家对技能型紧缺人才培养培训工作的要求，注重以就业为导向，以能力为本位，面向市场、面向社会，为经济结构调整和科技进步服务的原则，体现了职业教育的特色，满足了高素质的中、初级汽车专业实用人才培养的需要。

本系列教材在组织编写过程中，认真总结了全国交通职业院校多年来的专业教学经验，注意吸收发达国家先进的职教理念和方法，形成了以下特色：

1. 以《汽车电工与电子基础》、《汽车机械基础》、《汽车发动机构造与维修》、《汽车底盘构造与维修》、《汽车电气设备构造与维修》、《汽车维修质量检验》六门课程搭建专业基本能力平台，以若干专门化适应各地各校的实际需求；

2. 打破了教材传统的章节体例，以专项能力培养为单元确定知识目标和能力目标，使培养过程实现“知行合一”；

3. 在内容的选择上，注重汽车后市场职业岗位对人才的知识、能力要求，力求与相应的职业资格标准衔接，并较多地反映了新知识、新技术、新工艺、新方法、新材料的内容。

《大型运输车辆底盘构造与维修》是汽车运用与维修专业领域

技能型紧缺人才培养培训大型运输车辆专门化方向主干课程之一,内容包括:国产和进口典型的大型运输车辆底盘的构造、工作原理、维护、修理、常见故障诊断与排除等知识。

参加本书编写工作的有:青海交通职业技术学院熊建国(编写第二单元)、赵建宁(编写第一、第六单元)、李富香(编写第三、第四单元)、李恒宾(编写第五单元),青海东风煜展汽车销售公司的江启明参与了第二、第三、第四单元故障诊断和维修部分的编写工作。

全书由熊建国担任主编,云南交通职业技术学院杨宏进、杨维和担任主审。

限于编者经历和水平,教材内容难以覆盖全国各地的实际情况,希望各教学单位在积极选用和推广本系列教材的同时,注重总结经验,及时提出修改意见和建议,以便再版修订时改正。

交通职业教育教学指导委员会

汽车运用与维修学科委员会

二〇〇五年十一月

目录 MULU

单元一　大型运输车辆底盘概述

学习目标

知识目标

1. 叙述大型运输车辆底盘的组成；

2. 叙述大型运输车辆底盘传动系的布置形式和各自特点。

技能目标

1. 会分析典型大型运输车辆底盘的组成；

2. 能对典型的大型运输车辆底盘传动系的布置形式有一定认识。

1　大型运输车辆底盘的组成

大型运输车辆底盘是接受发动机的动力，使车辆运动并按驾驶员的操作而正常行驶的部件。

1.1　大型运输车辆传动系

大型运输车辆传动系

大型运输车辆传动系的功用是将发动机的动力传给驱动车轮。传动系主要包括离合器、变速器、万向传动装置、主减速器及差速器、半轴等部分。

按用途及吨位不同，大型运输车辆的传动系统有着多种不同的形式。但主要分为两类：机械式传动系统、液力机械式传动系统。

机械式传动系统由于具有结构简单、制造容易、使用可靠和传动效率高等优点，因此在大型运输车辆上被广泛采用。

随着大型运输车辆装载质量的增加，大型离合器和变速器的旋转质量比较大，将使换档困难。换档时踩下离合器踏板，换档时间长，变速器齿轮有强烈的撞击声；当道路阻力发生变化时，必须及时换档，否则，发动机工作不稳定，极易熄火。故对吨位较大的大型运输车辆，机械式传动系统难以满足使用要求，因此液力机械式传动系统被广泛采用。

液力机械式传动系统装有液力变矩器，它能根据道路阻力变化，在一定范围内自动地、无级地改变传动比和转矩比，使驾驶操作简便。液力变矩器能衰减传动系的扭转振动、防止传动系过载，可以大大地延长发动机和传动系的使用寿命。目前，吨位较大的大型运输车辆一般多采用液力机械式传动系统。

1.2　大型运输车辆行驶系

大型运输车辆行驶系

大型运输车辆行驶系的功用是使汽车各总成及部件安装在适当的位置,对全车起支撑作用,以保证汽车正常行驶。行驶系主要包括车架、车桥、车轮、悬架等部分。

近年来为了适应道路条件和装载条件,提高整车的平顺性以及轮胎的使用寿命,缓解驾驶员的疲劳,大型运输车辆行驶系广泛采用了油气悬架和空气悬架。大型运输车辆行驶系在车架、车桥与车轮的构造上与普通汽车的有所不同。

1.3　大型运输车辆转向系

大型运输车辆转向系

大型运输车辆转向系的功用是用来改变汽车的行驶方向和保持汽车直线行驶的。普通汽车的转向系由转向操纵机构、转向器、转向传动机构组成。大型运输车辆,由于转向阻力很大,为使转向轻便,一般均采用动力转向系统。

动力转向系统是以发动机输出的动力为能源来增大驾驶员操纵转向轮转向的力量。这样,使转向操纵十分省力,提高了汽车行驶的安全性。

1.4　大型运输车辆制动系

大型运输车辆制动系

大型运输车辆制动系的功用是用来迫使汽车减速或停车,控制下坡时的车速,并保持汽车能停放在斜坡上。汽车具有良好的制动性能对保证安全行车和提高运输生产率起着极其重要的作用。制动系包括前轮制动器、后轮制动器以及控制装置、供能装置和传动装置。

普通汽车的制动系是由汽车行驶中暂时降低车速直至停车的行车制动装置和汽车停驶后,仍能保持在原位,特别是在坡道上原地停住的驻车制动装置两套独立系统组成。

大型运输车辆由于吨位大,行驶时车辆的惯性也大,需要的制动力也就大;同时由于其特殊的使用条件,对汽车制动性能的要求与普通汽车有所不同。大型运输车辆除装有行车制动、驻车制动装置外,一般还装设有紧急制动和安全制动装置。紧急制动是在行车制动失效时,作为紧急制动之用。安全制动是当制动系气压不足时起制动作用,使车辆无法行驶。大型运输车辆的制动系还增设有各种不同形式的辅助制动装置,如排气制动、液力减速、电力减速等辅助制动装置,以减轻常用的行车制动装置的负担。

为确保汽车行驶安全并且操纵轻便省力,大型运输车辆一般均采用气压式制动传动机构、气液综合式制动传动机构，制动管路采用双管路系统。

汽车在制动过程中，作用于车轮上有效制动力的最大值受轮胎与路面间附着力的限制。如有效制动力等于附着力，车轮将停止转动而产生滑移。此时，汽车行驶操纵稳定性将受到破坏。如前轮抱死，则前轮对侧向力失去抵抗能力，汽车转向将失去控制；如后轮抱死，由于后轮丧失承受侧向力的能力，后轮则侧滑而发生甩尾现象。有的大型运输车辆已装用了在任何情况下制动时，都能避免车轮抱死的电子控制防抱死装置。

1.5　大型自卸车辆举升系统

大型自卸车辆举升系统

大型自卸车辆举升系统的功用是举起车厢倾卸货物，而车厢的下降是依靠车厢的质量。

目前，在大型自卸车上，广泛采用气控液压举升系统，举升系统一般由举升油泵、举升缸、举升油箱、操纵与控制阀、油的管路和车厢等组成。

2　大型运输车辆底盘传动系的布置形式

大型运输车辆底盘传动系的布置形式与发动机相对于各总成的位置有关，一般主要采用发动机前置后轮驱动和发动机后置后轮驱动。

2.1　发动机前置后轮驱动

如图 1-1 所示，发动机的动力经离合器、变速器、万向节、

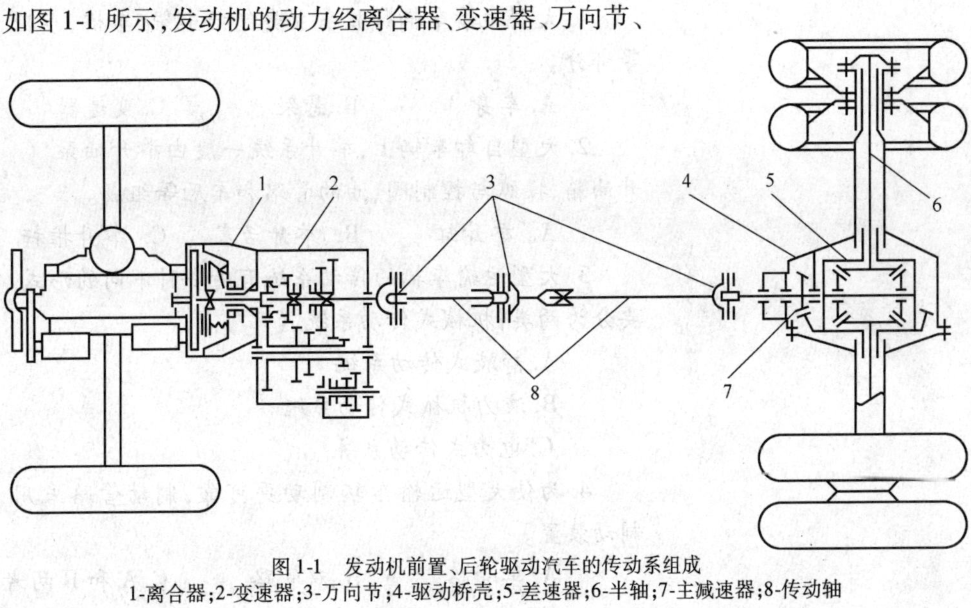

图 1-1　发动机前置、后轮驱动汽车的传动系组成
1-离合器；2-变速器；3-万向节；4-驱动桥壳；5-差速器；6-半轴；7-主减速器；8-传动轴

传动轴、驱动桥、半轴,最后传给后驱动车轮,使汽车行驶。这是传统的布置形式,大多数货车和部分大型客车采用这种形式。

2.2 发动机后置后轮驱动

如图 1-2 所示,发动机的动力经离合器、变速器、角传动装置、万向传动装置、驱动桥,驱动车轮使汽车行驶。这种布置形式具有室内噪声小、空间利用率高等优点,因此主要采用在大型客车上。

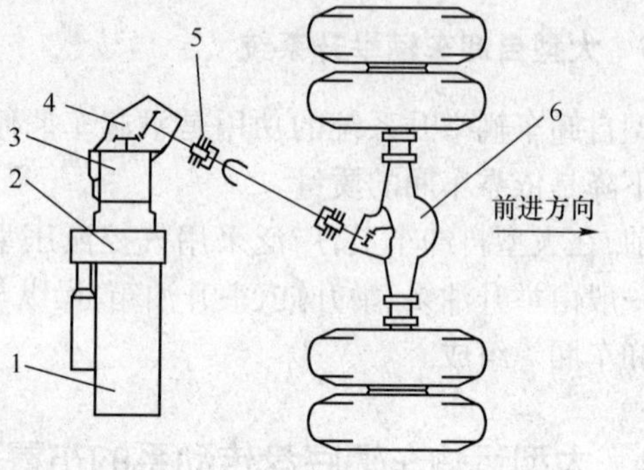

图 1-2 发动机后置、后轮驱动的大型客车传动系示意图

1-发动机;2-离合器;3-变速器;4-角传动装置;5-万向传动装置;6-驱动桥

思考与练习

一、选择题

1. 大型运输车辆行驶系主要包括车架、车桥、车轮、(　)等部分。

A. 车身　　B. 悬架　　C. 变速器

2. 大型自卸车辆上,举升系统一般由举升油泵、(　)、举升油箱、操纵与控制阀、油的管路和车厢等组成。

A. 举升缸　　B. 举升活塞　　C. 举升推杆

3. 大型运输车辆的传动系统有着多种不同的形式。但主要分为两类:机械式传动系统、(　)。

A. 静液式传动系统

B. 液力机械式传动系统

C. 电力式传动系统

4. 为使大型运输车辆制动更可靠,制动管路采用(　)制动装置。

A. 单管路　　B. 双管路　　C. A 和 B 两者均可

5. 有的大型运输车辆已装用了在任何情况下制动时，都能避免车轮抱死的（　）装置。

A. 电子控制防抱死

B. 排气制动

C. 电力减速

二、判断题

1. 大型运输车辆由发动机、底盘、点火系和车身等4个基本部分组成。（　）

2. 一般大型运输车辆的传动系主要是由离合器、变速器、万向节、传动轴和驱动桥等组成。（　）

3. 大型运输车辆，由于转向阻力很大，为使转向轻便，一般均采用动力转向系统。（　）

4. 大型自卸车辆举升系统的功用是举起车厢倾卸货物，而车厢的下降是依靠车厢的质量。（　）

5. 发动机前置、后轮驱动能够充分利用车箱面积。（　）

三、简答题

1. 简述大型运输车辆底盘的组成及功用。

2. 大型运输车辆底盘传动系的布置形式主要有哪几种？各有哪些特点？

单元二　大型运输车辆传动系的构造与维修

学习目标

知识目标

1. 叙述大型运输车辆传动系各总成的构造及工作原理；
2. 叙述大型运输车辆传动系各总成常见故障及排除方法；
3. 叙述大型运输车辆传动系各总成主要零件的检修；
4. 叙述大型运输车辆传动系各总成的维护与调整。

能力目标

1. 会分析大型运输车辆传动系各总成的构造；
2. 会做大型运输车辆传动系各总成的维护与调整；
3. 会做大型运输车辆传动系各总成主要零件的检修；
4. 能解决大型运输车辆传动系各总成常见故障的排除。

1　离合器的构造及工作原理

离合器位于发动机与变速器之间，是汽车传动系中直接与发动机相联系的总成。其功用主要有：保证汽车平稳起步；便于换档；防止传动系过载。

汽车离合器的种类较多，但大型运输车辆主要采用双片多簧式、中央弹簧式、斜置弹簧式等。

1.1　双片多簧式离合器

双片多簧式离合器

图 2-1 所示为大型运输车辆双片多簧式离合器。其主动部分由飞轮 8、离合器盖 16、压盘 6 和中间压盘 7 组成，离合器盖由铸铁制成并用螺钉装于飞轮后端，压盘后端的外缘制有 4 个凸耳，并伸入离合器盖对应的 4 个切槽中，用来传递离合器盖至压盘的转矩。中间压盘的外缘上有 4 个缺口，飞轮上的 4 个定位块 1 即嵌装在这 4 个缺口中，用以传递飞轮至中间压盘的转矩，同时还起导向和定心作用。这种传动方式与前述传动片传动方式相比传动更可靠，但对传动件接触部分的尺寸和位置精度要求较高，且由于存在传动间隙，在离合

器分离和接合过程中，传动件摩擦和磨损大，磨损后冲击噪声大，并使导向、定心性能变坏。从动部分的2个从动盘3和4分别被夹在飞轮8与中间压盘7、中间压盘与压盘6之间，并由12个沿圆周分布的压紧弹簧15压紧，使离合器处于接合状态。这样，发动机的转矩便可经4个摩擦面传给从动轴。

双片离合器有2个压盘和2个从动盘，摩擦面增加到4个。与单片离合器相比，在其他因素相同时，能传递较大的转矩，可以满足大型运输车辆的要求。同时，由于摩擦片数增多，接合较为柔和。

中间压盘不能像压盘一样由分离杠杆直接拉动分离。为保证主、从动部分彻底分离，需设中间压盘的分离装置。该离合器采用弹簧——限位螺钉满足这一要求。离合器分离时，4根分离杠杆5绕支承销9上的支点转动并将压盘拉向后方，而中间压盘则被装在它和飞轮之间的分离弹簧2推向后方，使前从动盘4分离，同时为了防止中间压盘后移过多将后从动盘3夹紧，在离合器盖上装有4个限位螺钉17，用以限制中间压盘的行程。限位螺钉的轴向位置可以调整。

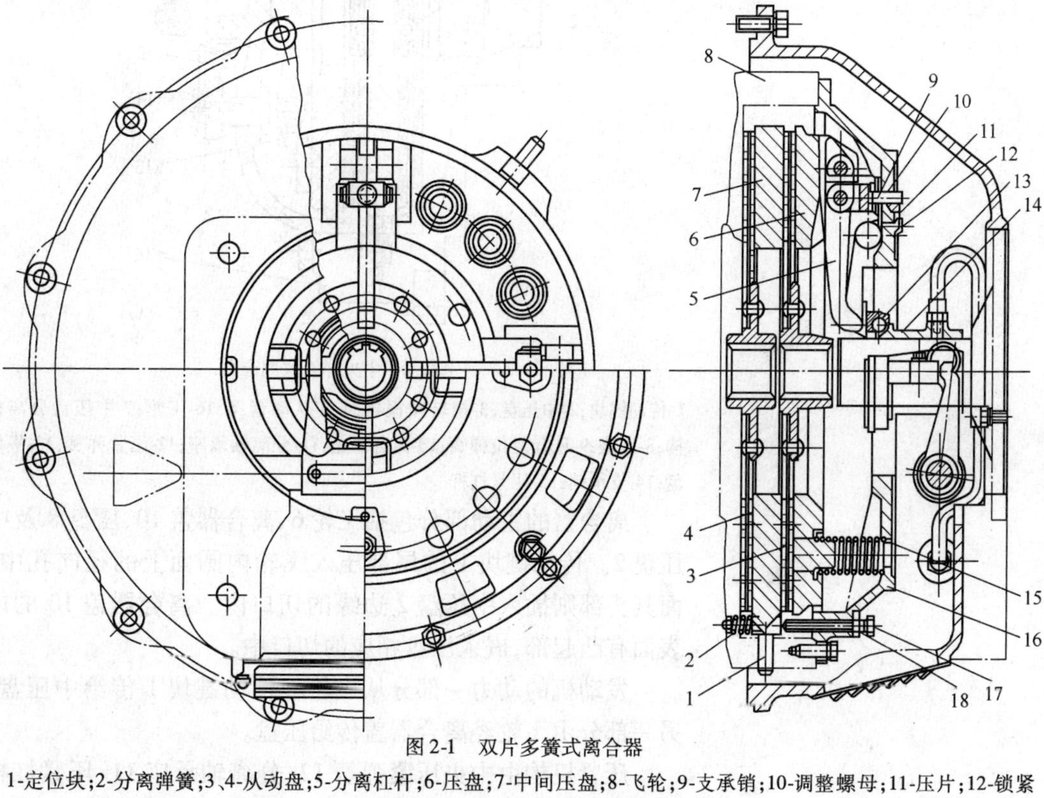

图2-1　双片多簧式离合器

1-定位块；2-分离弹簧；3、4-从动盘；5-分离杠杆；6-压盘；7-中间压盘；8-飞轮；9-支承销；10-调整螺母；11-压片；12-锁紧螺钉；13-分离轴承；14-分离套筒；15-压紧弹簧；16-离合器盖；17-限位螺钉；18-锁紧螺母

分离杠杆工作高度可由调整螺母10来调整,其消除运动干涉的结构措施是支点摆动式。

1.2 中央弹簧离合器

中央弹簧离合器

中央弹簧离合器的压紧弹簧只有一个,且位于离合器的中央。图2-2所示为大型运输车辆中央弹簧离合器的构造。

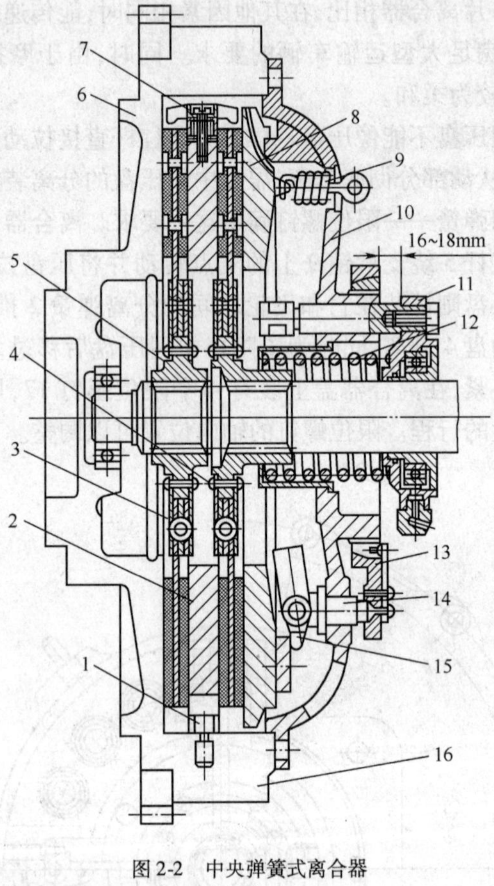

图2-2 中央弹簧式离合器

1-传动键块;2-中压盘;3-扭转减振器;4、5-从动盘;6、16-飞轮;7-中压盘分离机构;8-压盘;9-压盘复位弹簧;10-离合器盖;11-分离轴承座;12-压紧弹簧;13-平衡盘;14-支承销;15-压紧杠杆

离合器的主动部分包括飞轮6、离合器盖10、压盘8及中压盘2。传动键块1的尾部压入飞轮内圆面上的径向孔中,而其头部则插入中压盘2边缘的切口内。离合器盖10的内表面有凸起部,嵌入压盘相应的切口中。

发动机的动力一部分从飞轮经传动键块1传给中压盘,另一部分由飞轮经离合器盖传给压盘。

压紧机构由中央压紧弹簧12、分离轴承座11、压紧杠杆15、支承销14和平衡盘13等机件组成。中央压紧弹簧12的前端,通过一个用钢板冲压制成的支承盘支于离合器盖上,其后端则抵靠着分离轴承座 11。装在离合器盖上的 3 根传动杆,其两端分别与 3 根压紧杠杆 15 的内端和分离轴承座 11 相连接。压紧杠杆 15 以固定在离合器盖上的支承销 14 为支点,其外端与压盘 8 相接触。于是,中央弹簧的压紧力便通过分离轴承座 11、传动杆和压紧杠杆 15,将离合器的主动部分和从动部分压紧。

为使中央弹簧的压紧力均匀分配到 3 根压紧杠杆上,故设有自动平衡机构。支承销 14 顶住平衡盘 13,平衡盘 13 与调整环以球面相配合,调整环借螺纹固定在离合器盖上。假如 3 根压紧杠杆所传递的压紧力不相等,则通过 3 根支承销作用在平衡盘上的力便不平衡,而使平衡盘沿球面摆动,直至 3 根压紧杠杆传力相等时为止。

当驾驶员踩下离合器踏板时,通过离合器的操纵机构将分离轴承座 11 推向前方,进一步压缩中央弹簧。同时,通过传动杆将压紧杠杆内端向前推动,则压紧杠杆以支承销为支点,压紧杠杆外端后移,解除中央弹簧对压盘的压紧力,于是压盘便在复位弹簧 9 的拉力作用下离开从动盘。

为保证离合器分离彻底,在中压盘上装有分离机构 7。它由分离摆杆和卷簧组成,分离摆杆的轴销插在中压盘的径向孔内,其中装有卷簧,使分离摆杆紧紧抵靠在飞轮的端面上。当中央弹簧压紧力消除、压盘后移时,分离摆杆便在卷簧弹力作用下转动,使中压盘后移,并保证中压盘在飞轮和压盘之间的正中位置,从而使两个从动盘都有同样的轴向间隙。

中央弹簧离合器的特点之一是:离合器分离时,压缩中央弹簧所需的力较小。这是因为压紧杠杆的内臂比外臂长得多。中央弹簧的压紧力是经过压紧杠杆放大后才传到压盘上,这样便可以用较软的弹簧而获得较大的压紧力。由于中央弹簧具有这一优点,所以在一些大型运输车辆上用得很多。

中央弹簧离合器的另一个特点是:中央弹簧的压紧力是可以调整的。从图 2-2 可知,调整环是借螺纹与离合器盖相连接的。因此,转动调整环,使之向前移动,平衡盘及支承销也被向前推移。此时,压紧杠杆以其外端与压盘的接触点为支点而转动,其内端便通过传动杆将分离轴承座向前推移,进一步压缩中央弹簧。

当从动盘的摩擦片磨损后,在接合状态下,压盘的轴向位置比磨损前略为前移。同时,分离轴承座也相应地向后移动一定距离。这就使压紧弹簧的工作长度增加,而使压紧力减小,从而使离合器所能传递的最大转矩值也下降。由于中央弹簧离合器中央弹簧的压紧力是可以调整的,故通过调整,可以使压紧弹簧的工作长度恢复到原有的标准值。

另外,由于压紧弹簧不与压盘直接接触,因此可以避免压盘的热量直接传给压紧弹簧,所以压紧弹簧不会由于过热而使其弹性受到影响。

离合器的中央弹簧是圆柱形的,其轴向尺寸较大,有时给布置带来困难。为了缩短轴向尺寸,有的中央弹簧采用矩形或圆柱形断面的锥形弹簧。

1.3　斜置弹簧离合器

斜置弹簧离合器

图 2-3 所示是在大型运输车辆上采用的斜置弹簧离合器。周向布置的若干个压紧弹簧 6 安装在离合器盖与传力盘 2 之间,各个弹簧的轴线相对于离合器轴线倾斜一个角度 α。作用在传力盘上的全部压紧弹簧力的轴向分力之和通过以外端为支点的压紧杠杆 1 放大后再施加于压盘上。当离合器分离时,分离叉 4 通过分离轴承 3 和分离套筒 5 将传力盘 2 向右拉。撤除压紧杠杆对压盘的压紧力,使压盘得以在分离弹簧 7 的作用下与从动盘脱离接触。压紧弹簧倾斜安装的目的是对摩擦片磨损起补偿作用。设每个弹簧的作用力为 Q,则

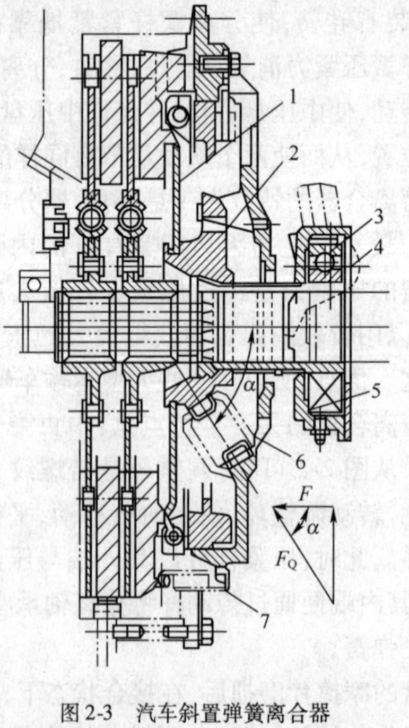

图 2-3　汽车斜置弹簧离合器

1-压紧杠杆;2-传力盘;3-分离轴承;4-分离叉;5-分离套筒;6-压紧弹簧;7-分离弹簧

其轴向分力 $F = Q\cos\alpha$。当摩擦片磨损时,压紧杠杆内端左移,弹簧伸长,力 Q 减小,但与此同时,夹角 α 也减小,$\cos\alpha$ 增大。这样,在摩擦片磨损范围内,弹簧作用力的轴向分力 $F = Q\cos\alpha$(压盘压紧力)几乎保持不变。同样,当分离过程中向右拉传力盘时,力 F 值也大致不变。因此,这种离合器的突出优点是工作性能十分稳定,彻底分离所需踏板力较小。

1.4　离合器的操纵机构

汽车离合器的操纵机构包括由离合器踏板到分离轴承之间的全部零件。目前,大型运输车辆离合器的操纵机构主要采用气压助力式操纵机构。

1.4.1　气压助力液压式操纵机构

图 2-4 所示为大型运输车辆离合器气压助力液压式操纵

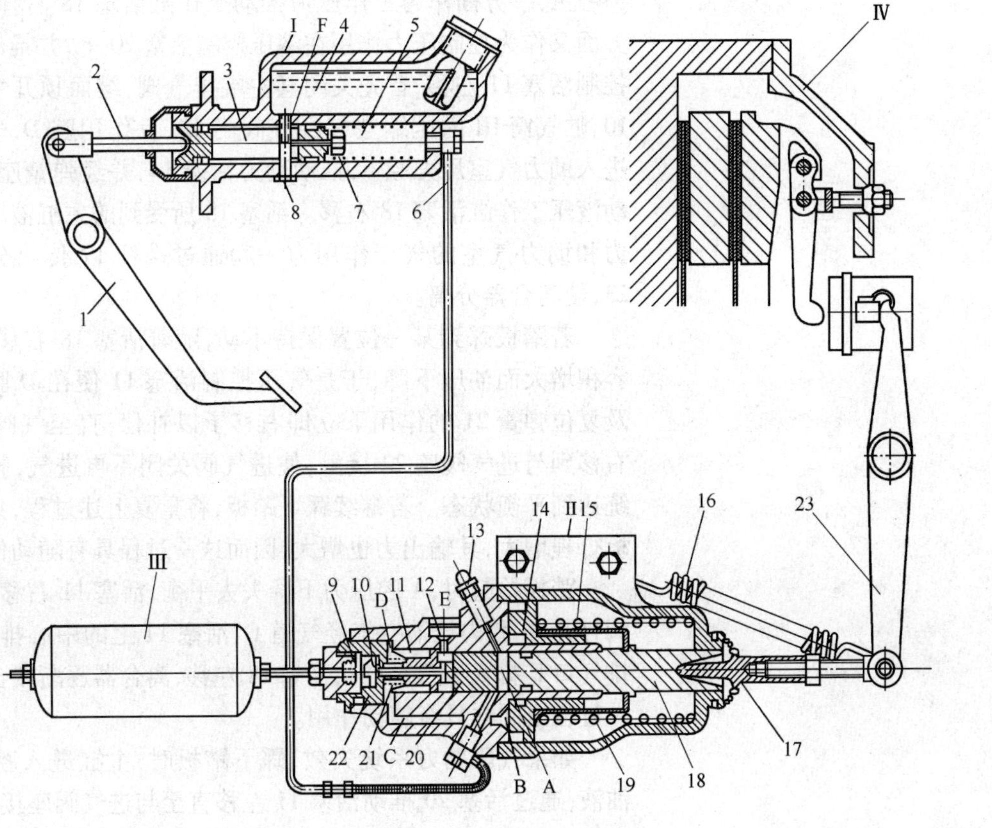

图 2-4　汽车离合器的气压助力液压操纵系统

I-液压主缸;II-气压助力液压工作缸;III-贮气筒;IV-离合器

1-离合器踏板;2-主缸推杆;3-主缸活塞;4-贮油室;5-主缸活塞复位弹簧;6-油管;7-进油阀;8-限位螺钉;9-气阀门弹簧;10-气阀门;11-气压控制活塞;12-排气滤清器;13-放气螺钉;14-气压助力活塞;15-气压助力活塞复位弹簧;16-分离叉复位弹簧;17-液压工作缸推杆;18-液压工作缸活塞;19-弹簧座;20-液压控制活塞;21-气压控制活塞复位弹簧;22-进气阀座;23-离合器分离叉

A-液压工作缸压力腔;B-助力气室压力腔;C-气道;D-控制阀反作用腔;E-排气口;F-主缸进油孔

机构。主要由液压主缸 I 和气压助力液压工作缸 II、贮气筒 III 等组成。气压助力液压工作缸 II 是一个将气压控制阀、助力气缸及液压工作缸三者组合为一体的总成。其中,气压控制阀又受主缸油压的控制。液压主缸 I 上没有补偿孔而设置了进油阀 7,切槽旋装在缸体上。

离合器处于接合状态时,主缸活塞处于最左端位置,如图 2-4 所示,空心的进油阀 7 以其左端顶靠在螺钉 8 上,使进油阀保持开启,贮油室 4 中的工作液经进油孔 F、活塞 3 的切槽和进油阀 7 中的通道流入并充满主缸工作腔。

气压助力液压式操纵机构

踩下离合器踏板时,主缸活塞 3 右移,最初进油阀 7 在其弹簧作用下顶靠在螺钉 8 上不动,随活塞右移,进油阀开度减小,直至完全关闭,活塞 3 便带动进油阀一起右移并进入有效行程。主缸工作腔中的压力油沿油管 6 进入液压工作缸的压力腔 A,一方面作为工作压力推动工作缸活塞 18 右移;另一方面又作为控制压力作用在液压控制活塞 20 上,并推动气压控制活塞 11 左移,首先关闭其左端排气阀,继而顶开气阀门 10,贮气筒 III 内压缩空气经气阀门 10、反作用腔 D、气道 C 进入助力气室压力腔 B,推动助力活塞 14,并经弹簧座 19 推动液压工作缸活塞 18 右移。活塞 18 所受到的主缸液压作用力和助力气室的气压作用力一起通过推杆 17 传给分离叉 23,使离合器分离。

若踏板踩到某一位置保持不动,随着活塞 18 右移,A 腔容积增大而油压下降,于是气压控制活塞 11 便在 D 腔气压及复位弹簧 21 的作用下立即右移予以补偿,直至气阀门 10 右移到与进气阀座 22 接触,使进气阀关闭不再进气,整个系统达到平衡状态。若继续踩下踏板,将重复上述过程,只是踏板行程增大,其输出力也增大,因而这一过程具有随动作用。

踏板抬起时,A 腔压力下降失去平衡,活塞 11 右移,排气阀打开,B 腔内压缩空气经气道 C、活塞 11 上的中心排气道、排气口 E 排入大气,同时,活塞 18 左移,离合器逐渐接合。这一过程也同样具有随动作用。

如果气压助力系统失效,踩下踏板时,主缸进入腔 A 的油液,通过活塞 20 推动活塞 11 左移直至与进气阀座接触,活塞 20 不再移动,便同普通的液压工作缸一样,由主缸来的液压油推动活塞 18 使离合器分离。但此时踏板行程增大,踩动踏板所需的力较失效前大。

1.4.2 气压助力机械式操纵机构

图 2-5 为大型运输车辆离合器的气压助力机械式操纵机

构。其气压助力系统主要由控制阀4、助力气缸8及气压管路11、12组成。控制阀4连接在第一拉杆3与第二拉杆5之间,并能随拉杆一起移动。助力气缸8固定在车架上,其前端伸出部分与中间轴外臂6下端铰接;其后端通过通气软管11与控制阀4连通。控制阀4通过进气管12与压缩空气源相连。

控制阀的构造如图2-6所示。其作用是使助力缸的进、排气时刻及助力缸内所保持的气压与驾驶员的操作要求(或踏板行程)相适应,以产生相应的助力作用。

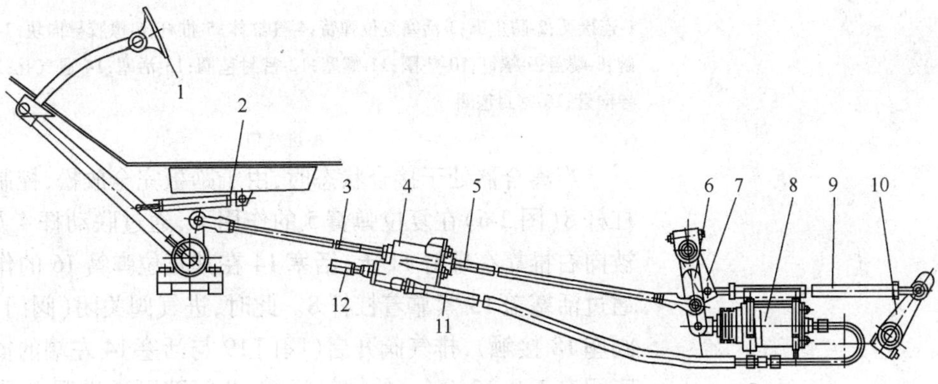

图2-5　汽车离合器气压助力式机械操纵机构

1-踏板;2-复位弹簧;3-第一拉杆;4-控制阀;5-第二拉杆;6-中间轴外臂;7-中间轴内臂;8-助力气缸;9-第三拉杆;10-分离叉臂;11-通气软管;12-进气管

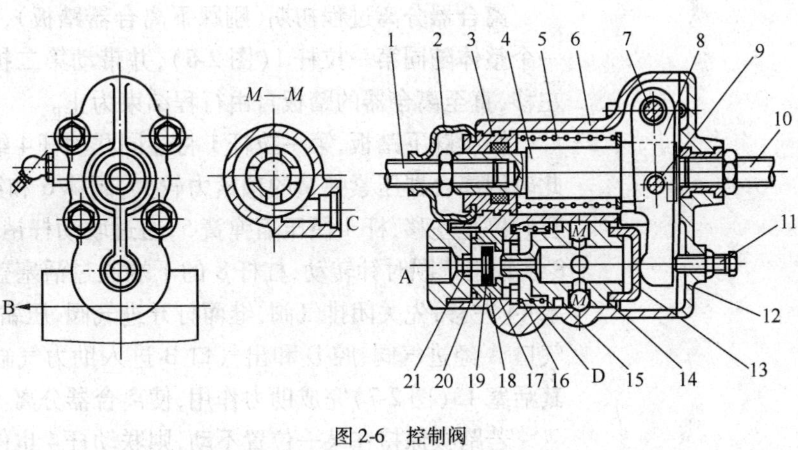

图2-6　控制阀

1-第一拉杆;2-防尘罩;3-油封;4-联动杆;5-联动杆复位弹簧;6-控制阀体;7 杠杆轴销;8-控制杠杆;9-联动杆销;10-第二拉杆;11-调整螺钉;12-端盖;13-活塞盖;14-活塞;15-活动O形圈;16-活塞复位弹簧;17-固定O形圈;18-进气阀座;19-阀门;20 固定O形圈;21-阀门弹簧

A-进气口;B-出气口;C-排气口;D-反作用腔

助力气缸的构造如图2-7所示。其作用是将气压力转变成对杆件的推力,从而起助力作用。

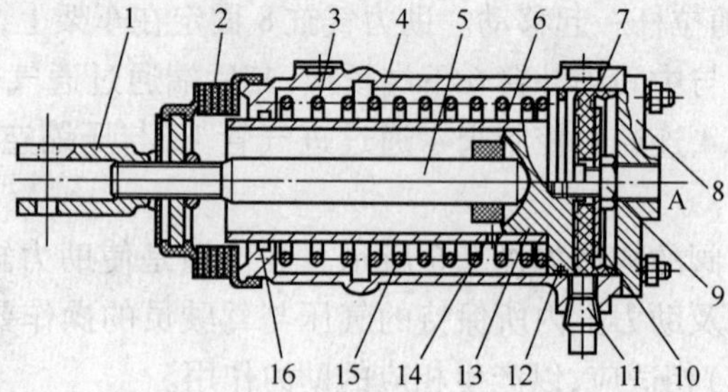

图2-7 助力气室构造图

1-连接叉;2-防尘罩;3-活塞复位弹簧;4-气缸体;5-推杆;6-橡胶导向块;7-橡胶皮碗;8-端盖;9-螺钉;10-垫圈;11-螺塞;12-密封毡圈;13-活塞;14-通气孔;15-活塞导向管;16-密封毡圈

A-进气口

当离合器处于接合状态时,由于踏板完全放松,控制阀的杠杆8(图2-6)在复位弹簧5的作用下,通过联动杆4及销9被向右推靠在螺钉11上,活塞14在其复位弹簧16的作用下通过活塞盖13紧靠着杠杆8。此时,进气阀关闭(阀门19与阀座18接触),排气阀开启(阀门19与活塞14左端的排气阀座间有1.0~2.0mm的排气间隙,此间隙可通过调整螺钉11调整)。因助力气缸气室与控制阀上的出气口B相通,并经开启的排气阀及排气口C与大气相通,所以助力气缸处于不工作位置(图2-7)。

离合器分离过程初期(刚踩下离合器踏板),控制阀作为一个整体随同第一拉杆1(图2-6),并带动第二拉杆10一起左移,直至离合器的踏板自由行程结束为止。

继续踩下踏板,第一拉杆1将连同联动杆4继续左移,但此时因离合器压紧弹簧的预紧力较大,阀体6和第二拉杆10暂时停止左移,杆4便压缩弹簧5,通过联动杆销9带动杠杆8绕轴销7顺时针转动,杠杆8的下端通过活塞盖13推动活塞14左移,先关闭排气阀,继而打开进气阀,压缩空气便从进气口A经进气阀、腔D和出气口B进入助力气缸气室,推动其活塞13(图2-7)完成助力作用,使离合器分离。

若踏板保持在某一位置不动,则联动杆4也停止移动,此时由于进气阀仍开启,压缩空气继续充入助力气缸。助力气缸输出力一方面通过第三拉杆9(图2-5)使离合器分离;另一方面通过第二拉杆5推动控制阀体前移,这样,在杆4(图2-6)和销9不动的情况下,杠杆8便以销9为支点逆时针方向偏转,活塞 14 和阀门 19 便在各自复位弹簧的作用下右移,直至进气阀关闭为止。而此时排气阀也未开启,整个系统处于平衡状态(即双阀关闭状态),并随踏板的继续踩下或放松,具有随动作用。

需要接合离合器时,放松踏板,控制阀联动杆复位弹簧 5(图 2-6)伸张,使联动杆 4 右移,解除了杠杆 8 对活塞 14 的作用力,活塞 14 在其复位弹簧 16 的作用下右移,直至杠杆 8 与螺钉 11 接触为止。于是,进气阀关闭排气阀打开,助力气缸气室内的压缩空气便经 B 孔、D 腔、排气阀(活塞 14 左端中心孔)、活塞 14 上的径向孔和环形切槽及阀体 6 上排气口 C 排入大气,助力作用消失,离合器重新接合。

当气压助力系统失效后,驾驶员踩下踏板,使控制阀活塞 14 与阀体 6 接触,使之变成拉杆式机械操纵机构,仍可依靠人力操纵离合器,但相应踏板行程增大,所需踏板力增加。

2　离合器的故障诊断与维修

2.1　离合器的常见故障及排除方法

离合器的常见故障及排除方法

大型运输车辆离合器的常见故障主要有打滑、分离不彻底、发抖、异响和踏板脚感弹力大等。

2.1.1　离合器打滑

(1)现象:离合器打滑,发动机的动力不能可靠地传递,表现为动力不足。

①起步时,已经抬起了离合器踏板,汽车不能起步或起步迟缓;

②行驶中,踏下加速踏板,汽车速度不能随着发动机转速增加而明显提高车速;

③上坡时感到动力不足,离合器打滑甚至发出烧焦气味。

(2)原因:

①离合器操纵系统调整不当,离合器踏板没有自由行程,分离轴承与分离杠杆之间没有间隙,使压盘不能压紧从动盘;

②离合器从动盘摩擦片不平、磨损、烧损、铆钉外露或摩擦片沾有油污;

③离合器踏板不能可靠回位;

④发动机飞轮、离合器压盘或从动盘变形;离合器盖与飞轮之间的固定螺栓松动;

⑤从动盘盘毂花键与变速器输入轴卡滞。

(3)故障诊断与排除方法:

①调整离合器操纵系统,调好离合器踏板的自由行程和踏板的总行程;

②磨平摩擦片,清除表面油污或更换摩擦片;

③检查离合器踏板助力机构和操纵机构,调好间隙,使离合器能可靠地分离和接合;

④消除飞轮、离合器或从动盘的变形,将离合器盖可靠地固定在飞轮上;

⑤维修从动盘盘毂花键或变速器输入轴花键轴,消除发卡因素。

2.1.2 离合器分离不彻底

离合器分离不彻底

(1)现象:

①汽车起步时,踏下离合器踏板,离合器分离不彻底,处于半分半合状态,挂档困难,变速器齿轮有撞击声;

②变速器挂档后,还没有抬离合器踏板,汽车就起步或发动机熄火。

(2)原因:

①离合器操纵系统调整不当,离合器踏板自由行程过大,使工作行程过小,离合器踏板踏到底还不能使离合器完全分离;

②液压操纵系统中缺油或进入空气;

③液压操纵系统元件损坏或漏油;

④离合器扭转减振器损坏;

⑤从动盘花键在花键轴上移动发卡;

⑥变速器输入轴损坏;

⑦离合器摩擦片松动或表面不平或表面油污;

⑧离合器分离叉座及球头磨损或变形;

⑨离合器盖与飞轮之间固定螺栓松动。

(3)故障诊断与排除方法:

①重新调整操纵系统,调好离合器踏板自由行程和总行程,使离合器彻底分离;

②向离合器操纵系统的储液罐中加油,排出液压操纵系统中的空气;

③更换液压操纵系统中损坏的零件;拧好液压系统各管接头,消除漏油现象;

④维修从动盘扭转减振器或更换从动盘总成;

⑤维修从动盘盘毂或变速器输入轴花键,使二者滑动自如;

⑥维修变速器输入轴；

⑦磨光离合器从动盘不平整的摩擦片表面，更换摩擦片或更换从动盘；清除摩擦片上的油污；

⑧更换离合器分离叉座；

⑨离合器盖紧固在飞轮上。

2.1.3　离合器发抖

离合器发抖

(1)现象：汽车起步时，驾驶员按正常操作较平缓地放松离合器踏板，汽车不是平稳地起步加速，而是间断接通动力，汽车轻微抖动，有行进振动感觉。

(2)原因：

①摩擦片上有油污；从动盘翘曲不平；摩擦片铆钉外露或松动；

②发动机飞轮、压盘或从动盘变形或表面不平，压紧时三者接触不良；

③扭转减振器弹簧弹力不均或失去弹力；

④离合器从动盘盘毂花键磨损，变速器输入轴花键轴磨损或轴变形，滑动不自如；

⑤飞轮在曲轴上的固定螺栓松动；变速器壳在离合器上的固定螺栓松动；发动机在汽车底板上的支承松动或有一个丢失。

(3)故障诊断与排除方法：

①磨平摩擦片；磨去油污；更换摩擦片；更换从动盘；

②消除飞轮、压盘和从动盘的变形，使离合器盖可靠地紧固在飞轮上；

③更换扭转减振器弹簧或更换从动盘；

④更换从动盘或维修变速器输入轴；

⑤紧固飞轮固定螺栓；紧固变速器固定螺栓；紧固发动机支承或换新支承。

2.1.4　离合器异响

离合器异响

(1)现象：汽车在行驶中离合器发出异常响声，多为离合器零件严重磨损，造成配合件间的撞击声；或某些零件脱落，卡滞在离合器中，发出不正常的声音。

(2)原因：

①离合器分离轴承缺油或损坏；

②起步时离合器发抖且伴随响声，为摩擦片粘有油污，铆钉外露等摩擦片的原因；离合器从动盘中心偏斜；

③换档时操作不当或离合器分离不彻底；

④行驶中由于摩擦片的原因使离合器处于半接合的状

态；

⑤从动盘盘毂花键磨损严重或变速器输入轴花键磨损，二者间隙过大；

⑥扭转减振器弹簧脱落或移位；

⑦有螺钉等异物进入离合器中。

(3)故障诊断与排除方法：

①更换损坏的离合器分离轴承；

②更换摩擦片，更换从动盘；

③消除离合器分离不彻底的因素；

④更换摩擦片；

⑤清理花键和花键轴，在有一薄层润滑脂的条件下，用轻微的力就能使从动盘在花键轴上移动；

⑥更换或调好扭转减振器弹簧；

⑦消除离合器中的金属异物。

2.1.5 离合器踏板脚感弹力大

(1)现象：当踏下离合器踏板时，脚感阻力较大；当放松踏板时，又感到反弹力较大。

(2)原因：

①液压助力操纵系统管路中有空气；

②液压操纵系统主缸和工作缸有故障。

(3)故障诊断与排除方法：

①液压系统放气；

②维修液压系统主缸和工作缸，必要时更换新的总成。

离合器总成维修

2.2 离合器总成维修

2.2.1 离合器总成拆卸

要想拆下离合器总成，先要拆下离合器壳和变速器总成，还要先拆下传动轴总成。

(1)拆卸与离合器相连的操纵机构等；

(2)用专用工具支架将飞轮固定；

(3)按对角线依次松开离合器盖与飞轮间的固定螺栓，然后旋下螺栓；

(4)拆下离合器盖总成；

(5)拆下离合器从动盘(和压盘)总成；

(6)对拆下的各分总成进行检查、分解和维修。

2.2.2 离合器的装配

离合器装配前，必须对各分总成进行检查和维修，必要时可更换新的分总成,例如从动盘总成。按与拆卸相反的顺序装配离合器。

(1)用专用工具导向心轴(变速器第一轴)插入分离轴承孔和从动盘盘毂中作导向用,并用专用支架固定飞轮;

(2)压盘通过定位销在飞轮上定位,使压盘与飞轮端面完全接触,再插入离合器与飞轮间的固定螺栓,并按对角线依次逐渐拧紧;

(3)从动盘的方向不能放反,注意盖板应朝向压盘总成;

(4)不能弄脏从动盘;

(5)装配中不准偏斜。

2.2.3　离合器从动盘总成检修

离合器从动盘总成检修

从动盘主要损伤形式是翘曲变形,在调整和使用不当的情况下会发生烧焦或开裂、磨损严重等。检查时,应先检查其翘曲程度,在距外圆边缘2.5mm处测量端面的跳动量不应大于0.5mm,否则应该校平。

在正常使用条件下,摩擦片的磨损较慢,但使用日久也会磨损导致摩擦片变薄、铆钉外露、铆钉松动、从动盘盘毂花键磨损等。可用游标卡尺检查铆钉的深度,其深度应大于0.3mm,否则下一次维修前就会露出铆钉。

检查从动盘盘毂花键的损伤情况,看其能否在变速器输入轴花键上移动自如。

检查盖板和扭转减振器弹簧弹力是否合适,弹簧是否移位。

如果认为从动盘总成有一项不合格,不能继续使用,就要更换从动盘总成。

2.2.4　离合器压盘总成维修

离合器压盘总成维修

离合器压盘总成也称为离合器盖总成。压盘总成的常见故障有表面刮伤、表面磨损、烧蚀、发生裂纹和翘曲变形、膜片弹簧指端磨损、断裂、翘曲变形等。

当检查确认较难修复时,可以更换离合器压盘总成。

压盘的工作平面翘曲度不应超过0.5mm,修理时可以校正或磨平;膜片弹簧分离指端出现磨损或沟槽深度达到0.5mm时,应更换膜片弹簧。

维修后的离合器压盘总成在组装时,应在离合器盖和压盘相接触的表面上涂上一薄层锂基润滑脂,以防锈蚀,但压盘工作表面不能有油脂存在。

压盘总成装到飞轮上时，紧固螺栓应交叉拧紧，确保安装可靠。

2.2.5 飞轮的检查和维修

当离合器从飞轮上拆下维修时，还应对飞轮做一次较细致的检查和维修。检查飞轮有无磨损、沟槽、划痕、破裂等机械损伤；飞轮在曲轴上的固定是否可靠。

检查飞轮旋转时对于曲轴中心线的垂直度，当飞轮旋转发生偏斜时，就会有交变载荷作用在飞轮壳上，严重时引起变速器前壳体断裂损坏。

如发现飞轮损坏严重或表面垂直度偏差过大而无法修复时，应更换飞轮。

每次拆卸飞轮时应更换紧固螺栓，安装时飞轮要在曲轴轴端定位而后用紧固螺栓交叉拧紧。安装完毕后检查飞轮端面对于曲轴轴心的垂直度，还要检查离合器总成在飞轮端面上安装的定位销，定位销与飞轮的配合要紧密，不能偏斜，以便离合器总成安装时定位。

2.3 离合器操纵机构的维修

离合器操纵机构的维修

2.3.1 主缸和工作缸的维修

主缸和工作缸是离合器液压操纵机构的主要总成，在正常情况下不易损坏，液压操纵机构保证了离合器的操纵自如。在使用中最常见的故障是液压系统中有空气，可以通过放气来解决，液压系统还可能出现漏油现象，严重时主缸或工作缸卡滞，无液压，离合器无分离动作。从机构中拆下主缸和工作缸，进行解体检查和维修。

检查缸筒内壁的擦伤和磨损程度，内壁磨损不应超过0.125mm；活塞与缸筒的间隙不应超过0.20mm；复位弹簧弹力应足够大；皮碗皮圈等橡胶件功能要好，否则应予以更换。装配时，所有零件应用中性液体清洗并擦拭干净，在缸筒、活塞、皮碗等零件上涂上一层工作液；装配后，检查其功能，动作应灵活自如。

在维修中如发现主缸和工作缸等损坏无法修复时，应更换新件总成。液压连接管路的连接要可靠，不能有漏油现象。工作缸用螺栓固定在离合器壳体上，要用一个杠杆加适当的力压下工作缸，再旋紧固定螺栓。工作缸和主缸以及管路全部连接好后，对液压系统补充工作液，做放气动作，操纵系统和离合器机构才能正常工作。

2.3.2 控制阀的检修

清洗全部金属零件，并用压缩空气吹净，用干布擦净所有橡胶密封圈。

(1)检查控制阀阀体工作面的磨损情况。若锈蚀，可用细砂布浸以煤油擦净。活塞在缸筒全部工作范围内应运动灵活，无卡滞现象。

(2)橡胶密封圈如有磨损及损伤等缺焰，应予以更换。

(3)检查弹簧有无锈蚀，损坏等缺陷。

(4)检查控制阀阀组零件的接触面有无损伤。

2.3.3 离合器分离装置的维修

离合器分离装置主要是指工作缸分离叉和分离轴承，它们都套在变速器第一轴凸缘上，工作时做轴向移动。离合器分离时，工作缸挺杆推动分离叉移动，推动分离轴承座和分离轴承移动，压向膜片弹簧分离指。

端面磨损主要是由于离合器自由行程过小造成的，因此在使用中一定要调整好自由行程。

在维修中，应检查分离叉和分离轴承座的两个接触平面的磨损及损坏情况和有无变形，损坏后无法修复时应更换新件。另外，还应检查分离轴承是否松旷和有无噪声，如有明显磨损或损坏、明显松旷或发卡无法修复和使用时应更换新件。分离轴承为含油轴承，一般不必拆卸维修，也不必在清洗液中清洗，如有脏物可用干净擦布擦净。

2.4 中央弹簧离合器的调整

中央弹簧离合器的调整

中央弹簧离合器分离轴承座 11 前端面与平衡盘 13(图 2-2)后端面之间的标准距离为 16～18mm，该距离可通过调整环进行调整。当调整环旋入时，则分离轴承前端面与平衡盘后端面之间的距离减小。这是因为压紧杠杆 15 内外端臂长不一样，压紧杠杆内端向前移动的距离要大于调整环前进的距离。因而中央弹簧对压盘的压紧力增大。反之，调整环旋出时，则分离轴承座前端面与平衡盘后端面之间的距离增大，而中央弹簧对压盘的压紧力则减小。离合器在装配时，应通过调整，使分离轴承座前端面与平衡盘后端面之间的距离符合规定。

离合器在工作中，由于摩擦片等机件的磨损，中央弹簧将伸长，使弹簧的压紧力减弱，导致离合器打滑。因此，汽车在维护中，应检查分离轴承座前端面与平衡盘后端面之间的距离，并进行调整。调整时的顺序如下：

(1)打开驾驶室地板中间的盖板,拆下离合器壳上的孔盖。

(2)松开调整环上的锁片,将专用扳手伸进离合器,扳手销应落在调整环的孔中。

(3)用手握住扳手,踩下离合器踏板,摇转发动机曲轴,使离合器盖转动,调整环则旋入或旋出。当按发动机曲轴旋转方向转动曲轴时,调整环旋入。反之,则调整环旋出。通过调整,使分离轴承座前端面与平衡盘后端面之间的距离在16~18mm 的范围内。

2.5 离合器的维护

离合器的维护

离合器的维护包括润滑及机件的调整。应根据大型运输车辆使用说明书推荐的周期,按润滑图表对各润滑部位加注润滑脂,尤其应注意分离轴承的润滑,如分离轴承因润滑不良咬死,将加速机件磨损。分离轴承润滑,随其结构的不同应采用不同的润滑方法,一般是用专门注脂器加注润滑脂,对封闭式轴承,应在离合器拆散检修时,用压入法将润滑脂注入轴承。润滑分离轴承套筒时,加润滑脂不宜过多。否则,将使摩擦片沾染油污,使离合器打滑。

离合器的调整包括分离杠杆高度、中间压盘分离机构、踏板自由行程及中央弹簧压紧力的调整。

3 变速器的构造

变速器的功用是:改变传动比,扩大转矩和转速的变化范围;提供倒档,实现倒退行驶;提供空档,实现动力中断。

变速器由变速传动机构和操纵机构组成。

按传动方式,变速器可分为齿轮式变速器和液压式变速器。齿轮式变速器采用齿轮传动,具有若干个定值传动比。

本节仅介绍大型运输车辆齿轮式变速器。

3.1 变速器的变速传动机构

变速器的变速传动机构

3.1.1 6 档变速器的变速传动机构

3.1.1.1 基本结构 解放 CA1092 型汽车变速器为 6 档变速器,图 2-8 为汽车 6 档变速器传动示意图,图 2-9 为汽车 6 档变速器结构图。

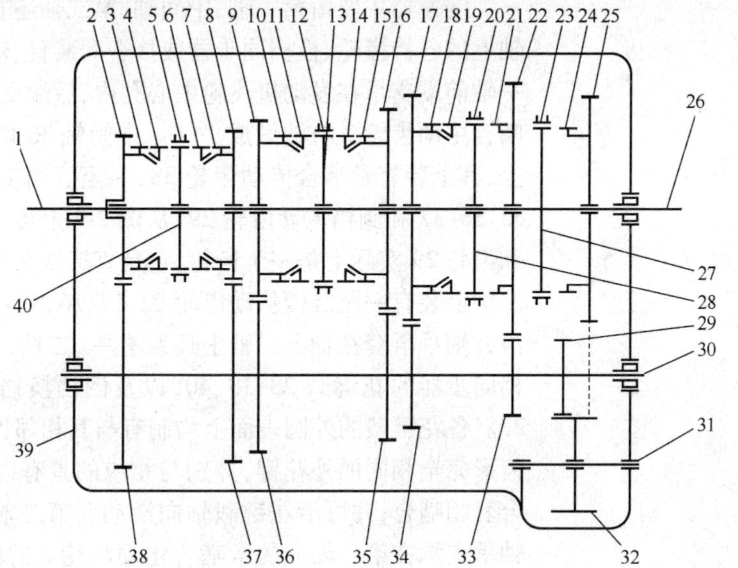

图 2-8　解放 CA1092 型汽车 6 档变速器示意图

1-第一轴;2-第一轴常啮合传动齿轮;3-第一轴接合齿圈;4-六档同步器锁环;5、12、20、23-接合套;6-五档同步器锁环;7-五档齿轮接合齿圈;8-第二轴五档齿轮;9-第二轴四档齿轮;10-四档齿轮接合齿圈;11-四档同步器锁环;13、27、28、40-花键毂;14-三档同步器锁环;15-三档齿轮接合齿圈;16-第二轴三档齿轮;17-第二轴二档齿轮;18-二档齿轮接合齿圈;19-二档同步器摩擦盘及摩擦环;21-一档齿轮接合齿圈;22-第二轴一档齿轮;24-倒档齿轮接合齿圈;25-第二轴倒档齿轮;26-第三档齿轮;29-中间轴倒档齿轮;30-中间轴;31-倒档轴;32-倒档中间齿轮;33-中间轴一档齿轮;34-中间轴二档齿轮;35-中间轴三档齿轮;36-中间轴四档齿轮;37-中间轴五档齿轮;38-中间轴常啮合传动齿轮;39-变速器壳体

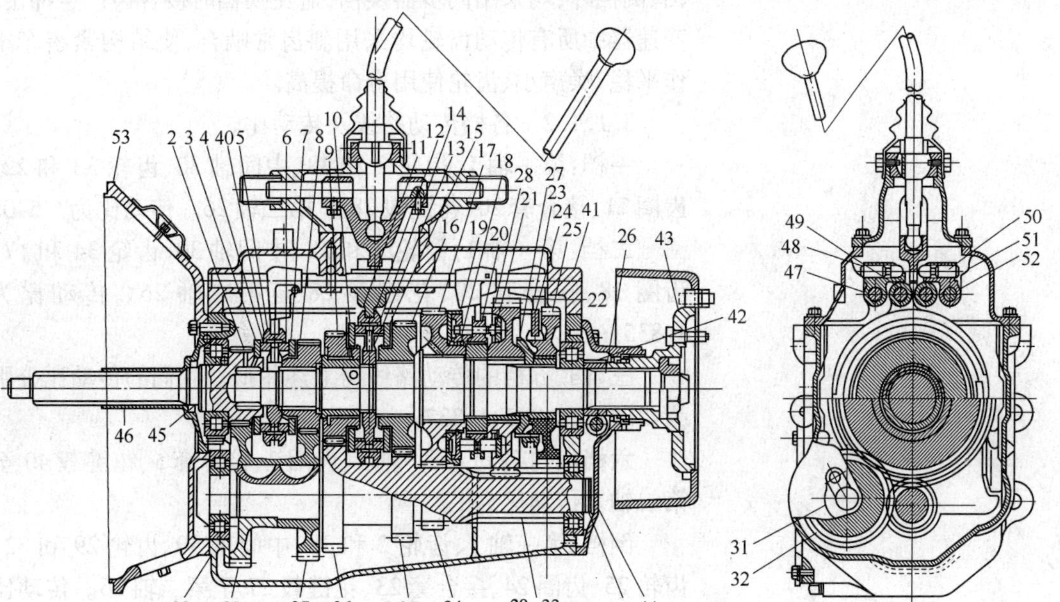

图 2-9　解放 CA1092 型汽车 6 档变速器

1-第一轴;2-第一轴常啮合齿轮;3-第一轴接合齿圈;4-六档同步器锁环;5、12、20、23-接合套;6-五档同步器锁环;7-五档齿轮接合齿圈;8-第二轴五档齿轮;9-第二轴四档齿轮;10-四档齿轮接合齿圈;11-四档同步器锁环;13、27、28、40-花键毂;14-三档同步器锁环;15-三档齿轮接合齿圈;16-第二轴三档齿轮;17-第二轴二档齿轮;18-二档齿轮接合齿圈;19-二档同步器摩擦盘及摩擦环;21-一档齿轮接合齿圈;22-第二轴一档齿轮;24-倒档齿轮接合齿圈;25-第二轴倒档齿轮;26-第二轴;29-中间轴倒档齿轮;30-中间轴;31-倒档轴;32-倒档中间齿轮;33-中间轴一档齿轮;34-中间轴二档齿轮;35-中间轴三档齿轮;36-中间轴四档齿轮;37-中间轴五档齿轮;38-中间轴常啮合传动齿轮;39-变速器壳体;41-变速器盖;42-车速表驱动蜗杆;43-第二轴凸缘;44-变速器后盖;45-第一轴油封;46-第一轴轴承盖;47-倒档拨叉轴;48-倒档锁销;49-一、二档拨叉轴;50-五、六档锁销;51-三、四档拨叉轴;52-五、六档拨叉轴;53-离合器壳

变速器主要由第一轴、中间轴、第二轴还有倒档轴以及在轴上的各档齿轮、换档同步器或接合套装置、轴承等组成。第一轴前端支承在发动机飞轮中心孔内,后端支承在壳体上,常啮合主动齿轮 2 与轴做成一体。中间轴 30 两端支承在壳体上,其上装有常啮合传动齿轮 38,一至五档主动齿轮 33、34、35、36、37 和倒档主动齿轮 29,从图 2-9 上可以看出,齿轮 33 和齿轮 29 实际上是一个齿轮,它是直接做在中间轴上的。第二轴上装有一至五档从动齿轮 22、17、16、9、8,它们都是通过滚针轴承滑套在轴上。轴上还装有一、二档,三、四档,五、六档同步器的花键毂 28、13、40,以及倒档换档接合套花键毂 27。各花键毂的外圆表面上均制有与其相邻齿轮的接合齿圈齿形完全相同的外花键,分别与相应的具有内花键的各个接合套相啮合,并可沿花键毂轴向滑动。第二轴的前端用滚针轴承支承在第一轴上的常啮合主动齿轮 2 的内孔中,后端用滚柱轴承支承在壳体上。轴承外侧的轴上装有里程表齿轮,轴的末端装有凸缘 43,其上装有驻车制动器制动鼓。倒档轴 31 压装在壳体相应轴孔内,并用锁片锁止,防止转动和轴向移动,倒档齿轮 32 通过滚针轴承滑套在轴上。变速中,除一档、倒档外,均采用同步器换档,避免换档时接合齿产生冲击。变速器中所有传动齿轮均采用斜齿常啮合,使结构紧凑车工作平稳、噪声小、齿轮使用寿命提高。

3.1.1.2　各档传动路线及传动比。

一档:第一轴 1、齿轮 2 和 38、中间轴 30、齿轮 33 和 22、齿圈 21、接合套 20、花键毂 28 至第二轴 26。传动比为7.640。

二档:第一轴 1、齿轮 2 和 38、中间轴 30、齿轮 34 和 17、齿圈 18、接合套 20、花键毂 28 至第二轴 26。传动比为 4.835。

三、四、五档的传动路线与上述相似。它们的传动比分别为:2.857、1.895、1.337。

六档(直接档):第一轴 1、齿圈 3、接合套 5、花键毂 40 至第二轴。传动比为 1。

倒档:第一轴 1、齿轮 2 和 38、中间轴 30、齿轮 29 和 32、齿轮 25、齿圈 24、接合套 23、花键毂 27 至第二轴 26。传动比为 7.107。

3.1.2　组合式变速器

为了保证大型运输车辆具有良好的动力性、经济性和加速性能,必须扩大传动比范围并增多档数。为避免变速器的结构过于复杂和便于系列化生产,多采用组合式变速器,即以

1～2种4档或5档变速器为主体，通过更换齿轮副和配置不同的副变速器(一般为两档)，得到一组不同档数不同传动比范围的变速器系列。

下面以豪华大型客车沃尔沃变速器G7为例来说明，如图2-10所示。

变速器包括一个主变速器A和一个副变速器B。主变速器有4个前进档和1个倒档，副变速器包含1套具有2个档位即低档和高档的行星齿轮机构。主变速器中的第三档在副变速器处于低档时不采用。这样，整个变速器就得到了7个前进档。每个档位都由主变速器和副变速器的传动比共同确定，主变速器的传动比和副变速器的传动比相乘，就是整个变速器的传动比。表2-1给出了变速器的各个档位的组成情况。

在主变速器中，除倒档采用直齿轮传动外，其余各档均采用斜齿轮传动。前进档均采用同步器换档，而倒档则直接采用接合套换档。

变速器由一个内装的油泵来润滑，润滑系统具有一个外装的可分式机油滤清器。

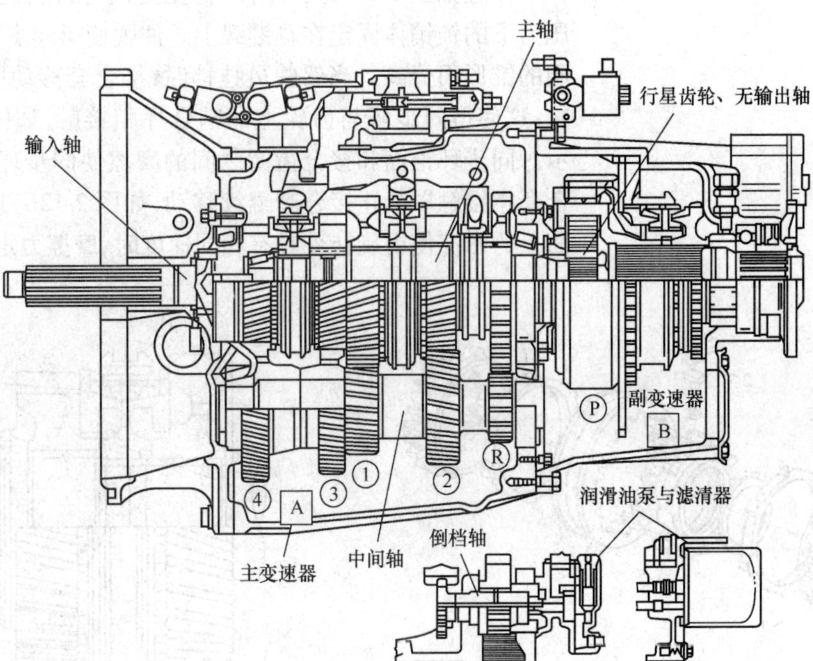

图2-10　沃尔沃G7变速器构造

组合式变速器的档位组成　　表 2-1

操纵杆档位/传动比	主变速器档位	副变速器档位
倒/13.69	倒	低
一/9.13	一	低
二/6.41	二	低
三/3.75	四	低
四/2.43	一	高
五/1.71	二	高
六/1.27	三	高
七/1.00	四	高

变速器在行星齿轮机构壳体的后端输出轴上有一个承载轴承。

(1) 输入轴和主轴　输入轴整体由圆锥滚子轴承支承在离合器壳体中。主轴支承在输入轴上和主变速器壳体的后端,全部齿轮通过滚针轴承支承在轴上,可以自由传动。轴颈通过输出轴上的中心孔进行润滑。

(2)同步器　主变速器和副变速器的同步器均具有钢质接合齿圈,如图 2-11 所示的一套完整同步器。

原理如图 2-12 所示,当齿轮在空档时,接合套借助弹簧压力下的锁销体固定在花键毂上。油膜使得同步环和接合齿圈的锥形面分离。当驾驶员挂档时,接合套移动所期望的齿轮,这使得同步环与齿轮上的啮合环相接触,如图 2-12a)所示。同步环锥面和接合齿圈之间的摩擦使同步环转动,与接合套相接触以阻止接合套继续移动,如图 2-12b)所示。档锥面上的摩擦使得旋转件具有相同速度时,摩擦力矩消失。换

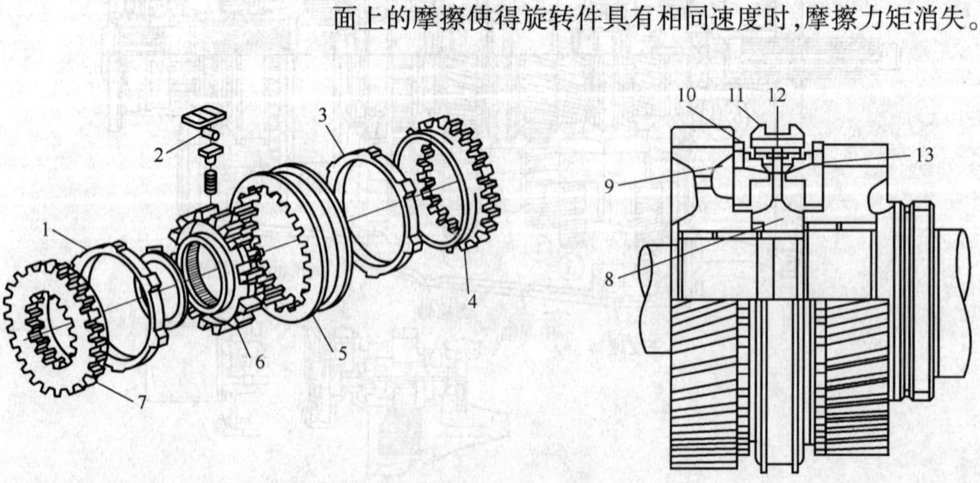

图 2-11　同步器元件构造

1、3、9、13-同步环;2、12-弹性锁销滚子、锁销和保持架;4、7、10-啮合环;5、11-啮合套;6、8-花键毂

档操纵杆作用的力使得同步环后转，以使接合套能继续移动，与接合齿圈相啮合，如图 2-12c）所示。

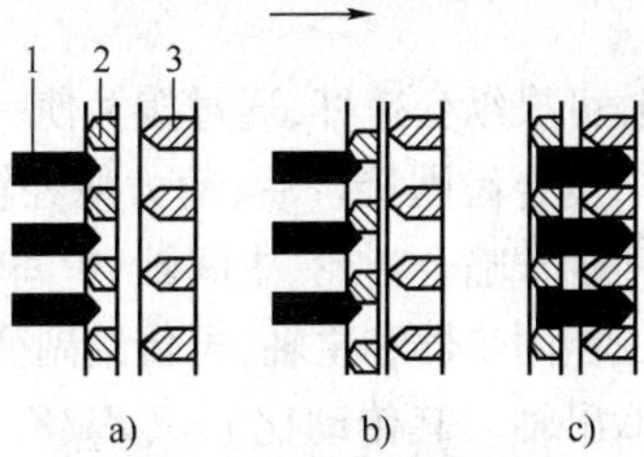

图 2-12 同步器工作原理

a）空档位置；b）同步状态；c）齿轮啮合

1-啮合套；2-同步环；3-啮合环

沃尔沃变速器 G7 共有 3 个同步器，分别用于主变速器的一至四档和副变速器的高低档。主变速器的同步器布置在主轴上。

（3）中间轴 中间轴通过锥形滚柱轴承固定与离合器壳体和主变速器后壁上。前两个齿轮压装在轴上，其余齿轮直接在轴上加工出来。

（4）倒档轴 倒档轴支承在主变速器后壁隔套和主变速器侧面支架之间，驱动轴通过倒档轴驱动润滑油泵。油泵驱动轴和倒档齿轮由滚针轴承支承。

（5）副变速器 副变速器主要由一套行星齿轮机构及其操纵机构组成。行星齿轮的行星架和输出轴制作成一体。主轴后端齿轮（在轴上加工）作为行星机构的太阳轮。输出轴通过圆柱轴承支承在副变速器壳体后壁上。

副变速器的工作原理如图 2-13 的 B 部分，副变速器的高速档（直接档）和低速档的挂档也采用了同步器。换档拨叉通过空气压力操纵的副变速器变速油缸作用，使行星齿轮机构起作用。当同步器接合套左移与固定不动的低档接合齿圈接合时，行星齿轮机构的齿圈被固定为不动，太阳轮驱动行星轮并带动行星架旋转。此时，行星齿轮机构作减速传动，副变速器进入低档状态；当同步器接合套右移与副变速器的高档接合齿圈接合时，行星齿轮机构的齿圈通过输出轴与行星架固连在一起，于是行星齿轮机构的 3 个基本元件锁止为一体并同步运转。此时，行星齿轮机构作等速传动，副变速器进入高档状态。

由行星齿轮机构的运动规律可知，副变速器处于低档时，传动比为 $i = 1 + \alpha$，其中 $\alpha = Z_{14}/Z_{13}$，Z_{13} 为太阳轮齿数，Z_{14} 为齿圈齿数；副变速器处于高档时，传动比为 $i = 1$。

（6）动力传递路线 当变速杆处于空档时，同步器和接合套均处于中间位置，动力经输入轴、常啮合齿轮副传至中间轴，再带动主轴上的齿轮空转，动力不能输出，变速器为空档，如图 2-13 所示。

欲挂上一档，可操纵变速杆，通过拨叉使一二档同步器接合套左移，与一档接合齿圈接合后，动力便经输入轴、输入轴常啮合齿轮、中间轴常啮合齿轮、中间轴、中间轴一档齿轮、主轴一档齿轮、一二档同步器和主轴，再传给副变速器的行星齿轮机构，最后至输出轴。其传动比 $i=(Z_2/Z_1)\times(Z_5/Z_6)\times(1+Z_{14}/Z_{13})$。

欲脱开一档，可通过拨叉使一二档同步器接合套右移，使接合套与一档接合齿圈脱离啮合，则变速器退回空档位置。若将接合套继续右移，使之与二档接合齿圈接合后，变速器便从一档换入二档。此时，动力经输入轴、输入轴常啮合齿轮、中间轴常啮合齿轮、中间轴、中间轴二档齿轮、主轴二档齿轮、一二档同步器和主轴，传给副变速器的行星齿轮机构，最后至输出轴。其传动比 $i=(Z_2/Z_1)\times(Z_7/Z_8)\times(1+Z_{14}/Z_{13})$。

同理，使三四档同步器接合套左移，与四档接合齿圈接合，则得到三档。此时，输入轴与主轴固连在一起，动力直接从输入轴传至主轴，再传至副变速器输出，其传动比 $i=1+Z_{14}/Z_{13}$。

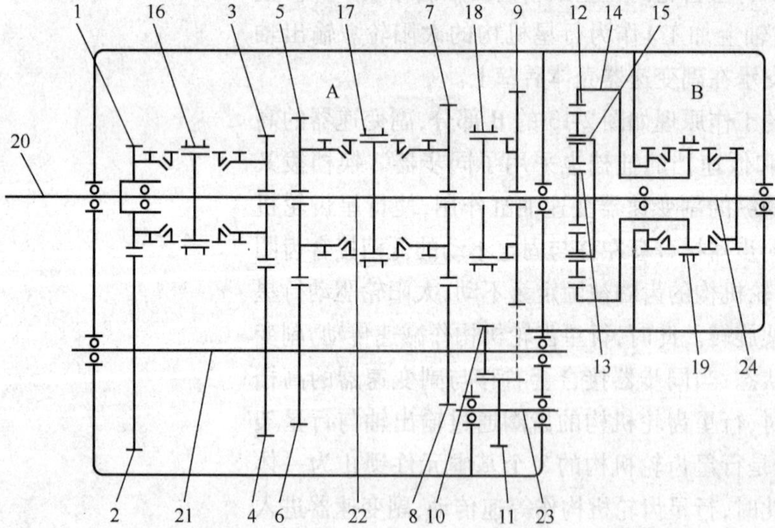

图 2-13　变速器传动示意图

1-输入轴常啮合齿轮；2-中间轴常啮合齿轮；3-主轴三档齿轮；4-中间轴三档齿轮；5-主轴一档齿轮；6-中间轴一档齿轮；7-主轴二档齿轮；8-中间轴二档齿轮；9-主轴倒档齿轮；10-中间轴倒档齿轮；11-倒档中间齿轮；12-行星齿轮；13-太阳轮；14-齿圈；15-行星架；16-三、四档同步器；17-一、二档同步器；18-倒档接合套；19-副变速器同步器；20-输入轴；21-中间轴；22-主轴；23-倒档轴；24-输出轴

在前3个档位时,拨叉使副变速器同步器接合套左移,使副变速器处于低档,动力由太阳轮(主轴)输入,经行星齿轮由行星架输出,并传至输出轴。

当变速杆从三档挂向四档时,拨叉会使副变速器同步器接合套右移,从而使副变速器从低档换至高档。同时,拨叉使一二档同步器接合套左移,使主变速器处于一档位置,这样,整个变速器就挂入了四档。此时,动力经输入轴、输入轴常啮合齿轮、中间轴常啮合齿轮、中间轴、中间轴一档齿轮、主轴一档齿轮、一二档同步器和主轴,传至副变速器,经固连成一体的行星齿轮机构传至输出轴。其传动比 $i = (Z_2/Z_1) \times (Z_5/Z_6)$。

在五、六、七档时,副变速器保持在高档,动力传递路线同理可得。

当拨叉使倒档接合套右移与倒档接合齿圈接合后,变速器进入倒档。动力经输入轴、输入轴常啮合齿轮、中间轴常啮合齿轮、中间轴、中间轴倒档齿轮、倒档中间齿轮、主轴倒档齿轮后,方向改变,由主轴传至副变速器输出,实现倒向行驶。其传动比 $i = (Z_2/Z_1) \times (Z_{11}/Z_{10}) \times (Z_9/Z_{11})$。

(7) 润滑　行星齿轮机构、输出轴和输入轴的所有轴承均是通过机油分配器油管和在轴和轴承端盖之间的润滑孔,由机油泵来进行压力润滑的。中间轴和倒档轴采用飞溅润滑。

3.2　变速器操纵机构

变速器操纵机构

对于机械式变速器,换档操作均是由驾驶员拨动变速杆再通过一套操纵机构来完成的。变速器操纵机构应保证驾驶员能准确可靠地使变速器挂入所需要的任一档位工作,并可随时使之退到空档。

变速器操纵机构根据其变速操纵杆(简称变速杆)与变速器的相互位置不同,可分为直接操纵式和远距离操纵式两种类型。

3.2.1　直接操纵式

大多数汽车的变速器布置在驾驶员座位附近,变速杆由驾驶室底板伸出,驾驶员可直接操纵。这种操纵机构称为直接操纵式变速器操纵机构。它一般由变速杆、拨块、拨叉、拨叉轴以及安全装置等组成,多集装于上盖或侧盖内,结构简单,操纵方便。

图2-14所示为汽车6档变速器操纵机构的组成与布置示意图。拨叉轴7、8、9和10的两端均支承于变速器盖的相

应孔中,可以轴向滑动。所有的拨叉和拨块都以弹性销固定于相应的拨叉轴上。三、四档拨叉2的上端具有拨块。拨叉2和拨块3、4、14的顶部制有凹槽。变速器处于空档时,各凹槽在横向平面内对齐,叉形拨杆13下端的球头即伸入这些凹槽中。选档时可使变速杆绕其中部球形支点横向摆动,则其下端推动叉形拨杆13绕换档轴11的轴线摆动,从而使叉形拨杆下端球头对准与所选档位对应的拨块凹槽,然后使变速杆纵向摆动,带动拨叉轴及拨叉向前或向后移动,即可实现挂档。例如,横向摆动变速杆使叉形拨杆下端球头深入拨块3顶部凹槽中,拨块3连同拨叉轴9和拨叉5即沿纵向向前移动一定距离,便可挂入二档;若向后移动一段距离,则挂入一档。当使叉形拨杆下端球头深入拨块14的凹槽中,并使其向前移动一段距离时,便挂入倒档。

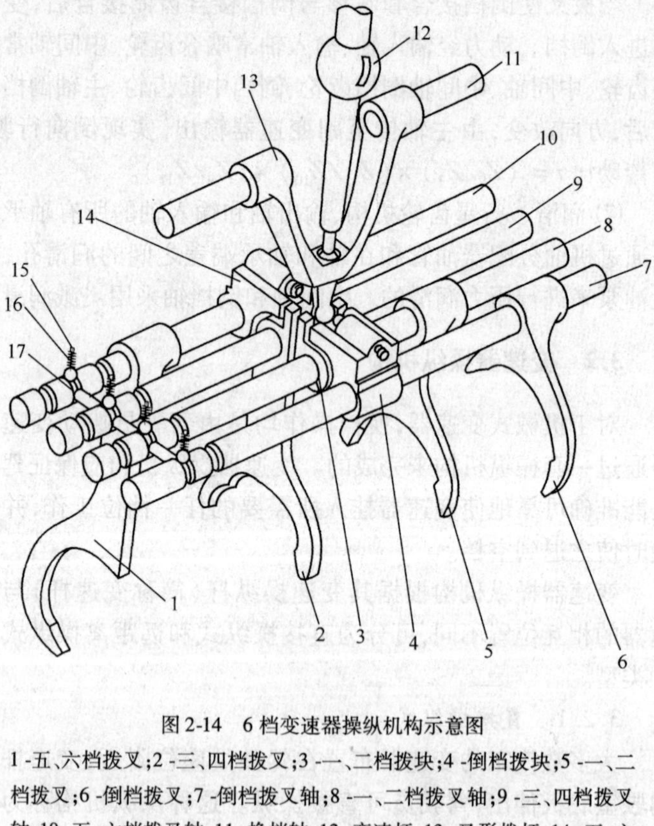

图2-14　6档变速器操纵机构示意图

1-五、六档拨叉;2-三、四档拨叉;3-一、二档拨块;4-倒档拨块;5-一、二档拨叉;6-倒档拨叉;7-倒档拨叉轴;8-一、二档拨叉轴;9-三、四档拨叉轴;10-五、六档拨叉轴;11-换档轴;12-变速杆;13-叉形拨杆;14-五、六档拨块;15-自锁弹簧;16-自锁钢球;17-互锁柱销

3.2.2　远距离操纵式

一般大型运输车辆的变速器布置在驾驶员座位附近,变速器操纵机构多集装于上盖或侧盖内,变速杆直接带动一套

机械装置进行选档。其结构简单，操纵方便，但不利于远距离布置。

豪华大型客车的变速器一般布置在后部，为了改善操纵性能，其操纵机构一般采用了电控气动操纵系统，如沃尔沃豪华大型客车变速器 G7 的 EGS 系统，如图 2-15 所示。

EGS(Easy gear shift 轻便换档)是一套用于变速器齿轮换档的电控气动系统。换档操纵杆与变速器之间没有机械连接，换档操纵杆的运动触发一系列与客车的档位一一对应的

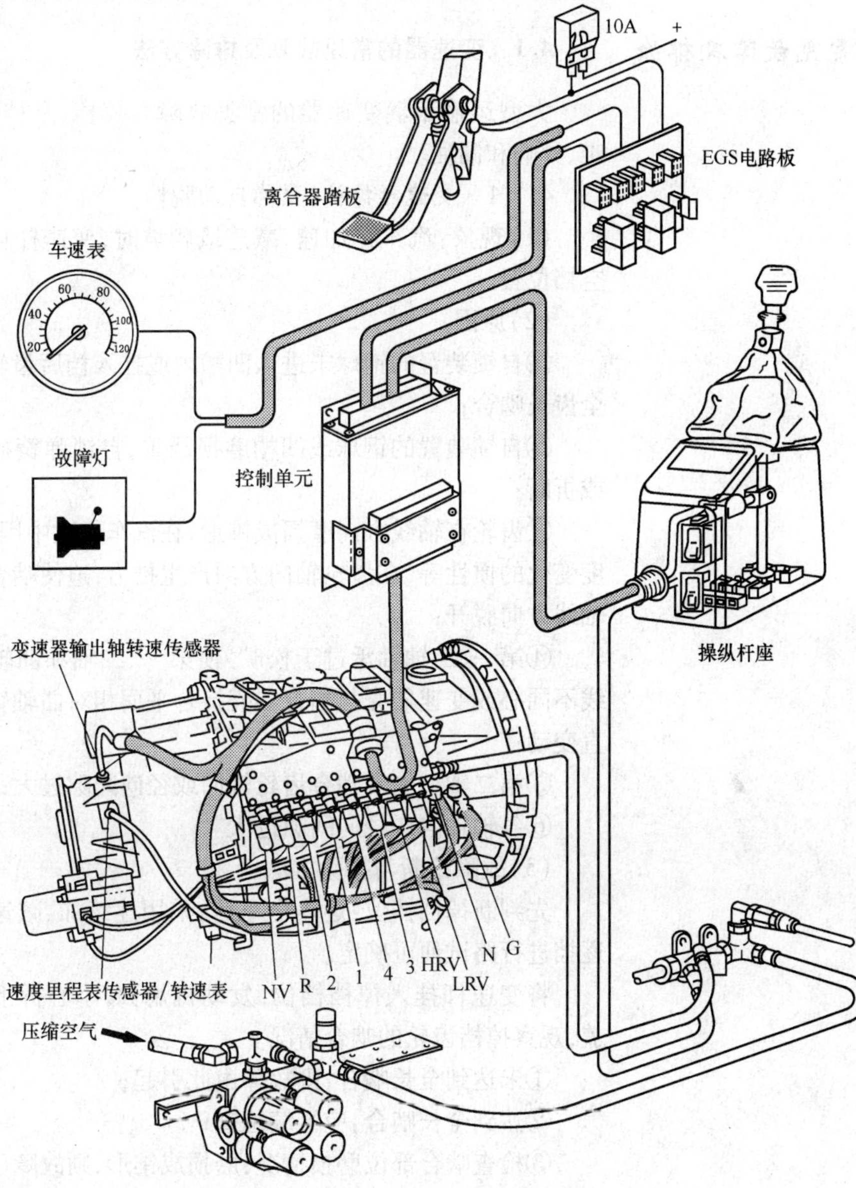

图 2-15　沃尔沃 EGS 系统

微型开关。在变速器上有一个换档控制箱,该控制箱里的气动活塞控制挂档和摘档。活塞所需的压缩空气由电磁控制,而这些电磁阀则依次由EGS系统的控制单元所控制。控制单元可以确定变速器是否能换档,并控制整个换档过程。驾驶员只需控制换档操纵杆,就可以实现换档。

4 变速器的故障诊断与维修

变速器的常见故障及排除方法

4.1 变速器的常见故障及排除方法

大型运输车辆变速器的常见故障有掉档、乱档、换档困难、异响和漏油。

4.1.1 变速器掉档(又称自动脱档)

(1)现象:汽车在加速、减速或爬坡时,变速杆自动跳回空档位置。

(2)原因:

①自锁装置的钢球未进入凹槽内或挂入档后齿轮未达到全齿长啮合;

②自锁装置的钢球或凹槽磨损严重,自锁弹簧疲劳过软或折断;

③齿轮在轴线方向磨损成锥形,在汽车行驶中因振动、速度变化的惯性等,在齿轮轴向方向产生推力,迫使啮合齿轮沿轴线方向脱开;

④第一、二轴轴承过于松旷,使第一、二轴和曲轴三者轴线不同心或变速器壳与离合器壳接合平面相对曲轴轴线的垂直变动;

⑤第二轴上的常啮合齿轮轴向或径向间隙过大;

⑥各轴轴向或径向间隙过大。

(3)故障诊断与排除方法:

先判断掉档档位:走热全车后,采用连续加、减速的方法逐档进行路试便可确定。

将变速杆挂入掉档档位,发动机熄火,小心拆下变速器盖,观察掉档齿轮的啮合情况。

①未达到全长啮合,则故障由此引起;

②达到全长啮合,应继续检查;

③检查啮合部位磨损情况:磨损成锥形,则故障可能由此引起;

④检查第二轴上该档齿轮和各轴的轴向和径向间隙,间

隙过大，则故障会由此引起；

⑤检查自锁装置，若自锁装置的止动阻力很小，甚至手感钢球未插入凹槽（把变速器盖夹在虎钳上，用手摇动换档杆），则故障为自锁效能不良；否则，故障为离合器壳与变速器接合平面与曲轴轴线垂直变动等引起。

4.1.2　变速器乱档

(1)现象：在离合器技术状况正常的情况下，变速器同时挂上两个档或挂需要档位时，结果挂入了别的档位。

(2)原因：

①互锁装置失效：如拨叉轴、顶销或钢球磨损过量等；

②变速杆下端弧形工作面磨损过大或拨叉轴上导块的导槽磨损过大；

③变速杆球头定位销折断或球孔、球头磨损过于松旷。

总之乱档的主要原因是变速操纵机构失效。

(3)故障诊断与排除方法：

①挂需要档位时，结果挂入了别的档位：摇动变速杆，检查其摆转角度，若超出正常范围，则故障由变速杆下端球头定位销与定位槽配合松旷或球头、球孔磨损过大引起。变速杆摆转360°则为定位销折断。

②如摆转角度正常，仍挂不上或摘不下档，则故障由变速杆下端从导槽中脱出引起（脱出的原因是下端弧形工作面磨损或导槽磨损）。

③同时挂入两个档，则故障由互锁装置失效引起。

4.1.3　变速器挂档困难

(1)现象：挂档时，不能顺利挂入档位，常发出齿轮撞击声。

(2)原因：

①变速叉轴弯曲变形；

②自锁或互锁钢环破裂、毛糙卡滞；

③变速连接杆调整不当或损坏；

④同步器耗损或有缺陷；

⑤变速器轴弯曲变形或花键损坏。

除了变速器故障外，离合器分离不彻底，齿轮油规格不符，也会造成挂档困难。

(3)故障诊断与排除方法：

①检查变速叉轴是否弯曲变形，自锁和互锁钢球是否损坏，弹簧是否过硬。

②检查操纵机构是否有变形或卡滞。

③如上述检查正常，应检查是否损坏。主要检视同步器是否散架，同步器锥环内锥面螺旋槽是否磨损，滑块是否磨损，弹簧弹力是否过软。

④如同步器正常，应进而检视变速器第一轴是否弯曲，其花键是否耗损。

4.1.4 变速器异响

(1)现象：变速器异响是指变速器在工作时响声明显加大，同时发出不正常的响声，如发出单调频率的响声，发出金属的干摩擦声，以及不均匀的碰撞声等。

(2)原因：

①变速器中齿轮损伤：变速器齿轮使用日久，齿轮出现损伤，齿轮齿面、齿端、齿轮轴孔、内花键磨损；齿轮齿面疲劳剥落、腐蚀斑块损坏；严重时出现齿轮轮齿破碎、折断或断裂。啮合齿轮副之间间隙加大和中心距加大，运转中产生冲击；齿面啮合不良，有金属剥离声；某个轮齿折断损坏，运转中产生异响；

②变速器中轴承损坏：变速器使用日久，或维护不当使变速器中轴承磨损松旷；轴套剥落损伤；轴承滚子破损等引起噪声；变速器轴损坏；

③变速器中有螺栓、螺母等金属异物，剥落下来的大块金属物等在运行中被油搅起撞击齿轮等旋转零件；里程表齿轮发响；变速器缺油、润滑油使用日久使油过浓或过稀等，使齿轮齿面工作时负荷加大而造成噪声；

④变速器异常振动，伴随异响，并且在变速器操纵手柄上也能感觉到振动，甚至麻手。

(3)故障诊断与排除方法：

①拆检变速器，检查或更换齿轮。当齿面面积有1/4左右的细小斑点，使表面光洁度明显变坏，齿面上有深度达0.4mm的浅痕时应更换齿轮；如齿顶面有细小的剥落时，应将边角修磨光，但齿顶面磨损深度超过0.45mm时或齿长磨损超过1/4时应更换齿轮；齿轮上的花键磨损厚度超过0.4mm或配合间隙超过0.6mm时，应更换齿轮；齿轮损坏时，应更换齿轮；齿轮更换时，应检查要更换的齿轮；必须更换合格的齿轮，同时应成对更换齿轮。

②拆检变速器，检查或更换轴承和轴。当维修变速器时，应检查变速器中的各个轴承和变速器轴，当出现轴承损坏、转动不均匀时，应更换新轴承；当发现输入轴和输出轴损坏时，也应更换轴承。

③拆检变速器，仔细清洗变速器前壳和后壳，清除变速器中可能存在的异物和杂质；装配变速器时应注意清洁度；变速器维修和装配时，除了仔细装配变速器各轴和各轴上的齿轮、轴承外，还应仔细装配内操纵机构拨叉和拨叉导轨，仔细维修里程表输出机构，消除各机械部分可能发出的异常响声；变速器还应加注合适牌号和容量的变速器油。

④除做上述检查处理外，还应检查内操纵器和同步器，必要时予以调整和更换；对于异常振动，还应检查发动机支承，变速器在离合器壳和发动机上的连接是否可靠，以及外操纵机构是否松动，针对具体故障予以排除。

在变速器中装有倒档传动啮合齿轮，如使用日久，齿轮严重磨损、齿面损坏，或齿轮间隙异常变大，除了会产生异常响声外，还会发生异常振动，也应在维修变速器中检查调整或更换。

4.1.5　变速器漏油

(1)现象：检查变速器外观，发现变速器壳与变速器上盖的接合面，变速器输入轴端以及输出部分等处有漏油时，即可认为变速器漏油；如变速器壳或变速器上盖出现裂纹或变形时，变速器也会漏油；漏油的表现为变速器油面低。

(2)原因：

①变速器加润滑油过多，工作时搅动使内压过大，可能从各接合部位漏油；

②油封损坏；

③变速器前壳或后壳损坏。

(3)故障诊断与排除方法：

①应加入合适牌号和一定量的润滑油；

②维修时更换油封；

③维修损坏的变速器壳。如结合表面不平误差超过0.5mm时可用机械加工方法予以修复；如裂纹较小时可用粘结法或焊修法修复；对于无法修复的壳体，应更换新的。

4.2　组合式变速器的常见故障诊断

组合式变速器一般不易出现故障，但随着行驶里程的增加，以及不正常的操作，使其零件的磨损、变形随之加大，会出现异常响声、挂档困难、跳档、乱档、发热、漏油等故障。

组合式变速器的常见故障诊断

4.2.1　变速器脱档(掉档)

(1) 主变速器脱档。

当移动接合齿座（二轴滑套）与主轴齿轮啮合时，相啮合的齿必须平行。如果接合齿有锥度或已磨损，在旋转时便有分离的趋势，在一定的条件下就会引起脱档。

脱档原因：

①变速器输入轴与发动机飞轮内的导向轴承不同心；

②换档时齿轮之间猛烈碰撞，引起接合齿端面磨损；

③接合齿磨损成锥状；

④由于锁止弹簧变弱或损坏造成拨叉轴定位钢球上的压力不够；

⑤拨叉轴定位槽过度磨损；

⑥远距离换档操纵机构的连杆调整不当，引起齿轮接合齿与滑套不能全长啮合；

⑦当车辆以全功率牵引或在有负荷推动的情况下，减速时常会发生脱档。

⑧当车辆行驶在不平路面上时，太长太重的变速杆会产生像钟摆一样地摆动。变速杆的摆动会克服锁止弹簧的压力，引起掉档。

(2)副变速器脱档。

副变速器的脱档会是由于副变速器驱动齿轮和同步器滑套接合齿磨损、有锥度或非全长啮合而引起的。

造成这些缺陷的原因是换档撞击和长期使用后的正常磨损。

由于传动轴安装不当所产生的振动以及气路系统压力不够高也会引起脱档。

4.2.2 换档困难

变速器换档时，换入各档所需的力是不同的，但是如果换档力过大，就不正常了。

换档困难，大多数发生在平头车所用的远距离操纵装置上，所以在检查变速器换档困难的原因时，必须首先检查远距离操纵装置的连接杆件。而连接杆件中的问题又是由于连接叉或衬套的磨损、咬合、调整不当和关节润滑不良或机械障碍限制了杠杆的自由运动等原因而造成的。

为了确定换档困难是否由变速器本身所引起的，就需要把变速杆或连接杆从变速器上边拆掉，然后用撬杠或螺丝刀移动换档导块，使其啮合入各个档位。如果拨叉轴能轻松地滑动，说明故障存在于变速器外部，反之故障存在于变速器内部。

如果在内部，那么一般由下列原因引起：

(1)二轴滑套的花键咬在主轴上。这是由于主轴扭曲,拨叉弯曲或主轴花键弯曲所造成的。

(2)拨叉轴在上盖壳体内咬住。这是由于壳体破裂、换档轴上锁止螺钉拧紧力矩过大,造成拨叉轴弯曲以及拨叉轴表面磕碰等引起的。

(3)换档轴上锁止螺钉松动。

4.2.3　变速器过热

变速器的长期工作温度不应超过 120℃。如果超此温度,润滑油会变质,变速器的寿命要受影响。

由于运动件的摩擦,变速器将产生一定的热量。正常的工作温度约比环境温度高 38℃。热量通过变速器壳体散发出去。如果散热不正常,就会引起过热。

在寻找过热的原因之前,必须检查油温表及油温传感器,以确保油温表的读数正确无误。

一般过热由下列原因引起:

(1)润滑不适当,油面太低或高、油的牌号不对,或变速器的工作角超过 12°;

(2)行车的速度通常在 32km/h 以下;

(3)发运机转速太高;

(4)由于变速器被围在车架、地板、燃油箱和安装在大的保险杠总成之间,使变速器周围的气流受阻;

(5)发动机排气系统太接近变速器;

(6)环境温度太高;

(7)超载、超速行驶。

4.2.4　变速器噪声大

变速器在正常运转情况下,有一定的噪声。但是噪声如果过大或不正常,如出现轰鸣声、尖叫声等,都表示变速器存在某些问题。这些噪声可能是变速器本身引起的,也可能是由车辆其他部位的噪声传到变速器并被它放大所产生的。

4.2.4.1　敲击声。

(1)由变速器内齿轮齿面的磕碰引起的。可由齿面强力压研后出现的亮点来鉴别。一般来说,当齿轮承受载荷时,这种噪声就更显著。因此当挂上某一档就产生噪声时,说明这一档的齿轮有问题。这种磕碰可用油石或手砂轮磨平。

(2)如果轴承的滚球或滚子损坏,滚道产生麻点与剥落,在各档低转速时将产生噪声。

(3)如果齿轮受冲击负荷后或在装配过程中齿轮出现裂纹,在低速时会产生敲击声,高速时会产生尖叫声。

4.2.4.2　尖叫声。

(1)由齿轮的正常磨损而造成。包括长期使用后出现的麻点,在损坏前会产生尖叫声。

(2)齿轮啮合不当所造成。可由齿面的磨损不均匀来鉴别。

4.2.4.3　轰鸣声。

由"对齿"误差所造成。变速器重新装配时"对齿"不正确,或由于齿轮在副轴上转动所造成的"对齿"不正确都会产生轰鸣声。

4.2.4.4　咔嚓声。

副轴及主轴轴承的轴向间隙过大,当转矩变换方向时会产生咔嚓声。副轴轴承的径向间隙过大,会引起轴的中心距增大,使负荷作用在齿顶上,这种情况还可能引起轮齿的折断。

4.3　变速器总成的检修

4.3.1　变速器总成的拆卸

变速器总成的检修

(1)将汽车停放在室内或平整干燥的地面上,用三角木将汽车车轮掩住;汽车车轮保持在制动状态,以防止移动。

(2)翻转驾驶室,暴露变速器总成,便于接近。

(3)拧下变速器放油螺塞,将变速器中的润滑油放出到一个容器中;或用专用设备抽吸润滑油到容器中。

(4)拆卸传动轴。拆卸前应先在变速器输出轴(第二轴)凸缘上和传动轴凸缘上做好装配标记,以防以后装配时错位而带来装配麻烦。拧下4只凸缘固定螺母并取下弹簧垫圈,向后敲压传动轴;使传动轴凸缘叉从4只固定在凸缘中的螺栓中退出,即可放下传动轴。

(5)拆下车速里程表传感器上的导线接头和倒车警报开关上的导线接头等。

(6)拆下离合器外操纵机构与离合器的连接件,将离合器分离叉拉臂分开,并使其在可拆下位置。

(7)拆下在空档位置的变速器外操纵机构与变速器的连接件,使变速器保持在可拆下状态。

(8)变速器和离合器壳总成拆下。先拆下发动机飞轮壳与离合器壳之间下方的连接螺栓。再用吊车吊起变速器或用举升小车举起变速器,放在变速器下方的托架应托住变速器。

再拆卸飞轮表与变速器飞轮壳之间的上方和侧面螺栓。将变速器向后退，将变速器第一轴从离合器及轴承座中拔出，即可放下或吊起变速器。

(9)从变速器上拆下离合器壳。先取下弹簧和离合器分离轴承座总成；拆下离合器壳与变速器前端的固定螺栓，将变速器分离。

4.3.2　变速器有关零件的检查

(1)变速器壳的检查。检查变速器壳有无裂纹，有裂纹应焊修或粘合；检查变速器有无变形和上平面的平面度误差。

(2)轴和轴齿、齿轮的检查。检查各轴是否有磨损、弯曲变形或损坏，如不能使用应予以更换新件。

检查所有齿轮的齿面和齿端面；检查齿轮的内孔；检查齿轮有无裂纹或其他缺陷，如不能使用应予换新。

(3)轴承的检查。检查第一轴、第二轴和中间轴前后端的4个圆柱滚子轴承，是否磨损或损坏，必要时应予以换新。

检查各滚针轴承，如磨损或损坏应予换新。

检查各油封，特别是密封刃口是否损坏或磨损，使用里程较长或拆卸损坏时应予换新。

检查车速里程表主从动齿轮，检查半月键和键槽；检查止推垫片等，视磨损情况换新。

4.3.3　变速器盖总成的检查

(1)检查变速叉轴和上盖中的叉轴孔的间隙，如因磨损过甚间隙过大应予以换新。

(2)检查叉形拨杆的拨头与滑动齿套之间的间隙，如间隙过大不能修复时应予以换新。

(3)检查变速叉和导块是否严重磨损，必要时应予以换新。

(4)检查变速球头与球形座的磨损情况，必要时应予以换新。必要时变速器盖总成换新。

4.3.4　同步器的检查

同步器各零件对换档正常工作至关重要，分解后要仔细检查各个零件的磨损和损坏情况。

(1)检查第三、四、五、六各档同步器总成中各个零件的磨损和损坏情况，特别要注意同步器推块的磨损情况，必要时予以更换。

(2)检查第二档同步器中各零件的磨损和损坏情况，检查是否出现松动现象。第二档同步器为不可拆卸总成，视磨损情况予以更换。

(3)检查同步锥的锥面和啮合齿齿面,如发现磨损、裂纹和深度划痕时则应予以更换。

(4)检查同步器齿套和同步环的磨损和损坏情况,应注意螺纹和锁止角,如发现损坏应予以更换。

(5)检查同步器的后备行程。将同步锥和同步环放到一起并使之压紧。在汽车上打开变速器盖时,也可看到三、四档和五、六档锁环式惯性同步器、二档锁销式惯性同步器,这些同步器都装在变速器第二轴上的对应拨叉的部位。同步锥和同步环的锥面是同步器的主要磨损部位,如图2-16所示,并用同步锥和同步环的端面间隙来表示磨损量的大小。检查时用厚薄规测量同步环大端面与同步锥结合齿前端面之间的距离,即所谓同步器的后备行程。

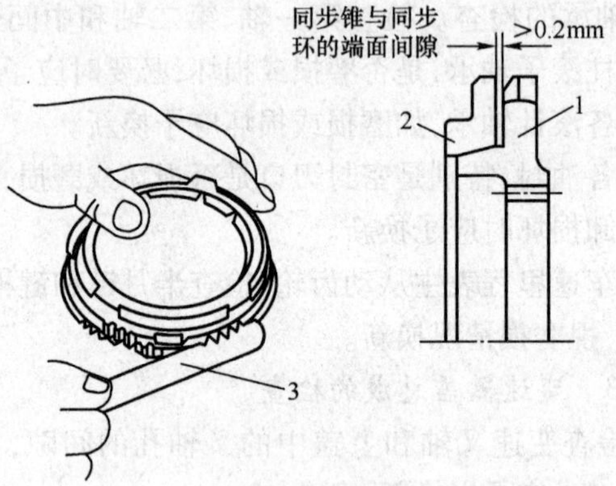

图2-16　同步器端面间隙的测量
1-同步锥;2-同步环;3-厚薄规

对于第三、四档和第五、六档同步器,新变速器为1.2～1.8mm,在使用中随着青铜质同步环的磨损,间隙就逐渐减小,当间隙减小到0.2mm时,就应更换同步锥或同步环,或者成对更换。

更换同步锥和同步环时,要注意二者锥面的接触面积应大于80%,否则应重新配对并使接触面积达到要求。

(6)检查第二档同步器的后备行程。同步环与同步锥的磨损情况可由测量同步锥大端和同步环大端的高度差来表示。对于新变速器,高度差应为0.5mm。在使用中随着青铜质同步环的磨损,高度差逐渐减小,达到0.2mm时就应换用新的同步器总成。只有同步器好用,才能保证换档可靠。

4.4 变速器的维护

大型运输车辆变速器的维护包括：润滑油的添加和更换，变速器连接件的检查和紧固。

变速器的维护

由于变速器多采用飞溅润滑，当油平面低于规定标准时，会使一些部位因润滑不足，造成早期磨损。因此，一级维护时应检查油平面，必要时应补充齿轮油。

变速器经一定使用时间后，因氧化变质及轻馏份的挥发，润滑油的粘度将增加，同时油内杂质也逐渐增加。因此，使用一定时间后，需更换润滑油。更换润滑油一般在二级维护作业中进行。

更换润滑油时，应使润滑油处于热状态下进行。清除放油塞磁铁上的金属沉淀物，清洗滤清器滤网。废油放出后，旋上放油螺塞，再往壳体内加注轻柴油，将变速杆放在空档，起动发动机，并让其工作几分钟后，放出清洗用柴油，再加注新的齿轮油。加注时应根据季节不同，选用制造厂规定的牌号齿轮油。

大型运输车辆在使用过程中，当发现变速器漏油，应检查油封是否完好，各接合面紧固螺钉是否松动，油面是否过高。

检查变速器的工作情况，可在路试中进行。在各个档位下查试有无换档困难或自动跳档等情况、变速器有无不正常响声等，发现故障时，应在维护作业中予以排除。

5 万向传动装置的构造

万向传动装置最常见的是安装在变速器与驱动桥之间，以实现变速器与驱动桥之间的动力传递。

万向传动装置的构造

万向传动装置应满足下列要求：当两轴夹角在一定范围内变化时，能可靠地传递动力，能补偿由于它所连接的各总成的运动所引起的长度变化。所以，万向传动装置一般由万向节和传动轴两部分组成。根据传动系结构形式的不同，万向传动装置布置的形式也有差异。

常见的大型运输车辆中，连接变速器和驱动桥的万向传动装置由十字轴式刚性万向节、传动轴和中间支承部件组成。图 2-17 为解放六平柴汽车万向传动装置构造图。

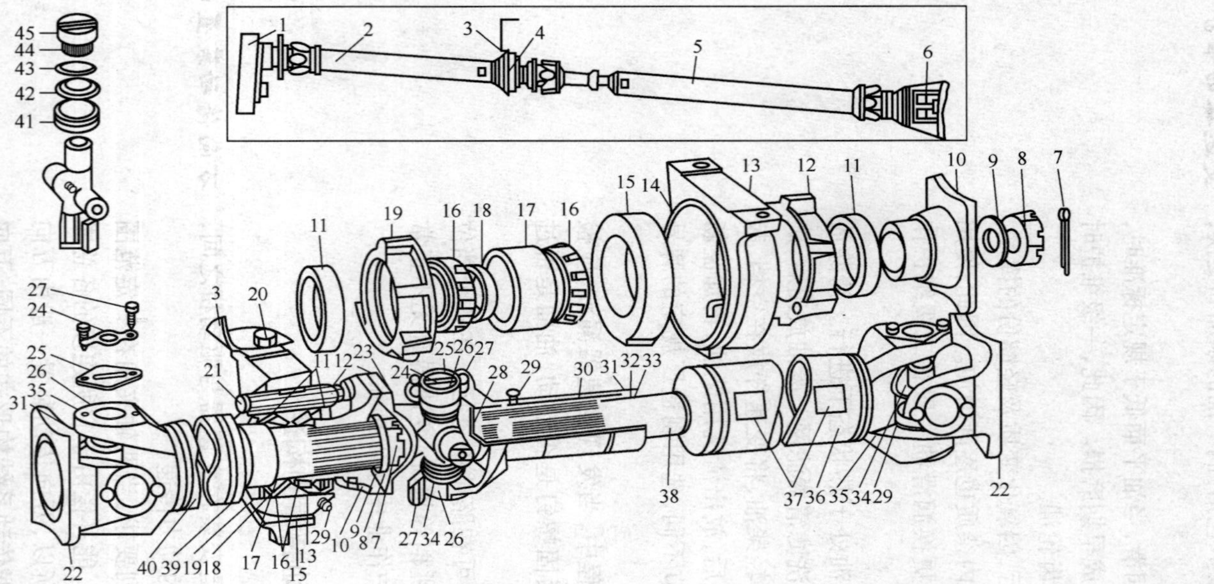

图 2-17 解放六平柴汽车万向传动装置构造图

1 -变速器总成;2 -中间传动轴总成;3 -车架中横梁;4 -中间支承总成;5 -传动轴及万向节总成;6 -后桥总成;7 -开口销;8 -螺母;9 -垫圈;10 -中间轴凸缘;11 -中间轴轴承油封总成;12 -中间轴轴承后盖;13 -中间轴轴承支架;14 -键;15 -垫环及隔套总成;16 -中间支承轴承内圈;17 -中间支承轴承外圈;18 -中间支承轴承隔圈;19 -中间轴轴承前盖;20 -紧固轴承支架螺栓;21 -紧固轴承盖螺栓;22 -传动轴凸缘叉;23 -紧固万向节凸缘螺栓;24 -锁片;25 -滚针轴承支承片;26 -万向节滚针轴承总成;27 -紧固支承片螺栓;28 -滑动叉堵盖;29 -滑脂嘴;30 -万向节滑动叉;31 -滑动叉油封填密圈;32 -滑动叉油封开口垫圈;33 -油封盖;34 -万向节十字轴;35 -传动轴焊接叉;36 -传动轴轴管;37 -平衡片;38 -传动轴花键轴;39 -中间轴花键轴;40 -中间轴轴管;41 -滚针轴承罩;42 -橡胶油封;43 -垫圈;44 -轴承滚针;45 -轴承外圈

5.1　十字轴式刚性万向节

十字轴式刚性万向节

大型运输车辆传动系中万向节用得最多的是十字轴式刚性万向节。十字轴式刚性万向节由万向节叉2、6，十字轴4和由滚针8、套筒9组成的滚针轴承组成（图2-18）。十字轴的两对轴颈分别松套在两万向节叉的孔中。这样主动叉转动时，从动叉既可随之转动，又可绕十字轴中心在任意方向摆动。为了减少摩擦损失，提高传动效率，在十字轴轴颈和万向节叉孔间装有由滚针和套筒组成的滚针轴承。然后用螺钉和轴承盖1将轴承固定在万向节叉的孔中，并用锁片将螺钉锁紧，以防止轴承在离心力作用下从万向节叉孔内脱出。为了润滑轴承，十字轴做成中空的，并有油路通向轴颈。润滑脂从滑脂嘴3注入十字轴内腔。为避免润滑脂流出及尘垢进入轴承，在十字轴的轴颈上套装着带有金属座圈的油封。

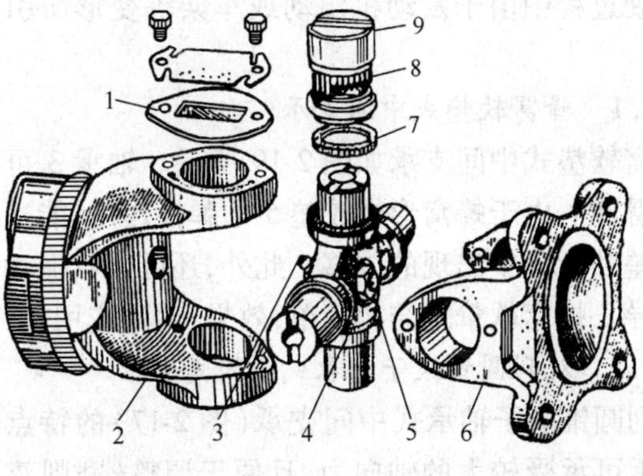

图2-18　十字轴式刚性万向节

1-轴承盖；2、6-万向节叉；3-滑脂嘴；4-十字轴；5-安全阀；7-油封；8-滚针；9-套筒

刚性万向节可以保证在轴间交角变化时可靠地传递动力，结构简单，并有较高的传动效率。其缺点是单个万向节在有夹角的情况下不能传递等角速运动。为此，在两轴（变速器的输出轴和驱动桥的输入轴）之间，可采用双万向节传动。则第一万向节的不等速效应就可以被第二万向节的不等速效应所抵销，从而实现两轴的等角速传动。

5.2　传动轴

传动轴

传动轴部件由传动轴及其两端焊接的花键轴和万向节叉组成（图2-17）。大型运输车辆行驶过程中，变速器和驱动桥的相对位置经常变化，为避免运动干涉，传动轴中设有由滑动叉和花键轴组成的滑动花键连接件,以实现传动轴长度的变化。为减少磨损,还装有用以加注润滑脂的滑脂嘴29。

为使传动轴有较高的强度和刚度,传动轴多做成空心的,一般用厚度为1.5~3.0mm的薄钢板卷焊而成,也可直接采用无缝钢管。

传动轴在高速旋转时,由于离心力的作用将产生剧烈振动,因此,当传动轴与万向节装配后,必须进行动平衡试验。平衡后,在滑动叉组件与传动轴上刻有记号,拆卸后重装时应对准记号。这一点是最重要的,如果装错会使传动轴失去平衡,并带来不良后果。

5.3 中间支承

传动轴分段时须加中间支承。通常中间支承安装在车架横梁上,应能补偿传动轴轴向和角度方向的安装误差以及车辆行驶过程中由于发动机窜动或车架等变形所引起的位移。

5.3.1 蜂窝软垫式中间支承

蜂窝软垫式中间支承如图2-19所示。轴承3可在轴承座2内滑动。由于蜂窝形橡胶垫5的弹性作用,能适应上述安装误差和行驶中出现的位移。此外,还可吸收振动并减少噪声传导。蜂窝软挚式结构简单,效果良好,应用较广泛。

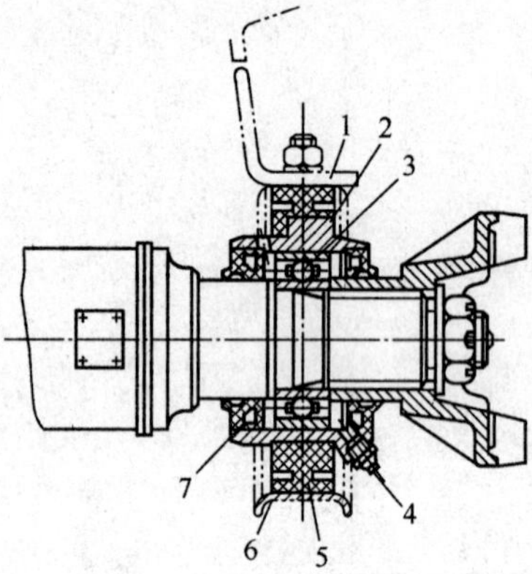

图2-19 蜂窝软垫式中间支承

1-车架横梁;2-轴承座;3-轴承;4-注油嘴;5-蜂窝形橡胶垫;6-U形支架;7-油封

5.3.2 双列圆锥滚子轴承式中间支承

双列圆锥滚子轴承式中间支承(图2-17)的特点是圆锥滚子轴承可承受较大的轴向力,且便于调整(磨削双列轴承内座圈之间的调整垫,以减小间隙),使用寿命较长。

5.3.3 摆动式中间支承

摆动式中间支承如图2-20所示。当发动机轴向窜动时,中间支承可绕支承轴3摆动,改善了轴承的受力状况。此外,橡胶衬套2和5能适应传动轴轴线在横向平面内少量的位置变化。

5.3.4 中间支承轴式中间支承

中间支承轴式中间支承如图2-21所示。中间支承轴13支于安装在中间支承壳体14内的两个圆锥滚子轴承10上。整个中间支承用两个U形螺栓4和中间支承托板2固定在中桥壳3上,并用两个定位销17在中桥壳上定位。调整垫片9用以调整滚子轴承的紧度。

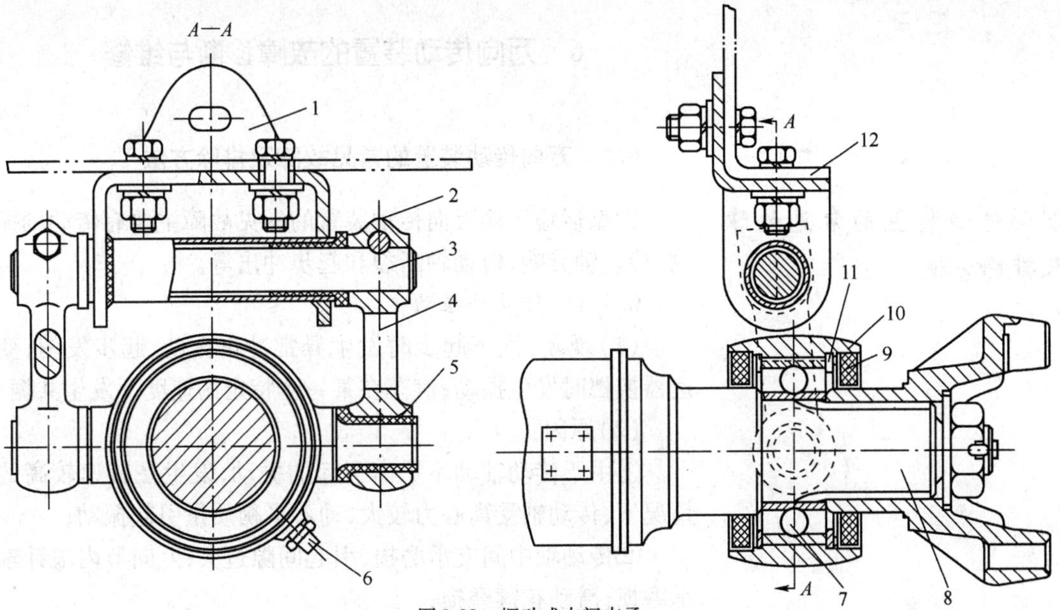

图 2-20　摆动式中间支承

1-支架；2、5-橡胶衬套；3-支承轴；4-摆臂；6-注油嘴；7-轴承；8-中间传动轴；9-油封；10-支承座；11-卡环；12-车架横梁

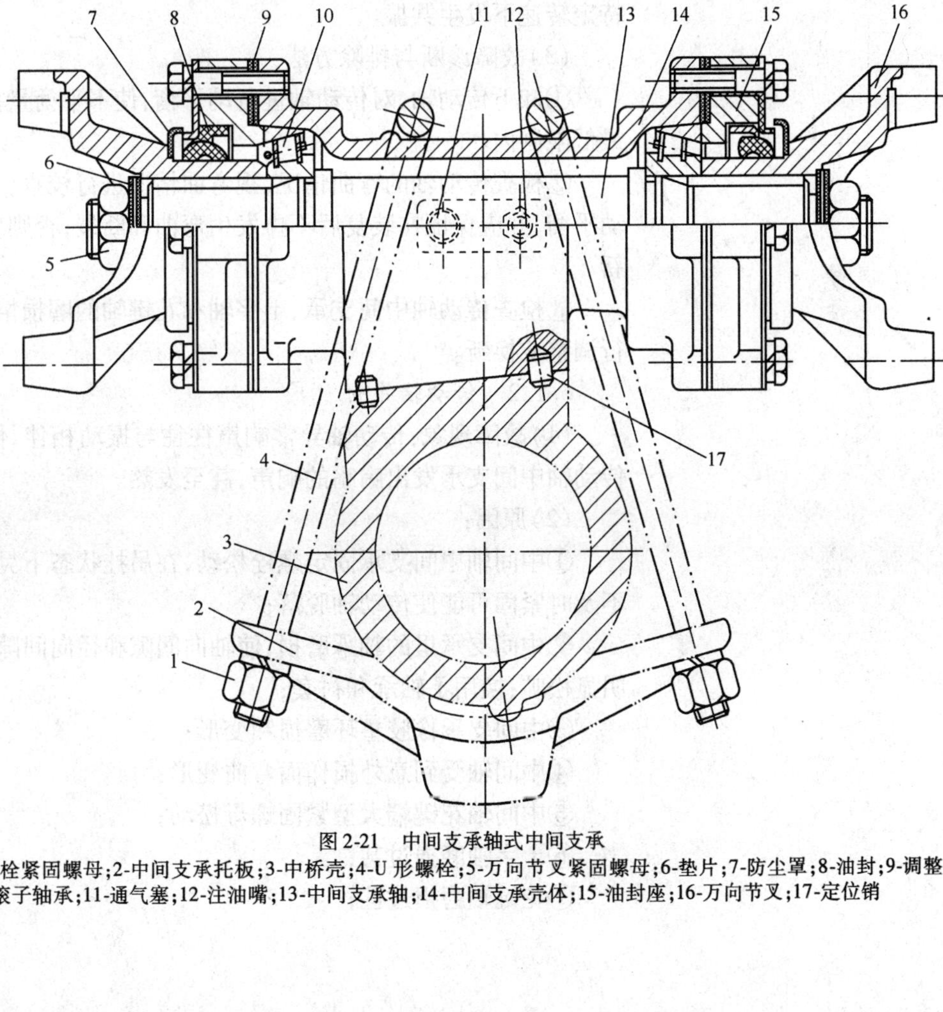

图 2-21　中间支承轴式中间支承

1-U 形螺栓紧固螺母；2-中间支承托板；3-中桥壳；4-U 形螺栓；5-万向节叉紧固螺母；6-垫片；7-防尘罩；8-油封；9-调整垫片；10-圆锥滚子轴承；11-通气塞；12-注油嘴；13-中间支承轴；14-中间支承壳体；15-油封座；16-万向节叉；17-定位销

6 万向传动装置的故障诊断与维修

6.1 万向传动装置的常见故障及排除方法

万向传动装置的常见故障及排除方法

大型运输车辆万向传动装置的常见故障主要有传动轴振动、传动轴异响、传动轴断裂和起步冲击等。

6.1.1 传动轴振动

(1)现象:汽车起步时发生异常冲击振动、起步发闯;变速器换档时发生振动;汽车在某一个特定的速度下发生共振。

(2)原因:

①由于传动轴动不平衡引起的振动,发生在转速较高的情况下,传动轴受离心力较大,动不平衡质量引起振动;

②传动轴中间支承磨损,引起间隙过大;万向节内滚针轴承磨损;滑动花键磨损;

③由于不平衡质量过大,磨损等原因引起传动轴在某一特定转速下发生共振。

(3)故障诊断与排除方法:

①卸下传动轴,对传动轴进行动平衡,使不平衡量控制在最低限制内。

②检查传动轴的弯曲情况,视弯曲情况进行校直,并进行动平衡,并应保证在装复后不再发生弯曲和断裂,否则应当换新。

③检查传动轴中间支承、十字轴和花键轴的磨损情况,进行调整或换新。

6.1.2 传动轴异响

(1)故障现象:传动轴异常响声往往与振动相伴,使用中传动轴中间支承发出嗡嗡的响声,甚至发热。

(2)原因:

①中间轴中间支承固定螺栓松动,在吊挂状态下晃动,如不及时紧固可能使传动轴脱落;

②中间支承里的轴承磨损,使轴向间隙和径向间隙加大,明显松旷;换用了轴承和衬套;

③中间支承橡胶垫环磨损和变形;

④中间轴受到意外损伤而弯曲变形;

⑤中间轴花键端大型紧固螺母松动;

⑥十字轴磨损过甚;

⑦花键轴磨损过甚;

⑧中间支承和十字轴等处缺少润滑。

(3)故障诊断与排除方法:

①及时紧固中间支承固定螺栓;

②调整中间支承轴向间隙;

③更换橡胶衬套;

④校直传动轴和进行动平衡;

⑤紧固连接螺母;

⑥更换十字轴滚针轴承;

⑦更换传动轴;

⑧合理加注润滑脂。

6.1.3　传动轴断裂

(1)现象:传动轴发生振动和响声,传动轴断裂。

(2)原因:

①传动轴的材质个别有缺陷,使用日久发生断裂损坏;

②长时间发生共振,引起疲劳损坏;

(3)故障诊断与排除方法:

①更换传动轴;

②损坏不太严重时,可考虑焊修,但焊接技术要好,并进行动平衡;

③使用中注意排除振动和噪声。

6.1.4　起动冲击

(1)现象:汽车起步时,车身发抖并拌有冲击声。

(2)原因:

①万向节产生磨损或损伤;

②变速器输出轴花键磨损;

③滑动叉花键磨损或损伤;

④传动轴连接部位松动。

(3)故障诊断与排除方法:

①应更换万向节零件;

②酌情修理或更换相关零件;

③拧紧传动轴连接部位的螺栓。

6.2　万向传动装置的检修

6.2.1　万向节的检修

在进行分解万向节作业时,可用专用工具拆下滚针轴承。**万向传动装置的检修**
在没有专用工具时,可用手握住传动轴,用锤子敲击万向节叉边缘,使十字轴撞击其轴承壳,将其轴承壳震出来。敲击时应注意,万向节叉安装轴承壳的孔的边缘处不能用锤子击打,以免产生变形,使轴承壳不能脱出;也不可用锤子硬击轴承壳底部,以免击坏。

万向节分解完成后,需要用煤油或柴油清洗各零件,以便暴露出零件的损伤、磨损情况,而且应按以下要求检查和修复。

(1)检查滚针轴承,如果滚针断裂,油封失效,应更换新件。

(2)检查十字轴轴颈磨损、压痕剥落等情况。十字轴轴颈轻微磨损、轻微压痕或剥落,仍可继续使用,如果轴颈磨损过甚,严重压痕(深度超过0.1mm)或严重剥落时,应予以更换。

(3)检查万向节叉不得有裂纹或其他严重损伤,否则更换新件。

(4)万向节装配完毕后,可用手扳动十字轴进行检验,以转动自如而没有松旷感觉为合适。若装配过紧或过松,应查明原因,必要时应拆检及重新装配。

6.2.2 传动轴及中间支承的检修

在解体传动轴时,首先要注意总成上装配标记是否清晰、齐全。如果标记不清晰或不齐全,应在拆检前作出标记,以便装配时按原位装复,确保总成的平衡精度,否则会因不平衡而产生振动、噪声和附加载荷。

检验传动轴花键轴键齿与滑动叉花键槽配合的情况时,可用手握住传动轴,来回转动滑动叉,以没有过大的松旷感觉为宜。或把滑动叉夹持在台钳上,将花键轴按装配标记插入滑动叉中,并使部分花键露在外面,转动花键轴,用百分表测出某花键侧面的读数变化值,此值即为滑动副的配合间隙。一般该间隙不得大于0.5mm,磨损过甚或花键有扭曲、弯曲变形时应予以更换。

传动轴弯曲变形的检查,可用百分表测量轴管外圆的径向圆跳动量。传动轴中间最大弯曲度一般不得超过1mm。超过时允许在压床上进行冷态校正。校正达不到技术要求时,应更换新件。

经校正修复或更换主要零件(如花键轴、滑动叉、万向节叉)的传动轴,应进行平衡试验。中型载货汽车传动轴的动不平衡一般应不大于100g·cm。超过时,可采用在轴管两端加焊平衡片的方法来校正不平衡量。但每端不得多于3片。

经过动平衡达到技术要求后,应在万向节叉与传动轴、滑动叉与传动轴花键轴上分别打上装配标记,以便以后拆装时按记号装配，避免破坏其平衡精度。

中间支承拆散后，应清洗轴承等零件。中间支承轴承如有麻点、凹痕、退火变色、磨损过甚等损坏情况，都应更换新件。轴承磨损情况的检查，可将轴承外圈夹在台钳上，轴向推动内圈用百分表测量其轴向间隙。

中间支承油封如有损坏或失效、橡胶垫环开裂，均应更换新件。

6.3　万向传动装置的装配与调整

万向传动装置的装配与调整

按拆卸相反的次序装配，并按规定的力矩拧紧螺栓、螺母。其装配工艺和调整如下：

(1)万向传动装置在装配前应进行零件的清洗、检查。

(2)装传动轴时，十字轴轴颈如有压痕，如压痕不严重且不在传力面时，可将十字轴由原装配位置旋转90°装复。装配时，在十字轴轴颈及滚针轴承孔内涂以润滑脂，十字轴上的油嘴必须朝向轴管一侧。支承片上止动用的凸棱应嵌入滚针轴承外圈顶面凹，然后用螺栓紧固，再有锁片将螺栓锁住。装配后的十字轴，应能在轴承中自由转动而无发卡现象。装配时应按拆卸时所做的记号，以确保传动轴的动平衡。

(3)中间传动轴装配后，应按规定力矩拧紧凸缘螺母，然后检查中间支承轴承的轴向间隙，并在确保轴承转动灵活的情况下，再插上开口销。

在橡胶垫片装入中间支承支架前，应检查支架上防止垫环转动的键是否完好，以防止垫环在支架中转动。

(4)所有油嘴应注入2号锂基润滑脂，直到润滑脂分别从十字轴颈、滑动叉堵盖孔和中间支承前轴承盖上的通气孔中挤出为止。

6.4　万向传动装置的维护

万向传动装置的维护

万向传动装置的维护，主要包括润滑、紧固和检查。

在一级维护中，对万向节轴承、传动轴花键连接等部位加注润滑油。对传动轴花键连接及万向节轴承加注润滑脂，有些万向节轴承应加注齿轮油，直至从安全阀中出现新油为止。由于齿轮油的流动性好，在滚针轴承处容易形成油膜，其润滑性能优于润滑脂。但采用齿轮油润滑万向节轴承时，必须注意油封的密封性。由于齿轮油流动性大，若油封漏油，传动轴高速转动时，油会被甩出而造成干摩擦或半干摩擦，也会加速轴承磨损。如发现油封损坏，有漏油的迹象时应立即更换。

检查凸缘连接螺栓及挠性万向节和十字轴轴承盖板固定螺钉的紧固情况，锁紧装置应牢固可靠，锁片应齐全有效。

在二级维护时，应检查传动轴花键连接及十字轴轴颈和端面对滚针轴承之间的间隙，如间隙大，应予以修复。

7 驱 动 桥

大型运输车辆驱动桥同样由主减速器、差速器、半轴和桥壳等组成，是传动系的最后一个总成。

它的功用是将万向传动装置传来的发动机转矩传给驱动轮，并经降速增大转矩、改变动力传递方向，使汽车行驶，而且允许左右驱动轮以不同的转速旋转。

本节主要介绍大型运输车辆驱动桥中的主减速器和差速器。

7.1 主减速器

主减速器

根据不同的使用要求，主减速器的结构形式也有所不同。按参加减速传动的齿轮副数目分，有单级式主减速器和双级式主减速器。在双级式主减速器中，若第二级减速器齿轮有两副，并分置于两侧车轮附近，实际上成为独立部件，则称为轮边减速器。按主减速器传动比档数可分为单速式和双速式主减速器。单速式的转动比是固定的，而双速式则有两个传动比供驾驶员选择。

在此仅介绍大型运输车辆中用到的贯通式主减速器、双速式主减速器和轮边减速器。

7.1.1 贯通式主减速器

有些多轴大型运输车辆，为了简化结构，部件通用性好，便于形成系列产品，常采用贯通式驱动桥。图 2-22 所示为贯通式驱动桥示意图，前面(或后面)两驱动桥的传动轴是串联的，传动轴从离分动器较近的驱动桥中穿过，通往另一驱动桥。传动轴必须从驱动桥中穿过的这种布置方案的驱动桥称为贯通式驱动桥。

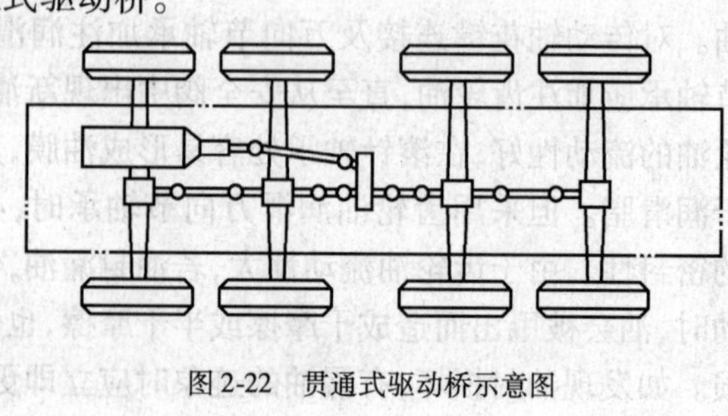

图 2-22 贯通式驱动桥示意图

图 2-23 所示为贯通式双级主减速器。第一级是斜齿圆柱齿轮传动。中驱动桥主动斜齿轮用花键套装在贯通轴上，而贯通轴穿过主减速器壳通向后驱动桥。第二级是准双曲面齿轮转动。因为从动齿轮可相对主动齿轮上移一段距离，故可保证足够的离地间隙，又使结构紧凑。差速器壳与从动准双曲面齿轮铆接。在某些结构中，也有第一级用锥齿轮传动，第二级用圆柱齿轮传动。

7.1.2　双速主减速器

有些大型运输车辆，为了充分提高汽车的动力性和经济性而装用具有两档传动比的主减速器，可依据大型运输车辆行驶条件选择档位。这种主减速器称为双速主减速器。

图 2-24 所示为一种常见的双速主减速器结构形式，其结构如图 2-25 所示。这种双速主减速器是行星齿轮式的。它由一对圆锥齿轮和一个行星齿轮机构组成。行星架与差速器的壳体刚性连接。齿圈和从动锥齿轮连成一体。动力由锥齿轮副经行星齿轮机构传给差速器，最后由半轴输给驱动轮。在左半轴上滑套着一个接合套。接合套上有短齿接合齿圈 A 和长齿接合齿圈 D(即太阳轮)。

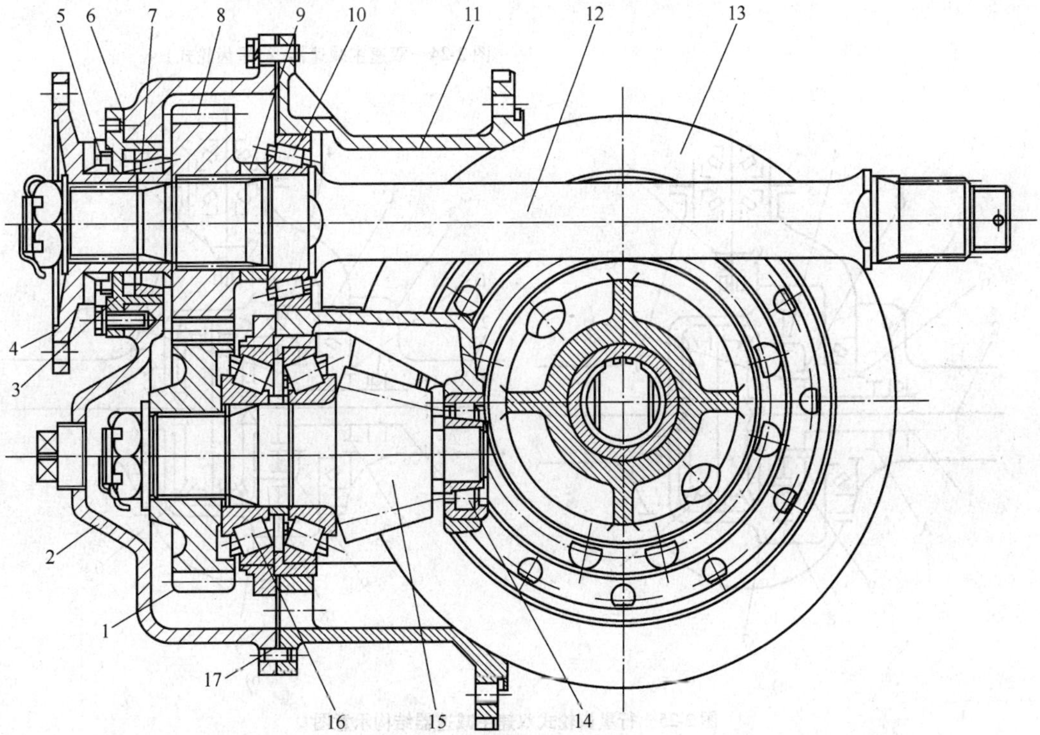

图 2-23　贯通式双级主减速器

1-从动圆柱齿轮;2-主减速器盖;3-轴承;4-传动凸缘;5-油封;6-调整垫片;7、10、16-圆锥滚子轴承;8-主动圆柱齿轮;9-隔套;11-主减速器壳;12-贯通轴;13-从动准双曲面齿轮;14-圆柱滚子轴承;15-主动准双曲面齿轮;17-定位销

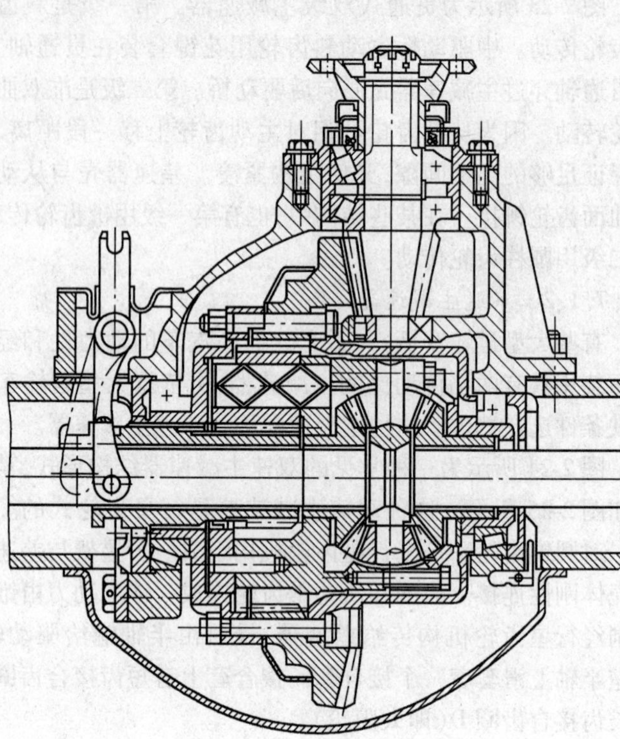

图 2-24　双速主减速器(行星齿轮式)

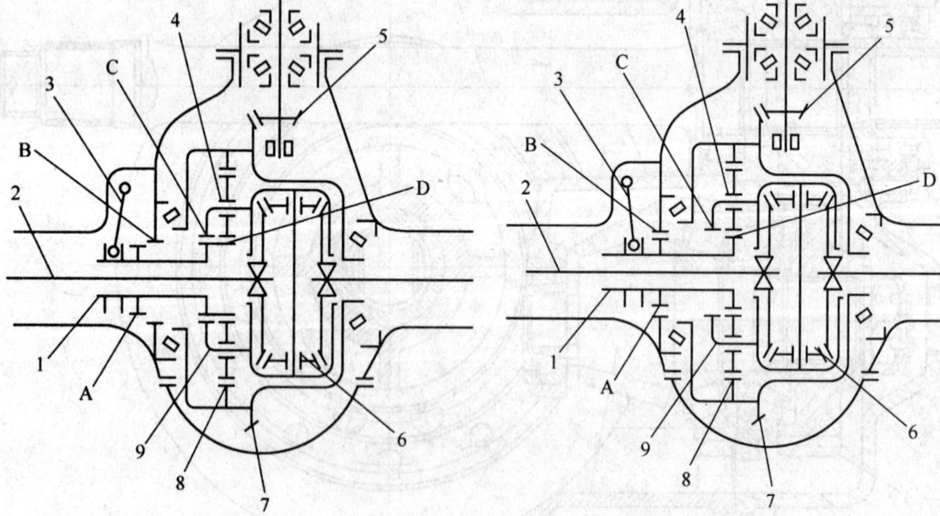

a)　　　　　　b)

图 2-25　行星齿轮式双速主减速器结构示意图

a)高速档单级传动;b)低速档双级传动

1-接合套;2-半轴;3-拨叉;4-行星齿轮;5-主动锥齿轮;6-差速器;7-从动锥齿轮;8-齿圈;9-行星架

7.1.3　轮边减速器

有些大型运输车辆如果要求有较大的离地间隙和较大的主传动比时，经常将双级主减速器中的第二级减速齿轮机构制成同样的两套，分别装在两侧驱动轮的附近，而第一级即为主减速器，称为轮边减速器。

轮边减速器又有定轴轮系和行星轮系两种结构形式。

图2-26所示为行星齿轮式轮边减速器，驱动桥减速机构分为两级。第一级是一对螺旋锥齿轮，装在驱动桥中部主减速器壳中。被增大了的转矩由从动锥齿轮经差速器、半轴输入两侧的第二级减速机构——行星齿轮式轮边减速器，它由齿圈、行星齿轮、行星架和太阳轮等组成。齿圈与齿圈座用螺钉连接，而齿圈座用花键与半轴套管连接，并以锁紧螺母固定其轴向位置，因而不能转动。轮边减速器太阳轮以花键与半轴连接，随半轴转动。在太阳轮和齿圈之间装有3个行星齿轮。行星齿轮是通过圆锥滚子轴承和轴支承在行星架上。行星架用螺栓与轮毂相连。

差速器输出的动力即从半轴经太阳轮、行星齿轮、行星架等传给轮毂而使驱动轮旋转。其中太阳轮是主动件，行星架是从动件，齿圈固定不动，其传动比 $i=1+Z_3/Z_7=5$。式中，Z_3 为太阳轮齿数，Z_7 为行星架齿数。

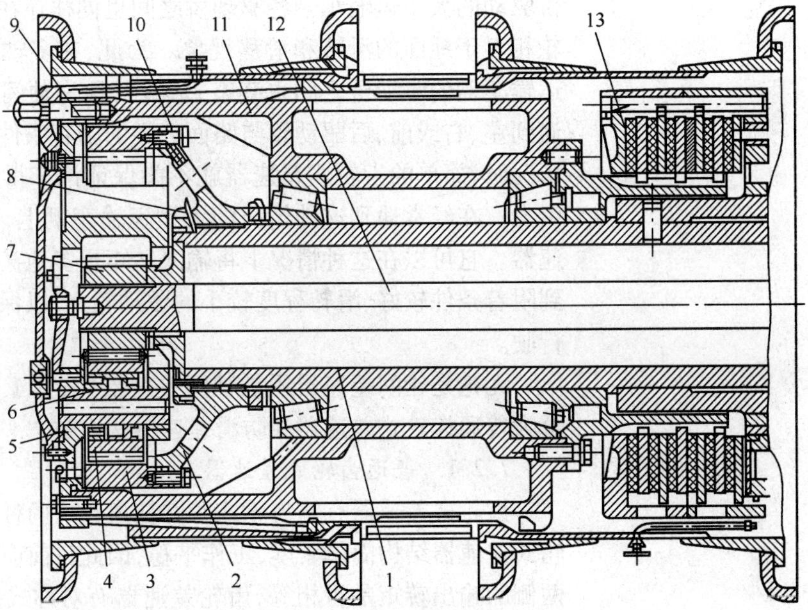

图2-26　行星齿轮式轮边减速器

1-半轴套管；2-齿圈座；3-齿圈；4-行星齿轮；5-行星架；6-行星齿轮轴；7-太阳轮；8-锁紧螺母；9、10-螺钉；11-轮毂；12-半轴；13-多片盘式制动器

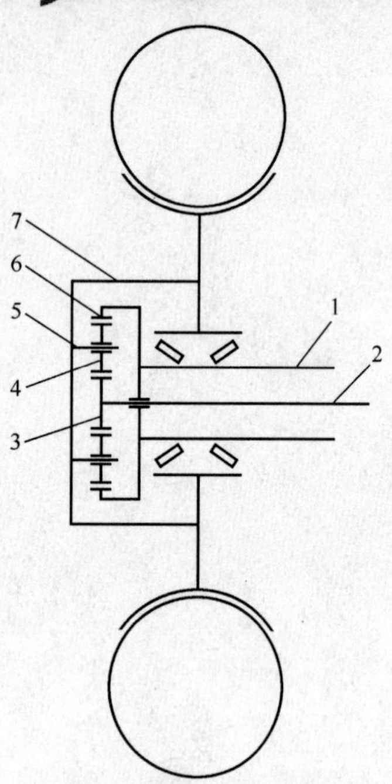

图 2-27　行星齿轮式轮边减速器结构示意图

1-半轴套管；2-半轴；3-太阳轮；4-行星齿轮；5-行星齿轮轴；6-齿圈；7-行星架

图 2-27 所示为行星齿轮式轮边减速器结构示意图。可见，轮边减速器是一个行星齿轮机构，齿圈与半轴套管固定在一起，半轴传来的动力经太阳轮、行星齿轮、行星齿轮轴、行星架传给车轮。

轮边减速器的润滑系统是独立的，在行星架的端盖上设有加油孔和螺塞。而行星架端面上有放油孔和螺塞。为了便于加油和放油，装配时应将它们调整到车轮中为固定半轴和太阳轮的轴向位置，在半轴端面中心孔位置处装有止推螺钉，并用可调的止推螺钉顶住。

综上所述，轮边减速器可使驱动桥中主减速器尺寸减小，从而保证了足够的离地间隙，并可得到较大的主传动比。因半轴在轮边减速器之前，所承受的转矩大为减少，所以半轴和差速器等零件尺寸可以减小。但是需要两套轮边减速器，结构较为复杂，制造成本也较高。

7.2　差速器

为了使两侧驱动轮可以用不同的角速度旋转，就必须将两侧车轮的驱动轴分开，而由主减速器从动齿轮通过一个差速齿轮系统——差速器分别驱动两侧半轴和驱动轮。这种装在同一驱动桥两侧驱动轮之间的差速器称为轮间差速器。多桥驱动的大型运输车辆各驱动桥之间也同样存在上述驱动车轮相对于地面的滑转和滑移现象。为此，在多轴驱动的大型运输车辆的驱动桥之间也装有差速器，称为轴间差速器。当遇到左、右或前、后驱动轮与路面之间的附着条件相差较大的情况时，简单的齿轮式差速器就不能保证汽车得到足够的牵引力。在经常遇到这种情况的大型运输车辆上，采用抗滑差速器。它可以在这种情况下将输入转矩更多地甚至全部分配到附着条件较好、滑转程度较小的驱动轮上，以保证车辆继续行驶。

无论是轮间差速器还是轴间差速器，按其工作特性均可分为普通齿轮式差速器和防滑差速器两大类。

7.2.1　普通齿轮式差速器

齿轮式差速器有锥齿轮式和圆柱齿轮式两种。由于锥齿轮式差速器结构简单紧凑，工作平稳，因此目前应用最广。按两侧的输出转矩是否相等，齿轮差速器有对称式和不对称式两类。对称式用作轮间差速器或由平衡悬架联系的两驱动桥之间的轴间差速器。不对称式用作前、后驱动桥之间或前驱动桥与中、后驱动桥之间的轴间差速器。

由于对称式锥齿轮差速器应用广泛，以下着重以对称式锥齿轮差速器为例来介绍它的结构与工作原理。

对称式锥齿轮轮间差速器由圆锥行星齿轮、行星齿轮轴、圆锥半轴齿轮和差速器壳组成，如图2-28所示。差速器壳由用螺栓固紧的两部分1和5组成。主减速器的从动齿轮用铆钉或螺栓固定在差速器壳左半部1的凸缘上。装配时，十字形的行星齿轮轴8的4个轴颈嵌在差速器壳两半端面上相应的凹槽所形成的孔内，差速器壳的剖分面通过行星齿轮轴各轴颈中心线。每个轴颈上浮套着一个直齿圆锥行星齿轮4，它们均与两个直齿圆锥半轴齿轮3啮合。而半轴齿轮的轴径分别支承在差速器壳相应的左右座孔中，并借花键与半轴相连。

动力自主减速器从动齿轮依次经差速器壳、十字轴、行星齿轮、半轴齿轮、半轴输出给驱动轮。当两侧车轮以相同转速转动时，行星齿轮绕半轴轴线转动——公转。若两侧车轮阻力不同，则行星齿轮在做上述公转运动的同时，还绕自身轴线转动——自转，因而两半轴齿轮带动两侧车轮以不同转速转动。

为了保证行星齿轮对正中心利于两个半轴齿轮正确地啮合，行星齿轮的背后和差速器壳相应位置的内表面都做成球面。

因为行星齿轮和半轴齿轮是锥齿轮传动，在传递转矩时，沿行星齿轮和半轴齿轮的轴线作用着很大的轴向力，而齿轮和差速器壳间又有相对运动，所以为减少齿轮和壳的磨损，在半轴齿轮和差速器壳之间装着推力垫片2，而在行星齿轮与差速器壳之间装着球面垫片7。当汽车行驶到一定里程时，垫片磨损后可换上新垫片，以提高差速器的使用寿命。垫片通常用铜或者聚甲醛塑料制成。

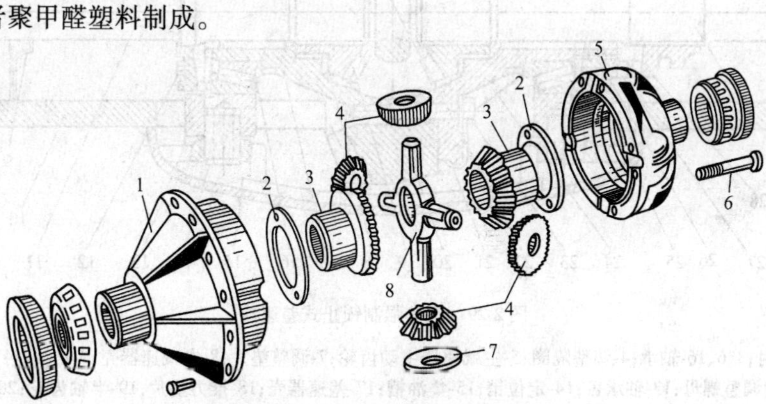

图2-28　对称式锥齿轮差速器零件分解图

1、5-差速器壳；2-半轴齿轮推力垫片；3-半轴齿轮；4-行星齿轮；6-螺栓；7-行星齿轮球面垫片；8-行星齿轮轴(十字轴)

为保证行星齿轮和十字轴轴颈之间有良好的润滑，在十字轴轴颈上铣出一个平面，并在行星齿轮的齿间钻有油孔。

差速器靠主减速器壳体中的润滑油润滑。在差速器壳体上开有窗口，供润滑油进出。

7.2.2 强制锁止式差速器

强制锁止式差速器就是在行星锥齿轮差速器上装设了差速锁。当一侧驱动轮滑转时，可利用差速锁使差速器不起差速作用。

图 2-29 所示为强制锁止式差速器。它的差速锁由牙嵌式接合器及其操纵机构两大部分组成。牙嵌式接合器的固定接合套 26 用花键与差速器壳 24 左端连接，并用弹性挡圈套 27 轴向限位。滑动接合套 28 用花键与半轴 29 连接，并可在轴上轴向滑动。操纵机构的拨叉 37 装在拨叉轴 36 上，并可沿导向轴 39 轴向滑动，其叉形部分插入滑动接合套 28 的环槽中。

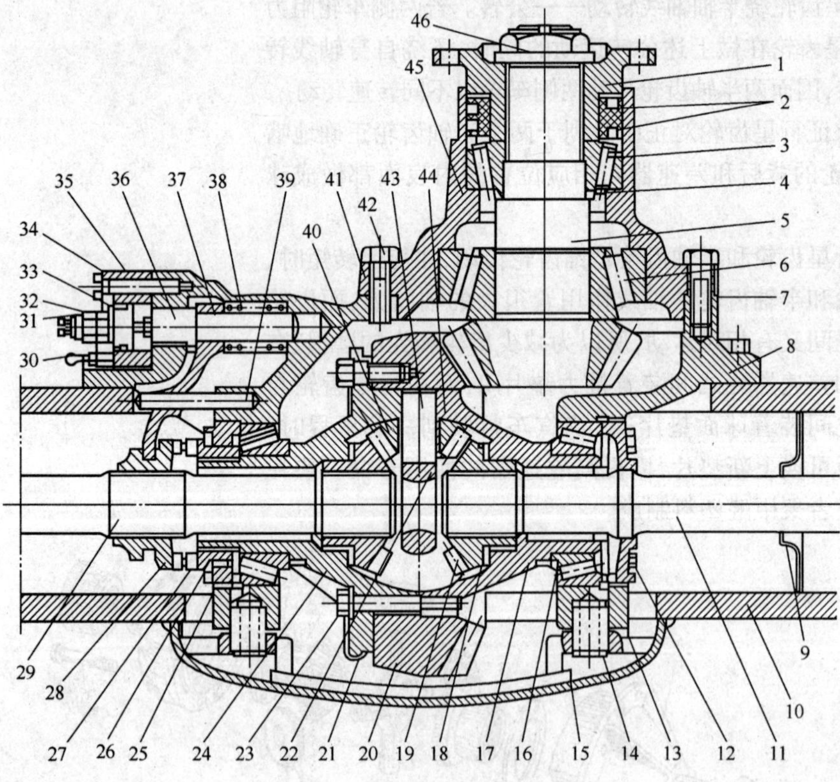

图 2-29 汽车强制锁止式差速器

1-传动凸缘；2-油封；3、6、16-轴承；4-调整隔圈；5-主减速器主动齿轮；7-调整垫片；8-主减速器壳；9-挡油盘；10-桥壳；11、29-半轴；12-带挡油盘的调整螺母；13-轴承盖；14-定位销；15-集油槽；17-差速器壳；18-推力垫片；19-半轴齿轮；20-主减速器从动齿轮；21-锁板；22-衬套；23-螺栓；24-差速器壳；25-调整螺母；26-固定接合套；27-弹性挡圈；28-滑动接合套；30-气管接头；31-带密封圈的活塞；32-差速锁指示灯开关；33-调整螺钉及其锁紧螺母；34-缸盖；35-缸体；36-拨叉轴；37-拨叉；38-弹簧；39-导向轴；40-行星齿轮；41-密封圈；42-螺栓；43-十字轴；44-推力垫圈；45-轴承座；46-螺母

当汽车在好路面上行驶不需要锁止差速器时，牙嵌式接合器的固定接合套26与滑动接合套28不嵌合，即处于分离状态，此时为普通行星锥齿轮差速器。

当汽车通过坏路面需要锁止时，通过驾驶员的操纵，压缩空气由气管接头30进入气动活塞缸左腔，推动活塞31右移，并经调整螺钉33和拨叉轴36推动拨叉37压缩弹簧38右移，从而拨动滑动接合套28右移与固定接合套26嵌合，将左半轴29与差速器壳24连成一个整体，则左右两半轴被联锁成一体随差速器壳24一起转动，即差速器被锁止，不起差速作用。这样，转矩可全部分配给好路面上的车轮。与此同时，差速锁指示灯开关32接通，驾驶室内指示灯亮，以提醒驾驶员差速器处于锁止状态，汽车驶出坏路面后应及时摘下差速锁。

当需要解除差速器的锁止时，通过操纵机构放掉气缸内压缩空气，作用在活塞左端面的气压消失，拨叉37及滑动接合套28在弹簧38作用下左移回位，接合器分离，差速器恢复差速作用，同时差速器指示灯熄灭。强制锁止式差速锁结构简单，易于制造，但操纵不便，一般要在停车时进行。而且如果过早接上或过晚摘下差速锁，亦即在好路段上左、右车轮仍刚性连接，则将产生前已述及的无差速器情况下出现的一系列问题。

7.2.3　滑块凸轮式轴间差速器

图2-30为滑块凸轮式轴间差速器。它是利用滑块与凸轮之间产生较大数值内摩擦力矩以提高锁紧系数的一种高摩擦自锁式差速器，其转矩由凸缘盘1和轴间差速器分配给中桥主动螺旋锥齿轮18和后桥传动轴26。

差速器

轴间差速器由主动套，8个短滑块及8个长滑块、接中桥内凸轮花键套、接后桥外凸轮花键套及轴间差速器壳和轴间差速器盖组成。

接中桥内凸轮花键套用花键与中桥主动螺旋锥齿轮相连，其前端内表面有13个圆弧凹面。接后桥外凸轮花键套用花键与后桥传动轴相连，其外表面有11个圆弧凹面。主动套前端与凸缘盘用花键连接，后端空心套筒部分即装在内、外凸轮之间，空心套筒铣出8条穿通槽，每条槽内各装长短滑块1个。所有滑块均可在槽内沿径向自由滑动。为了使滑块及内、外凸轮磨损均匀，相邻两槽内滑块的装法不同，其中一个槽内长滑块在前，短滑块在后，而另一槽内滑块装法则相反。

当汽车转弯或在不平道路上行驶，或由于中、后桥驱动半径不相等等原因，中、后两驱动桥需要有转速差时，主动套槽内的滑块，一方面随主动套旋转并带动内、外凸轮花键套旋转，同时在内、外凸轮间沿槽孔径向滑动，保证中、后两驱动桥在不脱离传动的情况下实现差速，而且由于滑块与内、外凸轮间产生的摩擦力矩起作用，使慢转的驱动轮上可以得到比快转驱动轮更大的转矩。

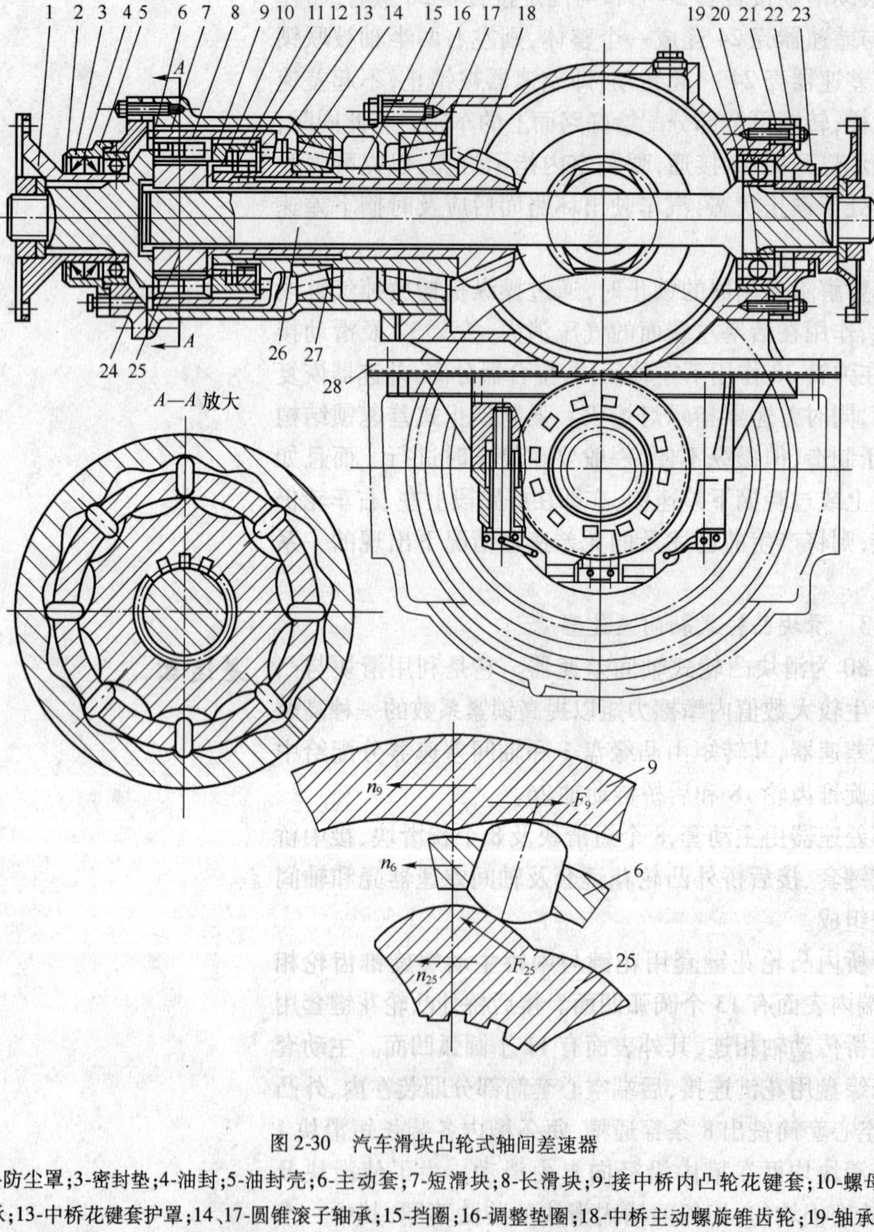

图 2-30　汽车滑块凸轮式轴间差速器

1-凸缘盘；2-防尘罩；3-密封垫；4-油封；5-油封壳；6-主动套；7-短滑块；8-长滑块；9-接中桥内凸轮花键套；10-螺母；11-垫圈；12-滚子轴承；13-中桥花键套护罩；14、17-圆锥滚子轴承；15-挡圈；16-调整垫圈；18-中桥主动螺旋锥齿轮；19-轴承座；20-球轴承；21-轴承盖；22-油封；23-防尘毡；24-轴间差速器盖；25-接后桥外凸轮花键套；26-后桥传动轴；27-轴间差速器壳；28-主减速器壳

当汽车在平直路面上直线行驶,中、后驱动桥无转速差时,中桥主动螺旋锥齿轮和后桥传动轴的转速相同,即轴间差速器没起差速作用。此时转矩由凸缘盘输入,经主动套、滑块、内外凸轮花键套,分别传给中桥和后桥,内、外凸轮花键套和主动套的转速相等。

假设中桥驱动轮因陷于泥泞路面而滑转,此时驱动后桥的外凸轮花键套的转速 n_{25} 小于主动套的转速 n_6,而驱动中桥的内凸轮花键套的转速 n_9 则大于主动套转速 n_6,相对应的滑块作用于内、外凸轮的摩擦力方向,如图 2-30 所示。滑块作用于内凸轮上的摩擦力 F_9 造成的力矩的方向与转动方向相反,而使内凸轮所受的转矩减小,作用于外凸轮上的摩擦力 F_{25} 造成的力矩的方向与转动方向相同,故使内外凸轮所受的转矩增加,因而中、后驱动桥上的转矩得到重新分配。

上述差速器可以在很大程度上提高汽车的通过性,但结构复杂,加工要求高,摩擦件的磨损较大。

通过选择不同的凸轮倾角,可将滑块凸轮式差速器做成对称式或非对称式,因此它既可用作轴间差速器,又可用作轮间差速器。

8　驱动桥的故障诊断与维修

8.1　驱动桥的常见故障及排除方法

驱动桥的常见故障及排除方法

大型运输车辆驱动桥的常见故障主要有异响、过热、漏油、损坏等。

8.1.1　驱动桥异响

(1)现象:大型运输车辆在行驶中,发出嗡嗡的驱动桥齿轮噪声;严重时好像远方传来的警笛声,又好像篮球裁判员的双音口笛或三音口笛的哨声,随着车速的增加声调不断提高,可以明显听到。

(2)原因:

①驱动桥主传动锥齿轮副磨损,使得间隙过大。

②装配与调整原因:驱动桥大修后,齿轮已经磨损,虽经细心调整啮合印迹和齿侧间隙,仍会发出噪声;当然也有调整不当的因素。

③制造加工精度低:在制造过程中有机械加工和热处理的变形,新车行驶时就有噪声。

④齿面粗糙度较差:主传动齿轮啮合齿面有刀纹和磕碰

伤等也能引起噪声。

⑤润滑油量不足,齿轮啮合中混有干摩擦。

(3)故障诊断与排除方法:

①驱动桥齿轮噪声比较严重时应拆卸驱动桥,拆检有无损伤。可以通过重新装配,重新调整齿轮啮合面积或修磨齿面等方法来消除。但不是所有的齿轮噪声都是能够消除掉的,通过精心调整仍有噪声,在还能使用情况下可以继续使用。

②检查主动和从动锥齿轮轴承是否松旷或有损坏情况。轴承有一定的预紧力,加力过大会使齿轮间隙变小,加力过小间隙变大,都会发出噪声,并且所加预紧力不能是虚假的,来保证啮合齿面间隙在正常值范围内。

③必须加够润滑油。可将驱动桥壳上的加油孔螺塞或油面检查螺塞(通气塞)拧下,从加油孔加注合乎规格的齿轮油,看到从油面检查孔出油时为止。

8.1.2 驱动桥过热

(1)现象:驱动桥局部过热现象。

(2)原因:

①驱动桥壳内齿轮油泄漏,致使缺少润滑油。

②调整时驱动桥主动锥齿轮轴承预紧力过大,使主动齿轮轴承座附近过热。

③主减速器主、从动齿轮啮合间隙过小,或轴承外圈松动滑转,引起减速器壳附近过热。

④差速器十字轴与行星齿轮烧结或卡滞,半轴齿轮与行星齿轮卡滞,汽车转弯过多且有后桥或轮胎异响。

(3)故障诊断与排除方法:

①驱动桥过热比较严重时应拆检后桥,并进行重新调整。

②加够驱动桥齿轮润滑油。

8.1.3 驱动桥漏油

(1)现象:

①主减速器壳与桥壳连接处漏油。

②主减速器外壳盖处漏油。

③主减速器油封漏油。

④主动锥齿轮轴承座处漏油。

⑤半轴凸缘油封漏油。

(2)原因:

①装配缺陷,密封胶、垫密片损坏或有脏物,紧固螺栓拧紧不均匀。

②使用日久，螺栓松动，密封损坏。

③驱动桥通气孔堵塞，致使桥壳内压力过高。

(3)故障诊断与排除方法：

①检查并重新装配各密封件。对于主减速器壳与桥壳连接处漏油，应在密封纸垫两面涂一层密封胶，并将紧固螺栓螺纹部分涂密封胶，以80～90N·m的力矩交叉拧紧；对于主减速器壳盖处漏油，检查调整垫片有无损坏及脏物，涂密封胶，固定螺栓涂密封胶，以80～90N·m力矩交叉拧紧；对于主减速器油封漏油，应更换油封，涂密封胶，均匀拧紧轴承盖螺栓；对于主动锥齿轮轴承座处漏油，应检查调整垫片，涂密封胶，以80～100N·m力矩交叉拧紧；对于半轴凸缘漏油，应更换垫密片，涂密封胶，并以70～100N·m力矩交叉均匀拧紧，由于半轴凸缘所受转矩和冲击载荷较大，经常有松动情况，应注意检查拧紧。

②驱动桥壳中加润滑油量不能过多，只要加够即可，太多太满容易溢出。

③检查驱动桥通气孔，保证通风良好。通风孔在半堵塞状态也能引起后桥各处漏油。

8.1.4　驱动桥损坏

(1)现象：

①驱动桥壳裂纹或断裂。

②驱动桥壳弯曲变形，汽车后轮内侧吃胎。

(2)原因：

①个别驱动桥壳铸造质量原因和汽车严重超载，使驱动桥壳发生裂纹甚至断裂损坏。

②汽车长期超载，使驱动桥壳弯曲变形。

(3)故障诊断与排除方法：

①正常使用中，减少超载次数和时间。

②严重损坏更换驱动桥壳。

8.2　驱动桥主要零件的检修

8.2.1　后桥壳和半轴套管

(1)桥壳和半轴套管不允许有裂纹存在，半轴套管应进行探伤处理。各部螺纹损伤不得超过2牙。　**驱动桥主要零件的检修**

(2)钢板弹簧座定位孔的磨损不得大于1.5mm，超限时先进行补焊，然后按原位置重新钻孔。

(3)桥壳以半轴套管的两内端轴颈的公共轴线为基准，两外轴颈的径向圆跳动误差超过0.30mm时应进行校正，校正后的径向圆跳动误差不得大于0.08mm。

(4)桥壳承孔与半轴套管的配合及伸出长度应符合原厂规定,如半轴套管承孔的磨损严重,可将座孔镗至修理尺寸,更换相应的修理尺寸半轴套管。

(5)滚动轴承与桥壳的配合应符合原厂规定。如配合处过于松旷,可用刷镀修复承孔。

8.2.2 半轴

(1)半轴应进行隐伤检查,不得有任何形式的裂纹存在。

(2)半轴花键应无明显的扭转变形。

(3)以半轴轴线为基准,半轴中段未加工圆柱体径向圆跳动误差不得大于1.3mm;花键外圆柱面的径向圆跳动误差不得大于0.25mm;半轴凸缘内侧端面圆跳动误差不得大于0.15mm。径向圆跳动超限,应进行冷压校正;端面圆跳动超限,可车削端面进行修正。

(4)半轴花键的侧隙增大量较原厂规定不得大于0.15mm。

8.2.3 轮毂

(1)轮毂应无裂纹,否则更换。轮毂各部位螺纹的损伤不得多于2牙。

(2)轮毂与半轴凸缘及制动鼓的结合端面对轴承承孔公共轴线的端面圆跳动公差均为0.15mm,超值可车削修复。

(3)轮毂轴承承孔与轴承的配合应符合原厂规定。承孔磨损逾限可用刷镀或喷焊修理。

8.2.4 主减速器壳

(1)壳体应无裂损,各部位螺纹的损伤不得多于2牙,否则应换新。

(2)差速器左、右轴承承孔同轴度公差为0.10mm。

(3)圆柱主动齿轮轴承(或侧盖)承孔轴线及差速器轴承承孔轴线对减速器壳前端面的平行度公差:当轴线长度在200mm以上,其值为0.12mm;当轴线长度小于或等于200mm,其值为0.10mm。

(4)主减速器壳纵轴线对横轴线的垂直度公差:当纵轴线长度在300mm以上,其值为0.16mm;纵轴线长度小于或等于300mm,其值为0.12mm;纵、横轴线应位于同一平面(双曲线齿轮结构除外),其位置度公差为0.08mm。

(5)主减速器壳与侧盖的配合及圆柱主动齿轮轴承与减速器壳(或侧盖)的配合应符合原厂规定。

8.2.5 主减速器锥齿轮副

(1)齿轮工作表面不得有明显斑点、剥落、缺损和阶梯形磨损。

(2) 主动圆锥齿轮：轮齿锥面的径向圆跳动公差为0.05mm；前后轴承与轴颈、承孔的配合应符合原厂规定；从动锥齿轮的铆钉连接应牢固可靠；紧固螺栓应锁止可靠。

(3)齿轮必须成对更换。

8.2.6　差速器

(1)差速器壳产生裂纹，应更换。

(2)差速器壳与行星齿轮、半轴齿轮垫片的接触面应光滑、无沟槽。如有小的沟槽可用砂纸打磨，并更换半轴齿轮垫片。

(3)行星齿轮、半轴齿轮不得有裂纹，工作表面不得有明显斑点、脱落、缺损。

(4)差速器壳体与轴承、差速器壳与行星齿轮轴的配合应符合原厂规定。

8.2.7　轮边减速器

轮边减速器零件有下述缺陷时，应予更换或修复。

(1)行星齿轮、齿圈和太阳齿轮轮齿工作表面过度磨损或折断。

(2)行星齿轮轴与轴承内座圈配合表面有擦伤或过度磨损痕迹。

(3)行星齿轮轴承孔磨损超过允许极限。

(4)太阳齿轮与半轴花键磨损，侧隙超过0.6mm。

(5)齿圈座与半轴导管花键磨损，侧隙超过0.8mm。

(6)行星齿轮轴承调整垫片划伤或有过度磨损痕迹。

(7)半轴止推垫圈工作表面卡伤或有过度磨损痕迹。

8.2.8　滚动轴承

(1)轴承的钢球(或柱)和滚道上不得有伤痕、剥落、严重黑斑或烧损变色等缺陷，否则应更换。

(2)轴承架不得有缺口、裂纹、铆钉松动或钢球(或柱)脱出等现象，否则应更换。

8.3　驱动桥的维护

8.3.1　一级维护

驱动桥的维护

(1)检查后桥壳是否有裂纹及不正常的渗漏。如有渗漏，应查明原因，予以排除。

(2)检查各部螺栓、螺母的连接是否可靠。

(3)后桥壳体内的润滑油量是否合适，其油面应不低于检视孔下沿15mm处。

(4)后桥壳的通气塞应保持畅通。

(5)用推动轮毂来检查轴承的紧度时,应无明显手感的旷量。

(6)检视轮胎和半轴上的外露螺栓、螺母,不得有松动。

8.3.2 二级维护

大型运输车辆二级维护除进行一级维护的所有项目外,还应进行以下内容:

(1)检查半轴。半轴应无弯曲、裂纹,键槽无过度磨损。如有可视的键槽磨损时,应进行左右半轴的换位。

(2)拆下轮毂,检查半轴套管是否有配合松旷和裂纹,各螺纹的损伤不得超过2牙。

(3)检视后桥壳是否有裂纹。

(4)放油后,拆下后桥壳盖,清除油污并检视齿轮、轴承及各部螺栓紧固情况,必要时可以更换齿轮和轴承。

(5)检视主减速器的油封有无漏油,凸缘螺母是否松动,检查主减速器的连接螺栓的紧固。

(6)检查轮毂轴承的紧固情况,必要时按技术条件的要求校紧。

二级维护时,还要根据有无下列现象,决定后桥维护的附加作业项目:主减速器有无异响,主减速器的啮合间隙是否过大。如有上述现象,说明轮齿磨损或啮合间隙过大,应调整啮合间隙并检查齿面接合状况。

检查后桥在正常工作时的油温是否超过60℃并伴有异响。如有此现象,说明齿轮啮合不当或轮齿有折齿,也可能是由于轴承预紧度过大,应拆检主减速器和差速器。

上述作业结束后,装复后桥壳后盖,按规定加注符合原厂规定的齿轮油至规定油面。

思考与练习

一、选择题

1. 汽车离合器的种类较多,但大型运输车辆主要采用(　　)、中央弹簧式、斜置弹簧式等。

A. 单片多簧式

B. 双片多簧式

C. 膜片弹簧式

2. 大型运输车辆离合器的操纵机构主要采用(　　)助力式操纵机构。

A. 气压　　B. 液压　　C. 电力

3. 一般大型运输车辆变速器各档位中发出扭力最大的档位是(　　)。

A. 五档　　B. 倒档　　C. 一档

4. 大型运输车辆发动机的动力经离合器首先传给(　　)。

A. 传动轴　　B. 驻车制动器　　C. 变速器

5. 在离合器接合的情况下,为了使发动机的动力不能传递给驱动轮,必须将变速器的变速杆置于(　　)位置。

A. 前进档　　B. 空档　　C. 倒档

6. 解放 CA1092 型汽车 6 档变速器中第六档是(　　)。

A. 低速档　　B. 直接档　　C. 超速档

7. 大型运输车辆在转弯或在不平道路上行驶时,左右驱动轮以(　　)。

A. 相同的速度滚动

B. 不滚动

C. 不同的速度滚动

8. 大型运输车辆离合器从动盘安装在(　　)上。

A. 发动机曲轴　B. 变速器输入轴C. 变速器输出轴

9. 齿轮传动比为(　　)表示超速。

A. 2.85:1　　B. 1:1　　C. 0.85:1

10. 所有普通十字轴式刚性万向节"传动的不等速性"是指主动轴匀角速度旋转时,(　　)。

A. 从动轴的转速不相等

B. 从动轴在一周中的角速度是变化的

C. 从动轴在一周中的角速度是相等的

11. 传动轴管焊接组合件的平衡可在轴管的两端加焊平衡片,每端最多不得多于(　　)。

A. 3 片　　B. 4 片　　C. 5 片

二、判断题

1. 离合器位于发动机与变速器之间,是汽车传动系中直接与发动机相联系的总成。(　　)

2. 大型运输车辆变速器可以切断动力传递并可改变车轮旋转方向。(　　)

3. 大型运输车辆离合器可以防止传动系过载。(　　)

4. 大型运输车辆离合器从动盘钢片、扭转减振器盘和从动盘毂是铆在一起的。(　　)

5. 大型运输车辆离合器自由行程过大会造成离合器打

滑。（ ）

6. 大型运输车辆离合器从动盘磨损过薄会造成分离不彻底。（ ）

7. 同步器换档时，啮合齿圈和接合套未同步前，不能挂入档位。（ ）

8. 大型运输车辆变速器自锁装置损坏易造成乱档。（ ）

9. 大型运输车辆变速器齿轮未全齿长啮合易造成跳档。（ ）

10. 大型运输车辆万向传动装置应满足当两轴夹角在一定范围内变化时，能可靠地传递动力，能补偿由于它所连接的各总成的运动所引起的长度变化。（ ）

11. 检查万向节叉不得有裂纹或其他严重损伤，否则更换新件。（ ）

12. 大型运输车辆调整主减速器时，应先调齿轮啮合间隙，后调轴承预紧度。（ ）

13. 普通齿轮式差速器可以实现两车轮转速和转矩按不同大小分配。（ ）

14. 对称式普通齿轮式差速器用作前、后驱动桥之间或前驱动桥与中、后驱动桥之间的轴间差速器。（ ）

15. 驱动桥主动锥齿轮轴承预紧力过大，使主动齿轮轴承座附近过热。（ ）

三、简答题

1. 试述中央弹簧离合器的主要组成及工作原理。

2. 双片多簧式离合器与斜置弹簧离合器各有何结构特点？

3. 离合器气压助力液压式操纵机构的主要组成及工作过程。

4. 叙述离合器气压助力机械式操纵机构的主要组成及工作过程。

5. 解放 CA1092 型汽车 6 档变速器由哪些主要机件组成？

6. 如何对同步器进行检查？

7. 大型运输车辆为什么采用组合式变速器？

8. 试述沃尔沃大型客车 G7 副变速器的组成及工作原理。

9. 分析组合式变速器的脱档原因。

10. 大型运输车辆变速器操纵机构主要有哪几类？各有

何特点？

11. 大型运输车辆传动系中为什么要设万向传动装置？由哪几部分组成？

12. 试述十字轴式刚性万向节的结构形式。

13. 传动轴有哪些耗损？如何检修？

14. 大型运输车辆驱动桥由哪几部分组成？有哪些类型？

15. 双速主减速器的构造是怎样的？

16. 试述强制锁止式差速器的主要组成及工作过程。

17. 分析驱动桥过热的现象、原因及排除方法。

18. 分析驱动桥漏油的原因。

19. 驱动桥的维护作业有哪些项目？

单元三 大型运输车辆行驶系的构造与维修

学习目标

知识目标

1. 简单叙述大型运输车辆行驶系车架、车桥、车轮和悬架的类型与构造；

2. 简单叙述大型运输车辆电子控制悬架系统的构造与工作原理；

3. 正确描述大型运输车辆行驶系的组成和功用。

能力目标

1. 会分析大型运输车辆行驶系常见故障的原因；

2. 会作大型运输车辆行驶系的拆装、维护与调整及主要零件的检验；

3. 能诊断与排除大型运输车辆行驶系的常见故障。

汽车行驶系一般由车架、车桥、车轮和悬架等组成，如图3-1所示。车轮经轮毂轴承安装在车桥上，车桥又通过悬架与车架相连。

汽车行驶系的主要作用是：①支承汽车的总质量；②接受传动系输出的转矩，通过驱动轮与路面的附着作用，转化为汽车行驶的驱动力；③减少不平路面对车身的振动，缓和冲击，保证汽车平顺行驶。

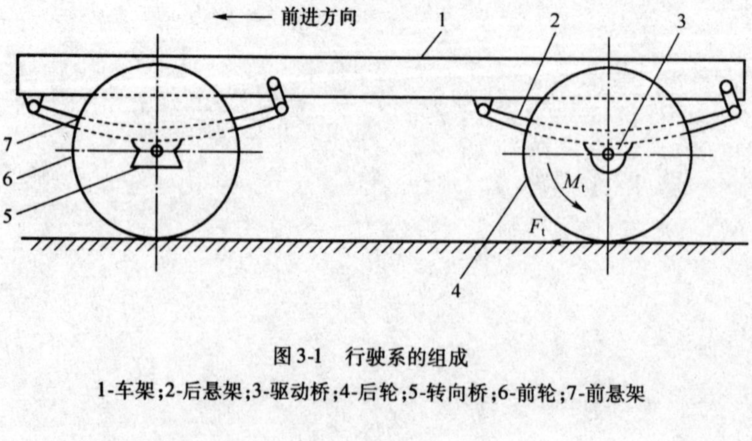

图3-1 行驶系的组成

1-车架；2-后悬架；3-驱动桥；4-后轮；5-转向桥；6-前轮；7-前悬架

1　车架、车桥、车轮

1.1　车架

1.1.1　车架的功用和要求

车架的功用和要求

汽车车架俗称“汽车大梁”，它是汽车装配的基础件，发动机、变速器、传动机构、操纵机构和车身等都安装在车架上。车架不仅承受各总成的静载荷，还要承受汽车行驶时产生的复杂动载荷，如汽车加速、制动、转弯、上下坡、装载不均、高速以及在不良道路上行驶。这就要求车架要有足够的强度和合适的刚度，并且要结构简单，质量轻，还应尽可能地降低汽车的质心和获得较大的前轮转向角度，以提高汽车行驶的稳定性和转向灵活性。因此，车架大都制成形状复杂的刚性构架。

1.1.2　车架的类型与构造

车架的类型与构造

汽车上装用的车架按其结构形式不同可分为：边梁式车架、中梁式车架、综合式车架和无梁式车架。边梁式车架由左右两边两根纵梁及连接两根纵梁的若干横梁组成。由于这种结构易于满足各种形式运输汽车的总布置要求，因而被广泛用在大型运输车辆上。

边梁式车架一般是用铆接或焊接的方法，将两边的纵梁和若干根横梁牢固连接的桥式结构。

纵梁一般用低碳合金钢板冲压而成。纵梁的断面形状一般为槽形、Z 字形、工字形或箱形断面。纵梁上还钻有多个孔，用来安装踏脚板、转向器、燃油箱、储气筒、蓄电池和车身等零部件的支架，有的用于穿过管道或电线等。边梁式车架的横梁一般也由低碳钢钢板冲压成槽形，以增强车架的抗扭强度，同时还用于支承汽车上的主要部件。图 3-2 所示为东风 EQ1092 型汽车车架。

纵梁为槽形不等高断面梁。由于纵梁中部受到的弯矩最大，为使应力分布比较均匀，同时又减轻质量，故中部断面高度最大，由此向两端高度逐渐减小。

车架前端装有起缓冲作用的横梁式保险杠 1，上装有挂钩 2 以便于车辆牵引。

横梁 3 上安装冷却水散热器，横梁 4 是发动机的前悬支座。为尽可能降低发动机位置，横梁 4 和 5 做成下凹形。在横梁 4 的上面安装驾驶室后悬置，下面安装传动轴的中间轴承支架。

由于传动轴安装位置的限制，横梁7做成上拱形，其余横梁做成简单的直槽形。

后横梁12中部装有拖带挂车用的拖钩13。由于拖钩上的作用力很大，故后横梁用角撑加强。

1.2 车桥

车桥

1.2.1 车桥的作用与分类

大型运输车辆的车桥和普通载货汽车一样通过悬架和车架相连，两端安装汽车车轮，车桥用以支持车架，而车架所受垂直载荷通过车桥传递到车轮上。车轮上所受到的牵引力、制动力和侧向力也要通过车桥传到车架上。同时，车桥还要承受路面对车轮冲击所形成的弯曲和扭曲力矩。

根据悬架结构的不同，车桥分为整体式和断开式两种。整体式车桥是刚性的实心或空心梁，它与非独立悬架配用。断开式车桥为活动关节式结构，它与独立悬架配用。车桥为多桥的(一般两桥以上)，除转向桥和驱动桥外，其他为支持桥。

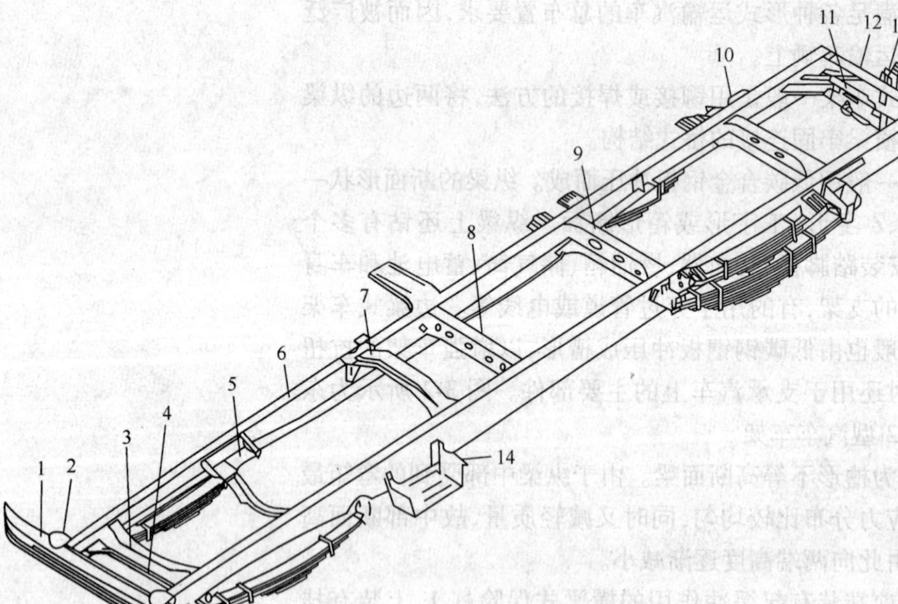

图3-2 东风EQ1092型汽车车架

1-保险杠；2-挂钩；3-前横梁；4-发动机前悬置横梁；5-发动机后悬支架及横梁；6-纵梁；7-驾驶室后悬置横梁；8-第四横梁；9-后钢板弹簧前支架横梁；10-后钢板弹簧后支架横梁；11-角撑横梁组件；12-后横梁；13-拖钩；14-蓄电池托架

1.2.2 转向桥构造

转向桥是利用车桥中的转向节使车轮可以偏转一定角度，以实现汽车的转向。它除承受垂直载荷外，还承受纵向力和侧向力及这些力造成的力矩。转向桥通常位于汽车前部，因此也常称为前桥。

各种车型的整体式转向桥结构基本相同，主要由前梁、转向节组成。下面以东风 EQ1090E 型汽车前桥（图 3-3）为例加以说明。

作为主体零件的前梁 12 是用钢材锻造的，其断面是工字形，以提高抗弯强度。为提高抗扭强度，接近两端略成方形。中部加工出两处用以支承钢板弹簧的加宽面——弹簧座。（图上未画出）中部向下弯曲，使发动机位置得以降低，从而降低汽车重心，扩展驾驶员视野，并减小传动轴与变速器输出

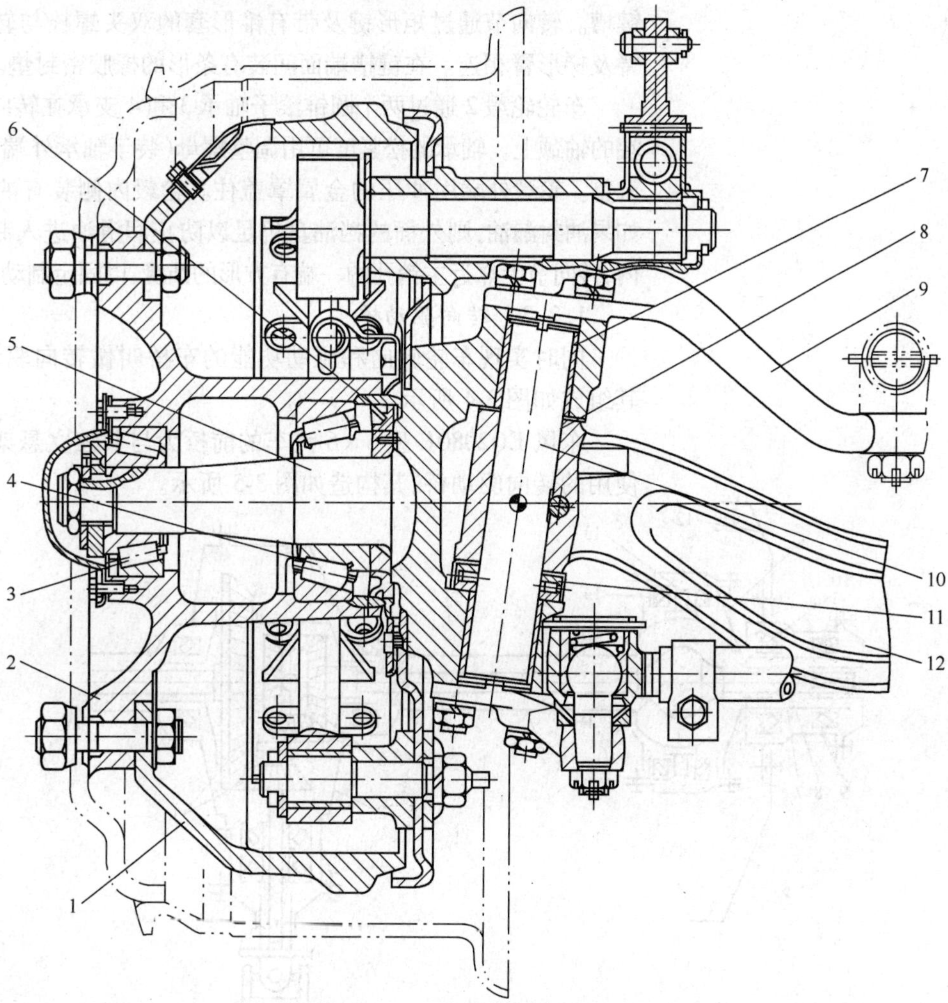

图 3-3　东风 EQ1090E 型汽车转向桥（前桥）

1-制动鼓；2-轮毂；3、4-圆锥滚子轴承；5-转向节；6-油封；7-衬套；8-调整垫片；9-转向节臂；10-主销；11-推力滚子轴承；12-前梁

轴之间的夹角。前梁两端各有一个加粗部分,呈拳形,其中有通孔,主销10即插入此孔内。用带有螺纹的楔形锁销将主销固定在拳部孔内,使之不能转动。转向节5上有销孔的两耳通过主销与前梁的拳部相连,使前轮可以绕主销偏转一定角度而使汽车转向。为了减小磨损,转向节销孔内压入青铜衬套7,衬套上的润滑油槽在上面端部是切通的,用装在转向节上的油嘴注入润滑脂润滑。为使转向灵活轻便起见,在转向节下耳与前梁拳部之间装有推力滚子轴承11。在转向节上耳与拳部之间装有调整垫片8,以调整其间的间隙。

在左转向节的上耳上装有与转向节臂9制成一体的凸缘,在下耳上则装着与转向梯形臂制成一体的凸缘,这两个凸缘上均制有一矩形键,因此在左转向节的上下耳上都有与之配合的键槽。转向节通过矩形键及带有锥形套的双头螺栓与转向节臂及梯形臂相连。在键槽端面间装有条形的橡胶密封垫。

车轮轮毂2通过两个圆锥滚子轴承3和4支承在转向节外端的轴颈上。轴承的松紧度可用调整螺母(装于轴承外端)加以调整。轮毂外端用冲压的金属罩盖住。轮毂内侧装有油封6。如果油封漏油,则外面的挡油盘仍足以防止润滑油进入制动器内,转向节上靠近主销孔的一端有方形的凸缘,以固定制动底板。

1.2.3 转向驱动桥

同时实现车轮转向和驱动功能的车桥叫做转向驱动桥,其组成如图3-4所示。

东风EQ2080E型6×6汽车的前桥为与非独立悬架配合使用的转向驱动桥,其构造如图3-5所示。

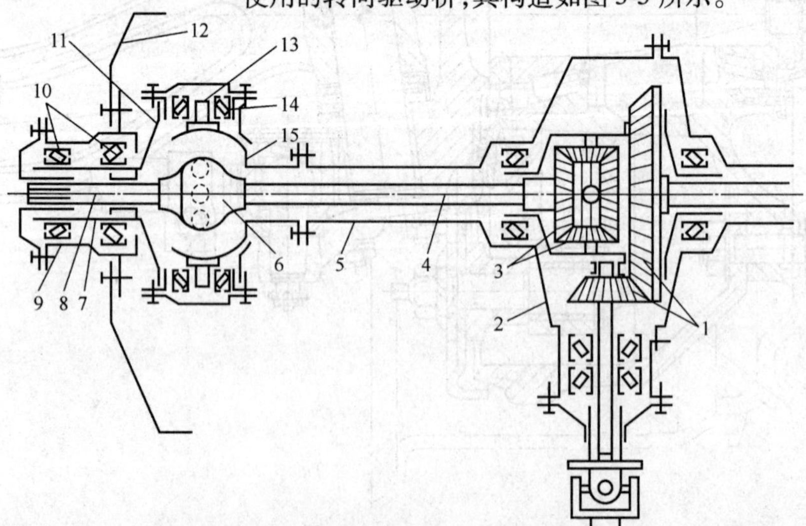

图3-4 转向驱动桥示意图

1-主减速器;2-主减速器壳;3-差速器;4-内半轴;5-半轴套管;6-万向节;7-转向节轴;8-外半轴;9-轮毂;10-轮毂轴承;11-转向节壳体;12-车轮;13-主销;14-主销轴承;15-球形支座

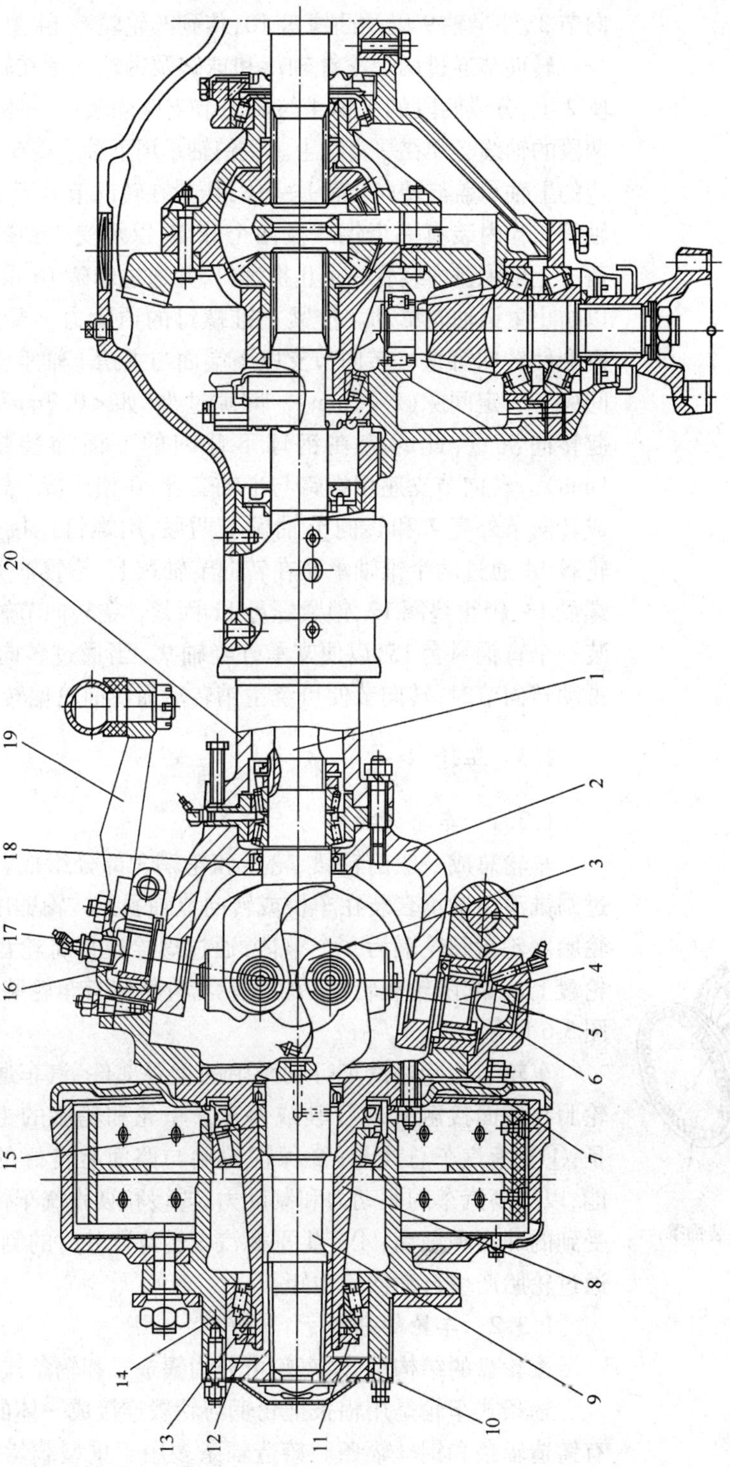

图 3-5 东风 EQ2080E 型汽车转向驱动桥

1-内半轴;2-转向节支座;3-三销轴式等角速万向节;4-主销;5-钢球;6-下轴承盖;7-转向节外壳;8-转向节轴颈;9-外半轴;10-凸缘盘;11-锁紧螺母;12-锁止垫圈;13-调整螺母;14-轮毂;15-青铜衬套;16-球碗;17-止推螺钉;18-油封;19-转向节臂;20-半轴套管

内半轴 1 与外半轴 9 通过三销轴式等角速万向节 3 连接在一起。当前桥驱动时,转矩由差速器、内半轴 1、等角速万向节 3、外半轴 9 以及凸缘盘 10,传到车轮轮毂 14 上。

转向节通过两个滚针轴承和球碗及钢球支承在转向节支座 2 上,分成两段的主销 4 与转向节支座固装成一体,其上下两段的轴线必须在一直线上。主销轴承用下轴承盖 6 及 19(左边的上轴承盖与转向节臂是一体)压紧在转向节外壳 7 上。下轴承盖 6 内装有一个钢球及两个球碗,以承受主销的轴向载荷。上轴承盖内装有一个止推螺钉,并通过球碗 16 顶住主销,以防止主销轴向窜动。拧紧止推螺钉的预紧力不要太大,否则会使转向沉重。转向节支座下端面与主销下轴承座油封罩间应有一定间隙(1 ~ 2mm)。间隙过小(如 <0.2mm)可能引起转向沉重,此时应在钢球下球碗的下面加装垫片(厚 1mm)。转向节支座用螺钉与半轴套管 20 相连接。转向节做成转向节外壳 7 和转向节轴颈 8 两段,用螺钉连接成一体。轮毂 14 通过两个锥轴承装在转向节轴颈上,轮毂轴承用调整螺母 13、锁止垫圈 12、锁紧螺母 11 固紧。在转向节轴颈内压装一个青铜衬套 15,以便支承外半轴 9。当通过转向节臂 19 推动转向节时,转向节便可绕主销转动而使前轮偏转。

1.3 车轮

1.3.1 车轮的功用

车轮总成一般由轮毂、轮盘和轮辋 3 部分组成。轮毂通过圆锥滚柱轴承套装在车桥或转向节轴颈上。轮辋用于安装轮胎。轮盘和轮辋为一个整体,通过螺栓连接将轮盘安装在轮毂上,一起随轮毂转动。轿车轮盘外侧装有车轮装饰罩,如图 3-6 所示。

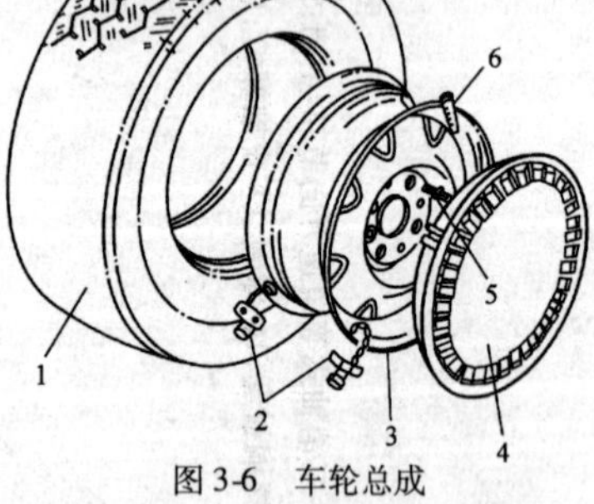

图 3-6 车轮总成

1-轮胎;2-平衡块;3-轮辋;4-装饰罩;5-螺栓;6-气门嘴

车轮与轮胎是汽车行驶系中的重要部件,汽车通过车轮轮胎与地面接触实现行驶或停车。车轮和轮胎的主要功用是:①支承汽车总质量;②保证轮胎与路面有良好的附着性能,以提高汽车的驱动力和制动力;③缓和吸收汽车行驶时所受到的冲击和振动;④产生平衡汽车转弯行驶时的侧向力,并通过轮胎产生自动回正力矩。

1.3.2 车轮的分类

按轮盘的结构形式,车轮可分为辐板式和辐条式两种。

辐条式车轮是用辐条把轮辋与轮毂连接成一体的。辐条有铸造辐条和钢丝辐条。铸造辐条多用于重型载货汽车;钢丝辐条仅用于赛车和一些高级轿车。

轮辋是车轮总成中的重要组成部分，其是用来安装和固定轮胎的。按其结构特点不同，分为深槽轮辋、平底轮辋和对开式轮辋3种，如图3-7所示。

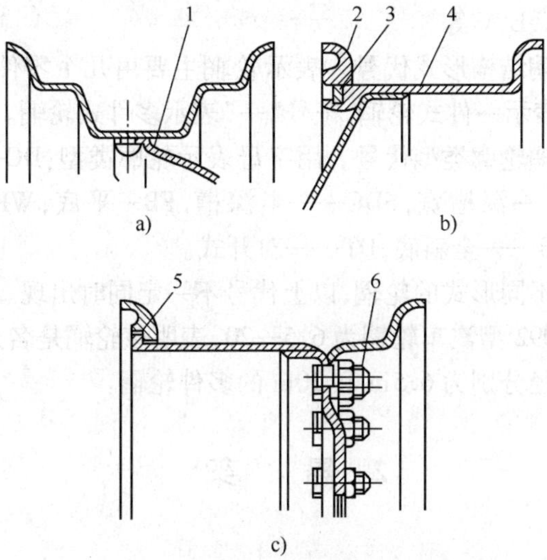

图3-7　轮辋的形式

a）深槽轮辋；b）平底轮辋；c）对开式轮辋

1-轮辐；2、5-挡圈；3-开口锁圈；4-轮辋；6-螺栓

（1）平底轮辋（图3-7b）　平底轮辋底部呈平环状，它的一边有凸缘，而另一边是可拆卸的挡圈2做凸缘，开口锁圈3具有弹性，它嵌入轮辋4与挡圈2之间的环槽内可以限止挡圈脱出。这种轮辋适于装尺寸较大而弹性较小的轮胎，如解放CA1092型和东风EQ1092型汽车均采用平底轮辋。

（2）对开式轮辋（图3-7c）　这种轮辋由两部分组成，其中一部分与轮辐制成一体，二者用螺栓6连接成一个整体。拆卸轮胎时，只需旋下螺栓上的螺母即可。这种轮辋只能装单个轮胎，主要用于大中型越野汽车，如东风2080型汽车。

为了保持车轮动平衡，有些车轮在轮辋边缘夹装平衡块，如图3-6所示。拆装维修车轮，会破坏原有的平衡状态，故应进行平衡试验以重新确定平衡块的质量和装夹位置。

轮辋与轮胎装配，原则上每种轮胎只配用一种标准轮辋，如果轮辋与轮胎配合不当，会造成轮胎过早损坏。不得已也可配用与标准轮辋相近似的允许轮辋。

（3）国产轮辋规格的表示方法　我国汽车轮辋规格用一组数字、符号和字母表示，含义及具体内容如下：

数值	字母	X或—	数值	（字母）	GB/T 2933—1995
轮辋名义宽度代号	轮缘高度代号	轮辋结构形式代号	轮辋名义直径代号	轮辋轮廓类型代号	国标号

①轮辋名义宽度和轮辋名义直径代号。它们的单位为英寸,一般取两位小数(当用毫米表示时,轮胎与轮辋应一致)。

②轮缘高度代号。用一个或几个拉丁字母表示,如C、D、E、F、JJ、JK、L、V等。

③轮辋结构形式代号。表示轮辋主要由几个零件组成,符号“X”表示一件式轮辋,符号“—”表示多件式轮辋。

④轮辋轮廓类型代号。用字母表示轮廓类型:DC——深槽,WDC——深槽宽,SDC——半深槽,FB—平底,WFB——平底宽,TB——全斜底,DT——对开式。

对于不同形式的轮辋,以上代号不一定同时出现。例如,解放CA1092型汽车轮辋为6.5—20,表明该轮辋是名义宽度和名义直径分别为6.5in和20in的多件轮辋。

2 悬 架

2.1 概述

悬架是车轮与车架之间的一切传力连接装置,路面作用于车轮上的支承力、纵向反力、侧向力以及这些反力所造成的力矩都通过悬架传到车架上,保证汽车的正常行驶。

2.2 悬架的基本组成

悬架的基本组成

现代汽车的悬架虽有不同的结构形式,但一般都是由弹性组件、减振器和导向机构3部分组成,如图3-8所示。

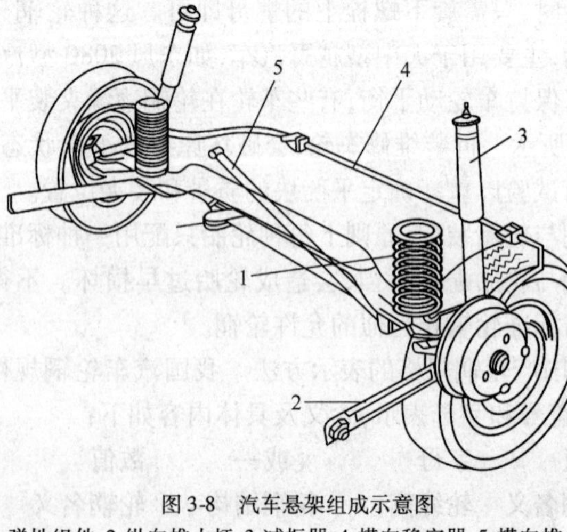

图3-8 汽车悬架组成示意图
1-弹性组件;2-纵向推力杆;3-减振器;4-横向稳定器;5-横向推力杆

汽车悬架可分为两大类:非独立悬架和独立悬架,如图3-9所示。

非独立悬架(图3-9a)。其结构特点是两侧的车轮由一根整体式车桥相连。车轮连同车桥一起通过弹性悬架与车架(或车身)连接。当一侧车轮因道路不平而发生跳动时,必然引起另一侧车轮在汽车横向平面内发生摆动,故称为非独立悬架。

独立悬架(图3-9b)。其结构特点是车桥做成断开的,每一侧的车轮可以单独地通过弹性悬架与车架(或车身)连接,两侧车轮可以单独跳动,互不影响,故称为独立悬架。

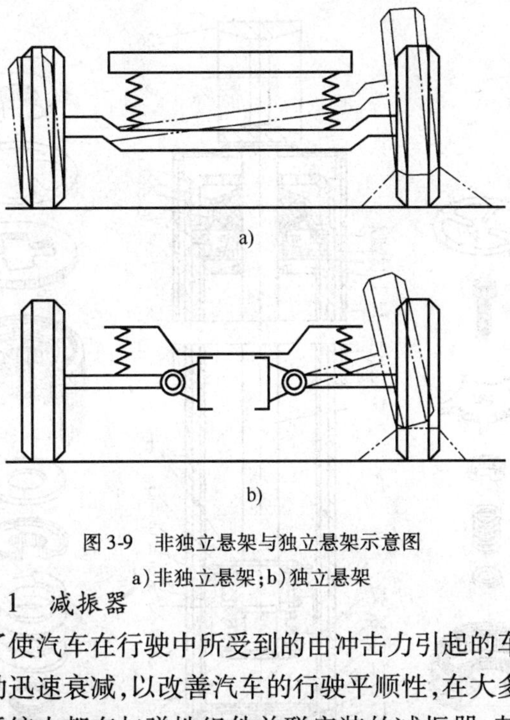

图3-9　非独立悬架与独立悬架示意图

a)非独立悬架;b)独立悬架

2.2.1　减振器

为了使汽车在行驶中所受到的由冲击力引起的车架和车身的振动迅速衰减,以改善汽车的行驶平顺性,在大多数汽车的悬架系统中都有与弹性组件并联安装的减振器,其安装如图3-10所示。

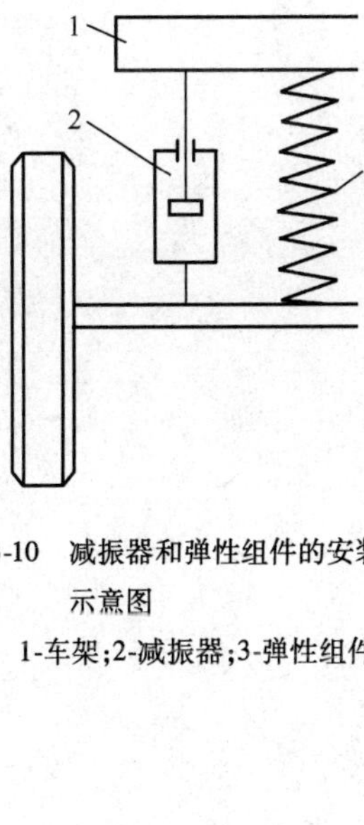

图3-10　减振器和弹性组件的安装示意图

1-车架;2-减振器;3-弹性组件

2.2.1.1　双向作用筒式减振器的构造　图3-11所示为解放CA1091型汽车筒式减振器,它有防尘罩、储油缸筒和工作缸筒3个同心钢筒。

防尘罩、活塞杆和连接车架的上吊环是焊接在一起的。工作缸筒装在储油缸筒内,并用螺母压紧。连接车桥的下吊环焊在储油缸筒的下端。工作时,减振器的这两个缸筒是作为一个整体一起随车桥而运动的。储油缸筒与工作缸筒之间形成储油腔,内装减振油液,但不装满。工作缸筒内则充满减振油液。

活塞杆贯穿工作缸筒和储油缸筒的密封装置而伸进工作缸筒内。活塞固定在活塞杆的下端。活塞的头部有内、外两圈的圆周均布的轴向通孔,外圈孔的直径大,内圈孔的直径小。在活塞头部上端面上,有仅能盖住外圆通孔的流通阀。活塞头部下端面上均匀分布着4个小槽,当伸张阀被压紧时,便形成4个缺口,是常通的,减振油液均可通过此缺口流动。调整垫片装在伸张阀与压紧螺母之间用以调整伸张阀弹簧的预紧力。在工作缸下端装有支承座圈,座圈孔上端面有2个小缺口,与装在它上面的星形补偿阀形成2个缝隙,作为工作腔和储液腔之间的常通缝隙。补偿阀中央有孔,孔中装着压

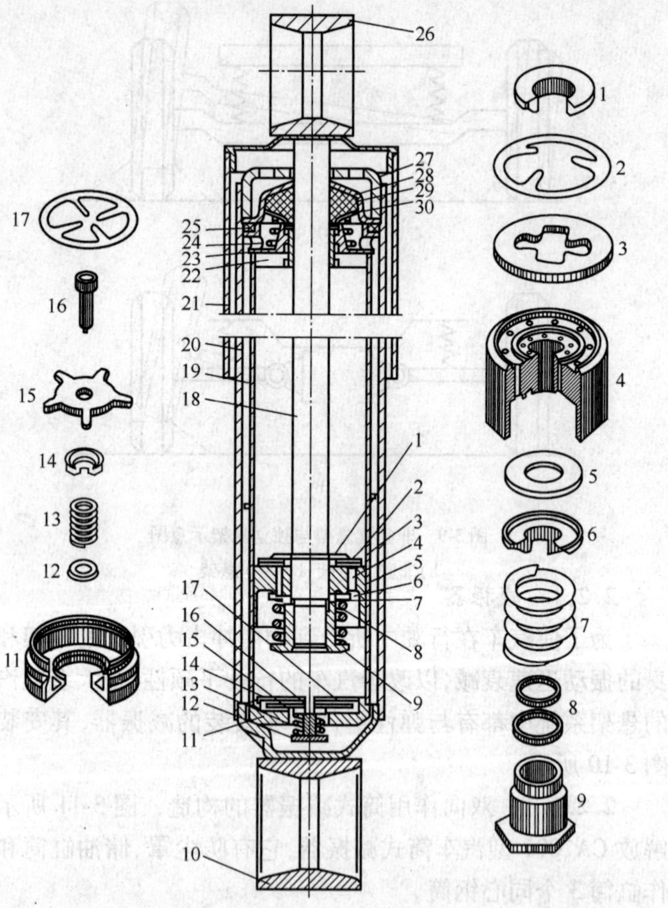

图3-11　解放CA1091型汽车筒式减振器

1-流通阀限位座;2-流通阀弹簧片;3-流通阀;4-活塞;5-伸张阀;6-支承座圈;7-伸张阀弹簧;8-调整垫片;9-压缩螺母;10-下吊环;11-支承座;12-压缩阀弹簧座;13-压缩阀弹簧;14-压缩阀;15-补偿阀;16-压缩阀杆;17-补偿阀弹簧片;18-活塞杆;19-工作缸筒;20-储油缸筒;21-防尘罩;22-导向座;23-衬套;24-油封弹簧;25-密封圈;26-上吊环;27-储油缸螺母;28-油封;29-油封盖;30-油封垫圈

缩阀杆,阀杆上部钻有中心孔,且阀杆圆柱面上有2个圆孔与中心孔相通。在压缩阀杆上滑套着压缩阀,不工作时,压缩阀在压缩弹簧作用下,其上端面紧压在补偿阀上,内部形成一锥形小空腔。此时油液经阀杆上的中心孔及圆孔仅能流到锥形小空腔中,而与储油腔隔绝。

2.2.1.2　充气式减振器　图3-12所示为充气式减振器。它的结构特点是在缸筒的下部装有一个浮动活塞,高压的氮气充在浮动活塞与缸筒一端形成的密闭气室里。在浮动活塞的上面是减振器油液。O形密封圈把油和气完全分开,因此活塞也叫封气活塞。在工作活塞上装有压缩阀和伸张阀。这2个阀都是由一组厚度相同、直径不等、由大到小而排列的弹簧钢片组成。

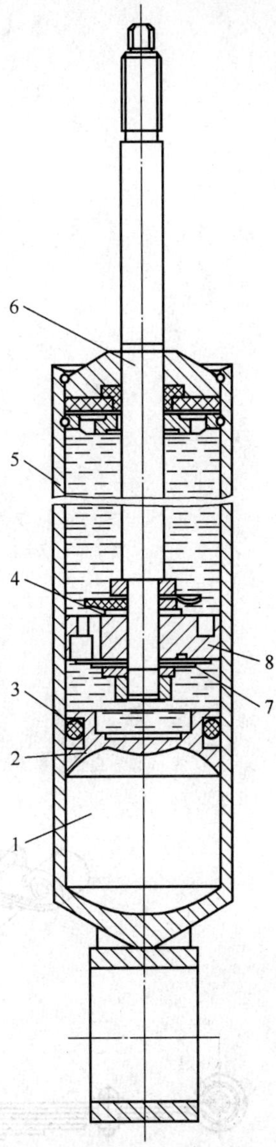

图3-12　充气式减振器

1-密封气室;2-浮动活塞;3-O形密封圈;4-压缩阀;5-工作缸;6-活塞杆;7-工作活塞;8-伸张阀

当车轮上下跳动时,工作活塞在油液中作往复运动,使工作活塞的上、下腔之间产生油压差,压力油便推开压缩阀或伸张阀而来回流动。由于阀对压力油产生较大的阻尼力,使振动衰减。

充气式减振器与双向作用筒式减振器相比具有以下优点:

(1)结构大为简化,零件数约减少15%。

(2)由于减振器内充有高压气体,能有效地减少车轮受到突然冲击时产生的高频振动,且有助于消除噪声,能改善汽车的行驶平顺性和轮胎的接地性。

(3)在同样泄流的不利工作条件下,充气式减振器比双筒式减振器能更可靠地保证产生足够的阻尼力。

(4)由于内部具有高压气体和油气被浮动活塞隔开,消除了油的乳化现象。

充气式减振器的缺点:

(1)对油封要求高。

(2)充气工艺复杂,不能修理。

(3)当缸筒受到外界物体的冲击而变形时工作。

2.2.2　弹性组件

2.2.2.1　钢板弹簧　钢板弹簧是汽车悬架中应用最广泛的弹性组件,它是由若干片不等长但等宽(厚度可以相同,也可不同)的合金弹簧片组合而成的一根近似等强度的弹性梁。其一般构造如图3-13所示。

当钢板弹簧安装在汽车悬架中,所承受的垂直载荷为正向时,各个力的方向和作用点如图3-13b)中箭头所示。各弹簧片都受力变形,有向上拱弯的趋势。这时,车桥和车架便互相靠近。当车桥与车架互相远离时,钢板弹簧所受的正向垂直载荷和变形便逐渐减小,有时甚至会反向。

钢板弹簧因载荷而变形,因相对滑动而产生摩擦,可以促进车架振动的衰减。但各片间的干摩擦,将使车轮所受的冲击在很大程度上传给车架,降低了悬架缓和冲击的能力,并使弹簧各片加速磨损,这是不利的。为减少弹簧片的磨损,在装合钢板弹簧时,各片间需涂上较稠的润滑剂,并应定期进行维护。

近些年来,在许多汽车上采用了一种由单片或2~3片变厚度断面的弹簧片构成的少片变截面钢板弹簧,其弹簧片的断面尺寸沿长度方向是变化的,片宽保持不变,如图3-14所示。这种弹簧克服了多片钢板弹簧质量大、性能差的缺点。据统计,在两种弹簧寿命相等的情况下,少片变截面钢板弹簧

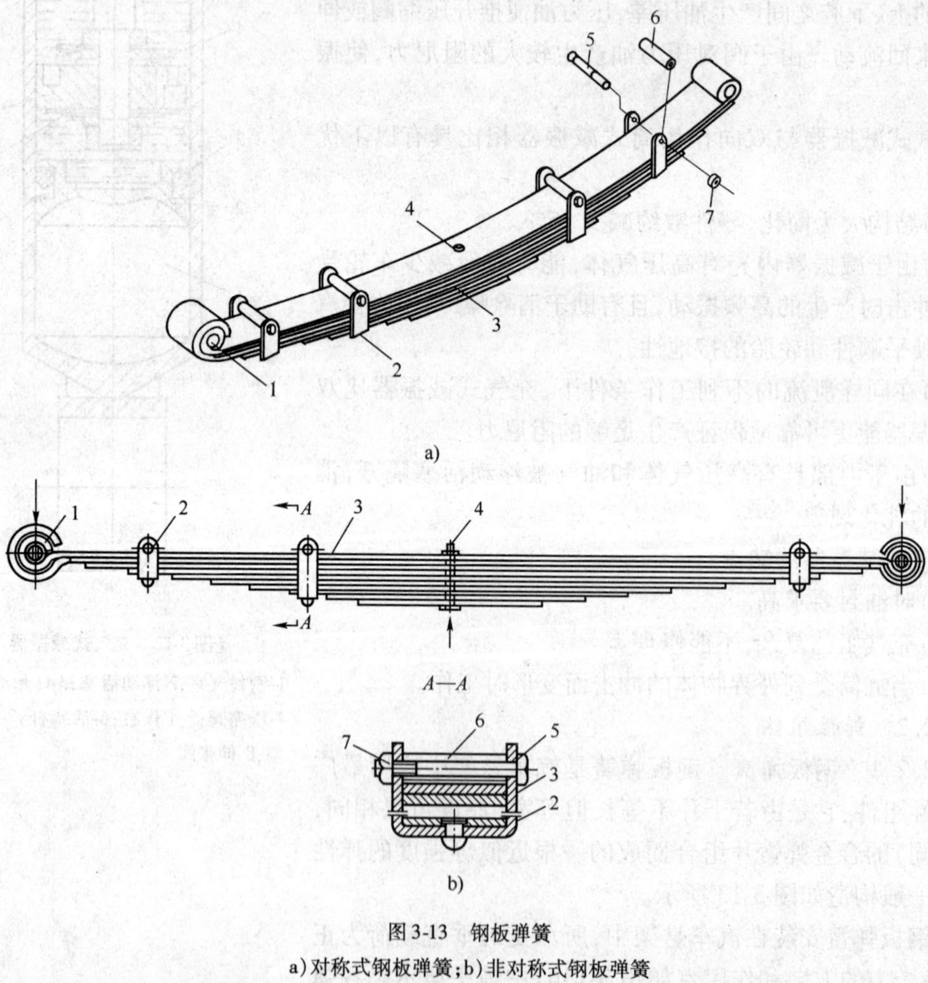

图3-13 钢板弹簧

a)对称式钢板弹簧;b)非对称式钢板弹簧

1-卷耳;2-弹簧夹;3-钢板弹簧;4-中心螺栓;5-螺栓;6-套管;7-螺母

可减轻质量40%～50%，因此这种弹簧对实现车辆的轻量化、节约能源和合金弹簧钢材大为有利，故应用日渐广泛。例如我国第二汽车制造厂生产的EQ1141G型8t货车的前簧和后副簧，均采用了这种少片变截面钢板弹簧。

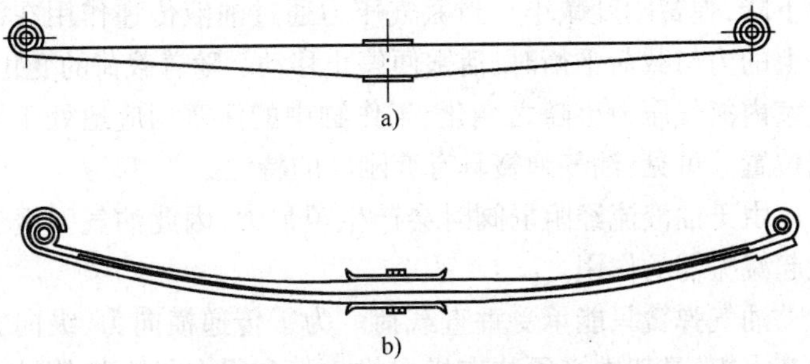

图3-14　单片和少片截面钢板弹簧

a)单片弹簧；b)少片弹簧

2.2.2.2　螺旋弹簧　螺旋弹簧广泛应用于以前轮独立悬架为主的独立悬架中。但是，独立悬架中也采用螺旋弹簧作为弹性组件。

等螺距或变螺距的圆柱形或圆锥形的螺旋弹簧用弹簧钢棒卷制而成。圆柱形等螺距螺旋弹簧的刚度不可变，而圆锥形或变螺距螺旋弹簧的刚度则可以变化。

与钢板弹簧相比，螺旋弹簧不需润滑，不忌泥污，质量较轻，安装时所占纵向空间较小。但螺旋弹簧只能承受垂直载荷。因此，在螺旋弹簧悬架中必须装设导向机构，以承受并传递除垂直力以外的各种力和力矩。另外，螺旋弹簧变形时，不产生摩擦力，因而没有衰减振动作用，所以在其悬架中还必须加装减振器。

2.2.2.3　油气弹簧　油气弹簧实质是以惰性气体（一般为氮气）作为弹性介质，以油液作为传力介质。它一般是由气体弹簧和相当于液力减振器的液压缸所组成。

图3-15所示为油气弹簧结构原理示意图。球形室固定在工作缸上，室的内腔用橡胶油气隔膜隔开，一侧充入高压氮气，另一侧与工作缸的内腔相通，并充满了工作液（减振液）。油气隔膜的作用是把作为弹性介质的高压氮气和工作液分开，以免工作液乳化，同时也便于充气和维护。工作缸内装有活塞、阻尼阀及其阀座。

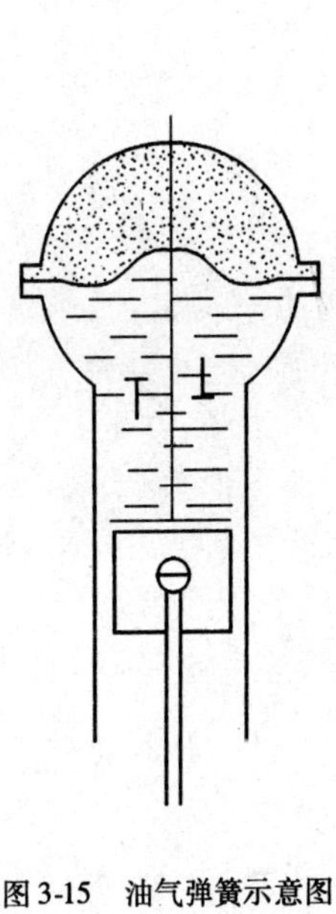

图3-15　油气弹簧示意图

当载荷增加，车架与车桥之间距离缩短时，活塞上移，使充满工作液的内腔容积减小，油压升高，油液顶开阻尼阀进入球形室，推动油气隔膜向具有一定压力的氮气室移动，使气室容积减小,氮气压力升高,油气弹簧的刚度增大。

当载荷减小即推动活塞上移的作用力减小时,在高压氮气作用下,油气隔膜向充满工作液的一侧移动,室内油液经阻尼阀流回工作缸,推动活塞下移,这时气室容积增大,氮气压力下降,弹簧刚度减小。当氮气压力通过油液传递作用在活塞上的力与载荷平衡时,活塞便停止移动。随着载荷的变化,气室内氮气压力也随之变化,工作缸中的活塞相应地处于不同位置。可见,油气弹簧具有变刚度的特性。

由于油液流经阻尼阀时会产生阻尼力,因此油气弹簧还能起减振器的作用。

油气弹簧只能承受垂直载荷。为了传递横向力、纵向力及其力矩,悬架中必须装有横向推力杆和纵向推力杆等导向装置。

油气弹簧能使汽车在空载或满载的情况下,都具有很好的行驶平顺性,而且其体积小、质量轻。但油气弹簧对气体和油液的密封要求很高,维护也较麻烦。油气弹簧比较适用于重型汽车。

2.2.3 多轴汽车的平衡悬架

多轴汽车的平衡悬架

多轴车辆的全部车轮如果都是单独地刚性悬挂在车架上,则在不平道路上行驶时,将不能保证所有车轮同时接触地面,如图 3-16 所示。当有弹性悬架而道路不平度较小时,虽然不一定会出现车轮悬空的现象,但各个车轮间的垂直载荷分配比例仍会有很大的改变。当车轮垂直载荷变小甚至为零时,车轮与地面的附着力也随之变小甚至等于零。若转向车轮遇此情况将使汽车的操纵能力大大降低,以致失去对汽车行驶方向的控制;若驱动车轮遇此情况将不能产生足够的(甚至没有)牵引力。此外,一个车轮上的垂直载荷减小时,将引起其他车轮上的垂直载荷增加,严重时还会发生超载。

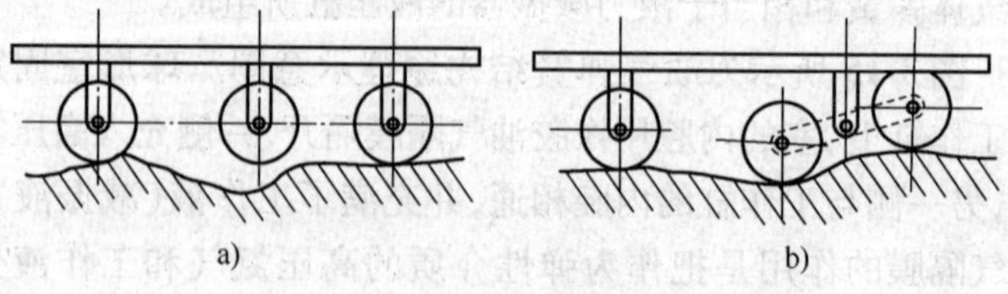

图 3-16　三轴汽车在不平道路上行驶示意图

a)刚性连接;b)弹性连接

若全部车轮均采用独立悬架,虽可保证所有车轮与地面有良好的接触,但却使汽车结构变得复杂。尤其对于全轮驱动的多轴汽车更是如此。

为了解决此问题，可将两个车桥（如三轴汽车的中桥和后桥）装在平衡杆的两端，而将平衡杆中部与车架铰接，如图3-16b）所示。这样当一个车桥抬高时将使另一个车桥降低，始终保持所有车轮与地面有良好接触。而且，由于平衡杆两臂等长，因此两个车桥上的垂直载荷在任何情况下都相等。这种能保证中、后桥车轮垂直载荷相等的悬架称为平衡悬架。三轴和四轴越野汽车普遍采用这种结构原理的平衡悬架。其中能绕铰支点转动的平衡杆，就是纵向布置的钢板弹簧。

图3-17所示为新型摆臂式平衡悬架的示意图。它主要用于6×2的货车上。这种货车的结构特点是前桥为转向桥，中桥为驱动桥，后桥为可以升降的支持桥。当汽车在轻载或空载行驶时，可操纵举升油缸，通过杠杆机构将后轮（支持轮）举起，使6×2汽车变为4×2汽车。这不仅可减少轮胎的磨损和降低油耗，同时还可以增加空车行驶时驱动轮上的附着力，以免由于牵引力不足而使驱动轮发生滑转的现象。为适应这种汽车总布置的需要，中桥和后桥就有必要采用图3-17所示的摆臂式平衡悬架。中桥的悬架采用普通纵置半椭圆钢板弹簧，后吊耳不与车架相连接，而是摆臂的前端相连。摆臂轴支架固定在车架上。摆臂的后端与汽车的后桥相连。左、右后支持轮之间没有整轴联系。摆臂相当于一个杠杆，中、后桥上的垂直载荷的分配比例，取决于摆臂的杠杆比及钢板弹簧前、后段长度之比。

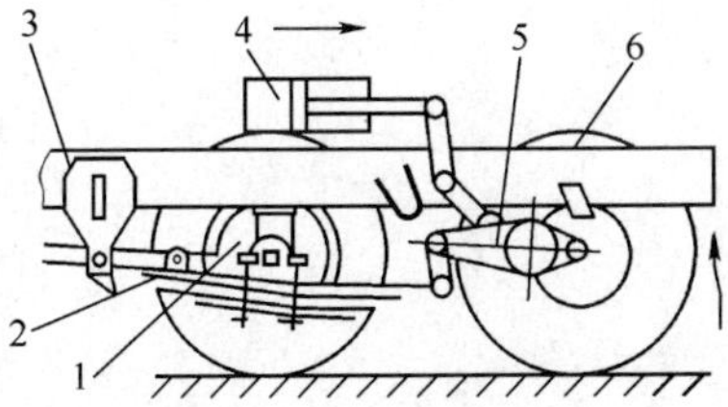

图3-17　解放CA1140K2T2型汽车中、后桥摆臂式平衡悬架

1-驱动桥；2-钢板弹簧；3-车架；4-液压缸；5-摆臂；6-支持轮

3　电子控制悬架系统

普通悬架系统弹簧刚度的确定，是以某种路面情况和车速为基础，兼顾其他方面优化选定一种刚度和阻尼系数。而汽车在行驶过程中，路面状况和车速是复杂多变的，这种悬架系统只能满足特定的道路状态和速度要求，在其他道路条件下行驶时，就不能保证乘坐舒适性、行驶平顺性和操纵稳定性。

3.1　概述

电子控制悬架系统是用各种传感器检测车辆的行驶状态，根据该状况，控制前、后悬架的空气弹簧特性和减振器的衰减力，提高操纵的稳定性和乘坐的舒适性。

电子控制悬架系统由传感器、电子控制器、调节悬架的执行机构3部分组成。

(1)传感器　传感器将汽车行驶的车速、起动、加速、转向、制动和路面状况(汽车的振动)等转变为电信号,输送给电子控制器。主要有以下几种传感器:车身加速度传感器、车身高度传感器、车速传感器、转向盘转角传感器、节气门位置传感器、车门传感器等。

(2)电子控制器　电子控制器简称为 ECU,它将传感器输入的电信号进行综合处理,输出对悬架的刚度、阻尼及车身高度进行调节的控制信号。电子控制器一般由微机和信号输出放大电路组成。

(3)执行机构　调节悬架参数的执行机构按照 ECU 的控制信号,准确及时地动作,调节悬架的刚度、阻尼系数及车身的高度。通常所用的执行元件是电磁阀和步进电动机及气泵电动机等。

3.2　空气悬架的气路系统

3.2.1　气路系统的组成

空气悬架的气路系统

安凯 HFF6120GD 型客车空气悬架的气路系统如图 3-18 所示。压缩空气从接头进入储气罐,储气罐最高气压为 80kPa,为空气悬架提供气源。压缩空气从储气罐经单向阀进入分配阀分成五路;一路通向后轮高度阀,两路通向前轮两个高度阀,一路通往升降阀,第五路经单向阀共应辅助装置用气。

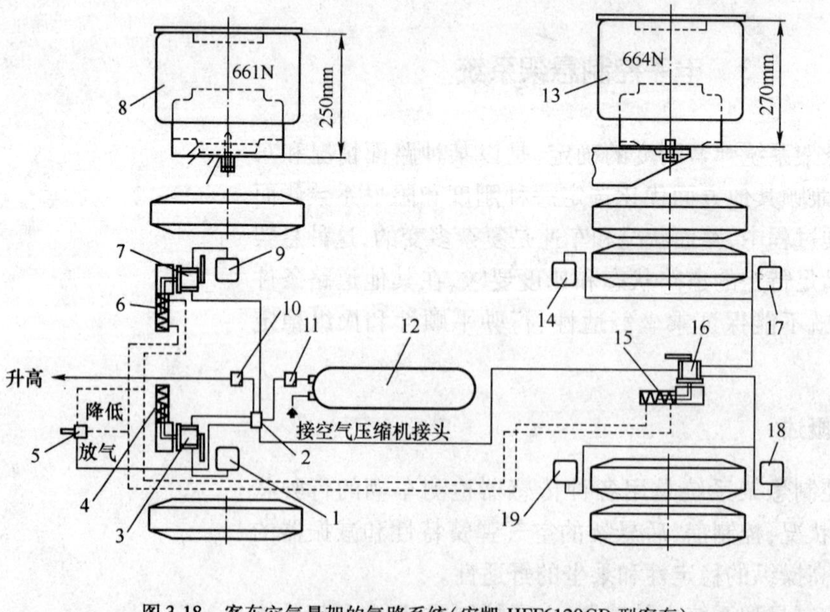

图 3-18　客车空气悬架的气路系统(安凯 HFF6120GD 型客车)

1、8、9-前轮气囊;2-分配阀;3、7、16-高度阀;4、6、15-控制阀;5-升降阀;10、11-单向阀;12-储气罐;13、14、17、18、19-后轮气囊

单向阀的开启压力为550kPa。

高度阀固定在车身底架上用来控制空弹簧气囊的刚度随载荷变化而自动调节，保持车身高度不变。同时由于高度阀的自动调节作用，在客车转弯时有效地制约了车身的侧倾倾向。高度阀上安装一接近水平位置的摆杆，用来控制高度阀内的充气阀放气阀和的启闭。摆杆的另一端与安装在前后桥上的推杆相连。当客车负荷增加时，车身相对下降，这时推杆就推动摆杆向上旋转一角度，打开高度阀内的充气阀向气囊内充气而使车身升高。当达到初始高度时停止充气；当车身负荷减少时，车身升高，推杆拉动摆杆向下旋转一角度打开放气阀使车身降低到初始高度，从而使车身高度一定。初始高度是在设计时确定的。

当操纵旋钮使车身升降时，压缩空气按虚线进入控制阀，使高度阀内的充气阀和放气阀启闭而使车身升降。

如果有一只气囊气压下降就是车身一角倾斜。

对于双后轴客车，驱动轴和非驱动轴上的6个气囊仍由2个高度阀控制，每个高度阀控制一侧的3个气囊(图3-19)。但非驱动轴上气囊的供气管路均装有电磁阀，用于在客车从静止或光滑路面起动时，卸除非驱动轴上的载荷。若驱动轴上的载荷卸除，则安装在电磁阀后方的低压指示器将使仪表板上的警告灯闪亮。

3.2.2　气路系统的主要部件

3.1.2.1　气囊(空气弹簧)　气囊均为圆柱形，由外层橡胶、2层粗绳和橡胶构成(图3-20)。橡胶分为可承受大范围的温度变化对大气中的氧气不敏感两种类型。粗绳层相互

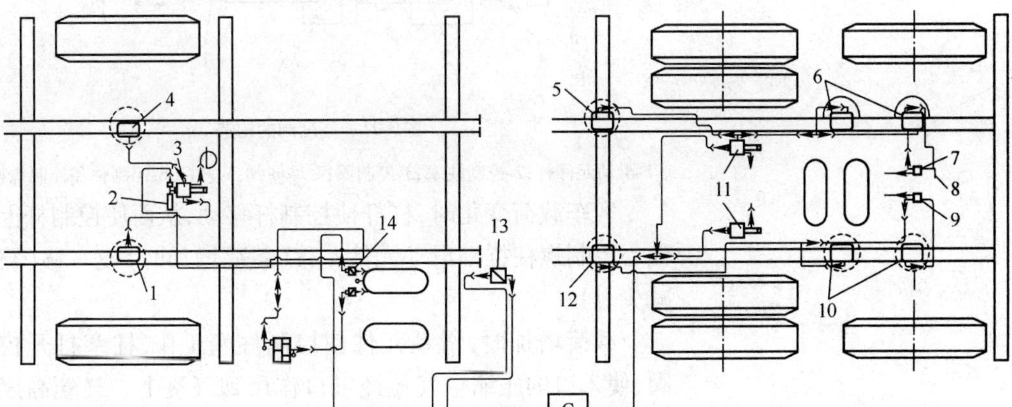

图3-19　双后轴客车空气悬架的气路系统

1、4、5、6、10、12-气囊；2、8-低压指示器；3、11-高度阀；7、9-电磁阀；13-限压阀；14-溢流阀

成一定角度以确保气囊在承受客车载荷时可以合适膨胀。

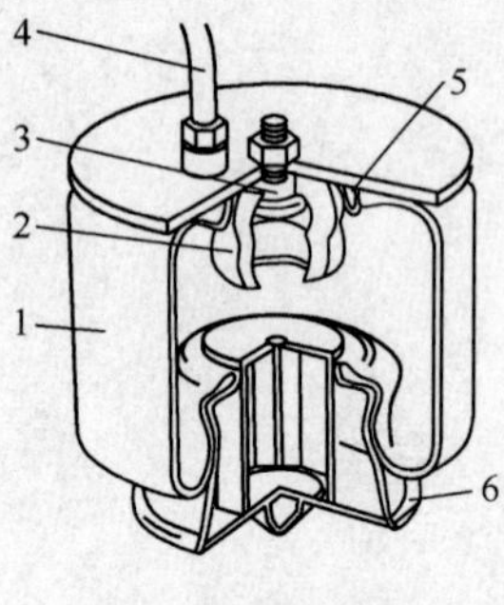

图 3-20　气囊的组成

1-气囊；2-橡胶缓冲；3-紧固螺栓；4-管路；5-压板；6-气囊柱塞

气囊顶部由一块顶板密封，气囊底部为一圆柱体或柱塞。密封方法与普通实心轮胎相同。为使气囊内部容积最大，柱塞开启使柱塞内的空气也可以利用。这种大容积的气室可确保良好的乘坐舒适性。

客车的悬架运动压缩弹簧时，气囊压缩柱塞、膨胀、客车反向运动时，气囊膨胀，并使柱塞外表大部分暴露。当高速行驶在不平的路面时，两侧弹簧均被大幅度压缩。装在气囊顶板的下端橡胶缓冲块则向柱塞顶部施加力。从而限制其运动。客车行驶中上下跳动时也会发生类似情况。橡胶缓冲块还起安全作用，以防空气悬架系统中压力突然下降。

3.1.2.2　高度阀　高度阀装在底盘车架上，每个阀门均通过相应轴上与高度阀杠杆相接的控制杆或工作气缸工作。控制杆长度决定空气悬架气囊高度并且可以调整。

高度阀主要由杠杆、单向阀、控制阀、控制柱塞、滑动元件等零件组成（图 3-21）。

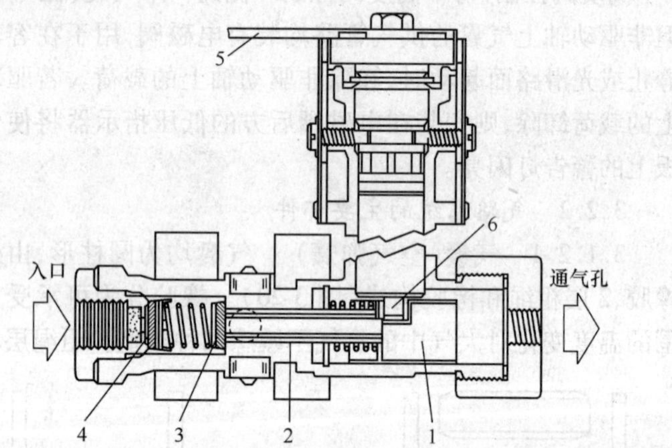

图 3-21　高度阀的构造

1-滑动元件杆；2-控制柱塞；3-控制阀；4-单向阀；5-杠杆；6-控制轴和控制螺栓

客车载荷变化时，杠杆使控制杆移动，从而使控制杆上的偏心控制螺柱推动滑动元件左移（载荷增加时）或右移（载荷减少时）。

载荷增加时，滑动元件使控制柱塞工作，柱塞打开控制阀，使入口的压缩空气流经出口作用到气囊上。气囊高度达到正确值时，杠杆返回水平位置，控制杆使滑动元件返回中心位置，控制阀切断供气，见图 3-22a）。

载荷减少时，控制柱塞右移。气囊中气体流经控制柱塞中的孔道，到达通气孔。气囊高度降低到正确值时，杠杆返回水平位置。控制柱塞将控制阀密封，并切断通往气孔的孔道。

3.1.2.3 气路系统的检修。

(1)检查气路系统的泄漏。

检查空气悬架气路系统的泄漏方法如下：

①在对悬架回路工作前，应确保客车升高的高度足够并使用支承支持客车。拆下高度阀控制杆，向下移动杠杆，排空气囊。

②拆下高度阀上的一个气囊接头，将T型接头装在高度阀和气囊之间，连接压力表。

③向上移动高度阀杠杆，向气囊充气直到压力达到0.6MPa为止。然后将杠杆返回水平位置。检查1min内的压力下降。触摸或探听高度阀出口以确保阀门闭合时无气体泄漏。压力降不应超过20kPa。压力降过大，通常是由接头泄漏引起。检查时应使用泄漏探测器或肥皂液。

④向下移动高度阀杠杆。空气应从高度阀出口软管处流出，压力表读数也应下降。将杠杆复位，检查空气是否停止排放。若阀门工作不正常或内部漏气，应进行更换。

⑤重新安装接头和控制杆。

(2)检查限压阀。

一般在驱动轴气囊的供气管路设有限压阀，其检查方法如下：

①将T形接头装在限压阀出口，并连接压力表。

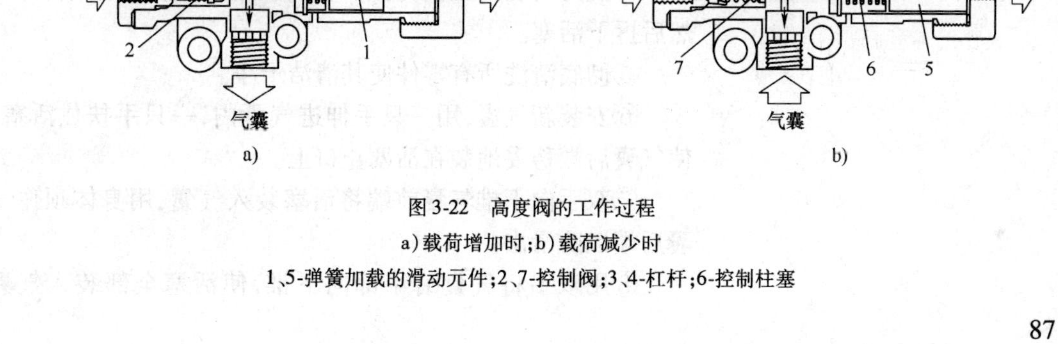

图3-22 高度阀的工作过程

a)载荷增加时；b)载荷减少时

1、5-弹簧加载的滑动元件；2、7-控制阀；3、4-杠杆；6-控制柱塞

②向压缩空气系统充气至最大工作压力(1.0MPa以上),读出压力表上后侧气囊的输出压力,应为0.75~0.77MPa。若输出压力不正确,应使用阀门上的调节螺钉调整。顺时针转动螺钉增加输出压力,反之减小压力。

(3)检查与调整气囊高度。

①检查。

检查前应将客车停放在平坦水平的地面处,并将轮胎压力调整到正确值。将压缩空气系统调整到全压。测量上安装板下侧到气囊柱塞下侧的距离。前、后轴各气囊的高度不应大于6mm,否则应调整气囊高度。

②调整。

调整气囊高度的方法如下:

a.松开控制杆锁紧螺母,从杠杆支承上拆下控制杆(工作气缸)。充气时不得强行使气囊移动到上端,否则会损坏减振器。

b.若气囊高度过低,应向上移动杠杆,直到气囊高度大于所需的高度,然后向下移动杠杆降低气囊高度。

c.若气囊高度过高,应向下移动杠杆,排除气囊气体直到气囊达到正确高度。

d.使用直径4mm的冲头,将杠杆锁定在中心位置。调整控制杆长度,紧固锁定螺母,安装控制杆。

e.若控制杆调整范围不足时,某些情况下可能要改变支架中高度阀的位置(后轴高度阀)。

f.若后轴处的前后气囊差别较大,则应调整空气悬架元件位置,调整方法是在反力杆基座处添加或去除垫片。

(4)更换气囊。

若气囊被刮伤应更换气囊,其更换方法如下:

①架起车身放松气囊。

②松开高度阀推杆的下端,使气囊减压。

③清洗外表使其清洁干净,拆下空气弹簧总成。

④撬开气囊上盖板,拆下气囊,从活塞上拆下连接螺栓,然后拆下活塞。

⑤彻底清洗所有零件使其清洁干净。

⑥安装新气囊,用一只手伸进气囊内,一只手扶住活塞,使气囊后端稳妥地装在活塞止口上。

⑦双手向下推气囊前端将活塞装入气囊,用身体顶住气囊后端以防滑出。

⑧用双手将气囊后半部向下推,使活塞全部装入气囊

(图 3-23)。

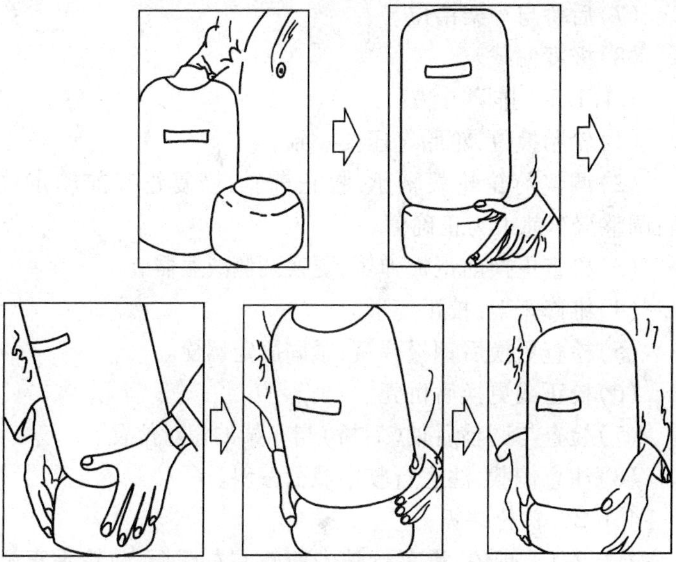

图 3-23 气囊的装配过程

⑨将活塞至少一半装入气囊。

⑩将空气弹簧总成装到车上。

4 行驶系故障诊断与排除

4.1 行驶系常见故障及排除方法

行驶系常见故障及排除方法

以解放六/九平柴为例分析行驶系故障。汽车行驶系的常见故障主要有:汽车跑偏、前轮摆振、乘坐振动和轮胎异常磨损等。

4.1.1 汽车跑偏

4.1.1.1 现象:汽车行驶时偏向一侧,驾驶员要把住转向盘或把转向盘加力于一侧汽车才能正常行驶,否则极易偏离行驶方向。

4.1.1.2 原因:

(1)装用了不合乎规格的或磨损的轮胎,两侧轮胎大小不一;两侧轮胎气压不相等,或一侧轮胎磨损过甚。

(2)前轮轮毂轴承调整不当,过紧或过松;两侧前轮定位角不同或发生变化;前轴弯曲变形。

(3)前钢板弹簧断裂,钢板弹簧下陷;减振器失效。

(4)车架一侧断裂;车架变形不正。

(5)后钢板弹簧断裂、下陷;后钢板弹簧松脱。

(6)后桥壳弯曲变形或断裂。

(7)后桥与车架错位。

(8)极度偏载。

4.1.1.3　排除方法：

(1)轮胎换位,轮胎气压要一致。

(2)调整前轮轮毂轴承;校正前轴,恢复正确前轮定位角;调整汽车前束为正确值。

(3)检查更换前钢板弹簧;更换两侧减振器。

(4)维修车架,校正变形。

(5)检查更换后钢板弹簧,紧固固定螺栓。

(6)校正或更换后桥壳。

(7)检查与调整后轴(后桥)与车架的相对位置。

(8)注意偏载,注意行驶中载荷偏斜。

4.1.2　前轮摆振

前轮摆振

4.1.2.1　现象:汽车行驶中前轮左右摆振,前轮垂直颠簸;严重时影响汽车行驶速度,乘坐也不舒服。

4.1.2.2　原因:

(1)轮胎气压不一致、大小不一、磨损。

(2)车轮动不平衡。

(3)前轮轮毂轴承损坏或松动。

(4)前轮定位不正确。

4.1.2.3　排除方法:

(1)检查调整轮胎气压;更换新轮胎。

(2)汽车行驶速度较高,一定要对车轮总成做动平衡试验,使不平衡量控制在允许值内。

(3)检查并调整汽车前轮轮毂轴承和松紧度。

(4)汽车前轮定位和前束要正确。

4.1.3　轮胎异常磨损

轮胎异常磨损

轮胎是汽车的重要组成部分,关系到汽车的使用性能和行驶安全。在汽车的使用过程中要特别注意,防止轮胎的不正常损坏,防止轮胎的早期磨损。正确合理地使用汽车轮胎,可以有效地延长轮胎的使用寿命。

汽车驾驶员是汽车的直接使用者,应十分注意对于汽车和汽车轮胎的使用。

4.1.3.1　检查和保持轮胎气压。标准的汽车轮胎气压,决定着汽车轮胎的正确使用性能。如果轮胎气压过低,轮胎的刚性变小,在外力作用下胎体变形大,使用中加速轮胎老化;轮胎在负荷作用下,胎面与地面的接触面增大,就会使胎面和胎肩的磨损加快；变形太大时滚动阻力加大。轮胎气压过高，轮胎刚性变大，与地面接触面变小，轮胎磨损加快；气压过高还容易爆胎。因此驾驶员应注意轮胎气压，要用轮胎气压表检查气压，气压不足应补气，气压过高应放气。每天出车时应以脚踢轮胎，检查轮胎和轮胎气压，用脚中央感觉轮胎的变形和气压，顺便还可感知一下轮毂轴承的情况，对行车安全十分有利。

4.1.3.2　应避免轮胎超负荷运行。轮胎的负荷是一定的，应尽量避免超负荷运行。一般小轿车超负荷运行的情况较小，载货汽车有时超负荷较大。如有必要超负荷时，要控制在20%以内。有的载货汽车，为了多拉货，猛超载，有的6t载货汽车，超载到8t或10t，对于汽车轮胎十分不利，有的汽车轮胎的损坏就是被压爆胎的。在平直路面上行驶时略超载还可以，在坏路上尽量少超载，坏路上颠簸振动过大，甚至使货物偏到车箱一侧，对汽车和轮胎的冲击负荷太大，对轮胎的使用会很不利。

4.1.3.3　节胎驾驶。汽车驾驶时注意节省轮胎，不顾轮胎损坏，野蛮驾驶，对轮胎的使用寿命影响很大。汽车正常行驶时遇有坏路时应注意选择路面，防止坏路刮伤轮胎和使轮胎过分磨损；注意少用紧急制动，起步加速时应较平稳；汽车转弯时也应注意，减少轮胎磨损。

4.1.3.4　定期检查和轮胎换位。为使轮胎磨损均匀和定期检查轮胎，应注意汽车轮胎的换位，这是十分重要的。目前大部分驾驶员是等轮胎损坏再拆了修补，只要车轮能转，换不换位无所谓，这当然是不对的。应按照汽车使用说明书的规定，每行驶8000km时进行轮胎的检查和换位。

定期检查汽车挡泥板、翼子板和汽车货厢有无与轮胎擦碰处。注意检查轮胎螺母是否有松动处。注意检查轮胎与轮胎之间有无夹石，注意挖出轮胎花纹中的夹石及杂物。轮胎在雨天通过泥泞路面以后变得很脏，应及时用清水清洗干净。平时汽车不要停放在油污地面上。还应注意管好汽车备胎和保持备胎气压为规定值，以便某个轮胎失效时可以更换。

轮胎的换位如图3-24所示。

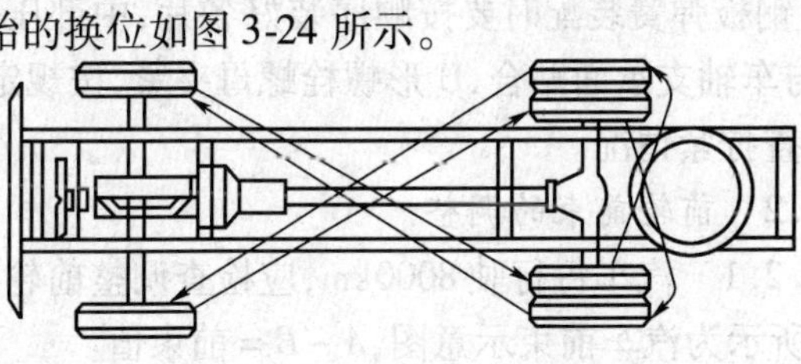

图3-24　汽车轮胎换位图

六平柴和九平柴汽车每行驶8000km时,应按图示次序将车轮总成换位,并可靠拧紧轮胎螺栓。

4.2 行驶系的调整与维修

4.2.1 钢板弹簧的维修

行驶系的调整与维修

4.2.1.1 拧紧钢板弹簧U形螺栓螺母。钢板弹簧U形螺栓螺母是汽车上的重要连接件,将车桥与钢板弹簧和车架连接在一起,组成汽车基本结构,一旦松动和离位将影响到汽车的行驶安全,因此一定要注意拧紧。

钢板弹簧U形螺栓螺母拧紧力矩为:

六平柴:

前悬架:300~400N·m;

后悬架:400~500N·m。

九平柴:

前悬架:350~450N·m;

后悬架:600~700N·m。

新车磨合行驶200km,应在承载状态下按上述规定力矩拧紧;磨合行驶500km,再次拧紧;磨合2500km结束时,重新检查并拧紧;正常行驶后应在每行驶200km,连续紧固3次;以后每行驶8000km检查并紧固。

4.2.1.2 钢板弹簧的维修。钢板弹簧总成损坏后应解体检查和维修。

(1)检查各弹簧片是否有断片、裂纹、破损或减薄,必要时更换,特别是主片更为重要。

(2)检查钢板弹簧吊环、吊环销和弹簧销是否磨损、有裂纹、弯曲或螺纹损坏,必要时更换。

(3)检查钢板弹簧衬套和吊环支架衬套是否磨损、有裂纹或变形,必要时更换。

(4)检查U形螺栓和紧固螺母,是否有裂纹、损坏或变形,检查螺纹是否损坏,必要时更换。

(5)装配钢板弹簧销时应涂以润滑油。

(6)钢板弹簧装配时要按顺序装好各片,中部压平夹紧,支承面与车轴支承面贴合,U形螺栓螺母夹紧,按规定力矩拧紧,并检查拧紧情况。

4.2.2 前轮前束的调整

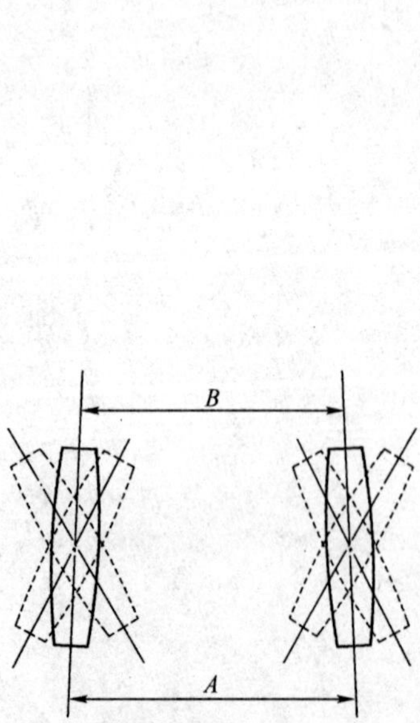

图3-25 汽车前束示意图

4.2.2.1 汽车每行驶8000km,应检查调整前轮前束,如图3-25所示为汽车前束示意图,$A-B$=前束值。

六平柴汽车前束值为2~6mm;九平柴汽车前束值为0~

2mm。

4.2.2.2　调整汽车前束，汽车应停放在水平场地上。支起前轴，汽车前轮处于直线行驶位置。

4.2.2.3　检查前束值。不合格时将左右横拉杆接头处紧固螺母拧松，用管钳转动横拉杆，调整前束值，使前轮落地时前束为规定值。

4.2.2.4　在前束值正确后拧紧横拉杆接头紧固螺母。有人在调定前束后，忘记拧紧横拉杆接头螺母，这是十分危险的，一定要注意拧紧，只有拧紧后才能正常行驶。

4.2.3　前轮最大转角的调整

汽车前轮最大转角决定了汽车的最小转弯半径。六平柴汽车内轮为40°；九平柴为48°。

前轮最大转角，可由图3-26所示的装在转向节上的限位螺栓控制。一般不需进行调整，但限位块或限位螺栓异常时，可由调整限位螺栓的伸出长度来调整前轮的最大转角。

4.2.4　前后轮毂轴承的装配调整

六平柴汽车和九平柴汽车前后轮毂和轮毂轴承的结构形式是一样的，因此装配和调整方法也是相同的。

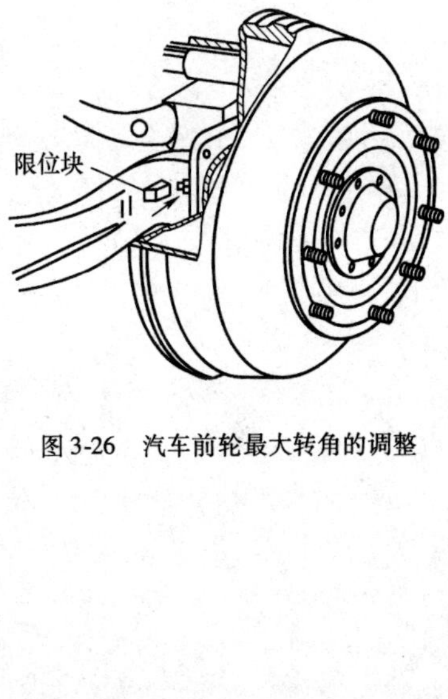

图3-26　汽车前轮最大转角的调整

前轮轮毂装配时，先将内轴承内圈装到转向节上；再将内轴承外圈加满润滑脂装入轮毂内侧轴承座中，装入轮毂油封，而后一起装到转向节上，向里推到底；最后装上轮毂外轴承、调整垫片、锁环孔和锁紧螺母。

轮毂轴承调整垫片的厚度是用来调整转向节与前轴端面间隙的，与轮毂轴承的松紧度直接相关，间隙应小于0.25mm。使用中间隙达到0.5mm以上时，也应增加垫片，使间隙调至0.25mm之内。

装配前轮轮毂，六平柴汽车应先用100～150N·m的力矩将调整螺母拧紧。在拧紧过程中，应向前和向后旋转轮毂，使内外轴承的滚子与轴承的锥面吻合接触，拧紧后轮毂能够无间隙的转动，而后将调整螺母反转退回1/4～1/3圈，使调整螺母上的止动销与锁环孔相重合，装好后轮毂应能均匀自由转动且无偏摆现象；最后装入锁紧垫圈，并用100～150N·m的力矩拧紧外锁紧螺母；再用固定螺栓装上轮毂轴承防尘罩。九平柴汽车前轮轮毂轴承锁紧螺母拧紧力矩为200～250N·m。

对于后轮轮毂轴承和轮毂的装配形式与前轮轮毂轴承和轮毂的装配形式是一致的。只是由于后轮为双轮胎，轮毂和轮毂轴承的受力大，承载力大，轴承也大，因此要求后轮轮毂轴承锁紧螺母的拧紧力矩也要相应大些，拧紧力矩均应达到250N·m；调整时，锁紧螺母只要退回约1/8圈，即可使锁紧螺母上的孔与锁片上的孔相对准，装上螺栓锁住。装好后用手转动轮毂，应能均匀自由转动，且无摆动现象为好。

思考与练习

一、选择题

1. 大型运输车辆广泛采用(　　)类型车架。

A. 边梁式　　B. 中梁式

C. 综合式　　D. 无梁式

2. 我国第二汽车制造厂生产的EQ1141G型8t货车的前簧和后副簧，均采用了(　　)作为弹性组件。

A. 螺旋弹簧　　B. 油气弹簧

C. 钢板弹簧　　D. 扭杆弹簧

3. 摆臂式平衡悬架的后桥为可以升降的(　　)。

A. 驱动桥　　B. 支持桥

C. 转向桥　　D. 转向驱动桥

4. 下列哪项不是电控悬架系统的组成部分(　　)。

A. 传感器　　B. 电子控制器

C. 执行机构　　D. 气囊

5. 九平柴汽车前束值为(　　)。

A. 0~2mm　　B. 2~6mm

C. 1~2mm　　D. 2~4mm

二、判断题

1. 整体式车桥是刚性的实心或空心梁，它与非独立悬架配用。断开式车桥为活动关节式结构，它与独立悬架配用。(　　)

2. 多轴车辆的全部车轮都是单独地刚性悬挂在车架上。(　　)

3. 气囊和高度阀是空气悬架气路系统的主要组成部分。(　　)

4. 电子控制悬架系统是用各种传感器检测车辆的行驶状态，根据该状况，控制前、后悬架的空气弹簧特性和减震器的衰减力，提高操纵的稳定性、乘坐舒适性。(　　)

5. 车轮总成一般由轮毂和轮辋两部分组成。(　　)

三、简答题

1. 大型运输车辆的车架采用什么类型，有什么特点？

2. 转向驱动桥有哪些结构特点？为实现转向驱动需要哪些零部件？

3. 非独立悬架与独立悬架的基本结构与区别。

4. 在拆装前后悬架时，应注意哪些问题？各有哪些调整部位？简述拆装过程。

5. 在拆装前后悬架时，应注意哪些检修内容？安全部位的检查有哪些？

6. 电子控制悬架的作用是什么？简述电子控制悬架的结构原理。

单元四 大型运输车辆转向系的构造与维修

学习目标

知识目标

1. 简单叙述大型运输车辆动力转向系的构造；

2. 简单叙述大型运输车辆动力转向系主要零件的检修方法；

3. 正确描述大型运输车辆动力转向系装配、安装与调整的技术要求。

能力目标

1. 会分析大型运输车辆动力转向系常见故障原因；

2. 会做大型运输车辆动力转向系的拆装、维护、检修与调整；

3. 能诊断与排除大型运输车辆动力转向系常见故障。

1 动力转向系的构造

1.1 概述

动力转向系的构造

汽车转向系用来改变汽车的行驶方向，使汽车按照驾驶员给定的方向行驶；普通汽车的转向系由转向器和转向传动装置两部分组成。但由于大型汽车转向阻力很大，为使转向轻便，一般均采用动力转向。

动力转向系是兼用驾驶员体力和发动机动力为转向能源的转向系。在正常情况下，汽车转向所需的能量，只有一小部分由驾驶员提供，而大部分是由发动机通过转向加力装置提供的。但在转向加力装置失效时，一般还应当能由驾驶员独立承担汽车转向任务。因此，动力转向系是在机械转向系的基础上加设一套转向加力装置而形成的。这样，使转向操纵十分省力，提高了汽车行驶的安全性。

1.2 动力转向系基本结构

1.2.1 动力转向系的组成

在大型汽车的转向系统中，除装有机械转向器外，还增加了转向控制阀、动力缸、油泵、油箱和管路等转向加力装置,从而组成了一个完整的动力转向系统。

动力转向系由转向器及转向操纵机构和转向传动机构组成。整体式动力转向器、动力转向油泵、动力转向油罐以及高压油管,回油管和进油管等组成动力转向部分,如图 4-1 所示;转向传动机构由转向器控制的转向垂臂、转向纵拉杆、转向节臂、梯形臂和转向横拉杆等组成,为传统的转向传动机构。

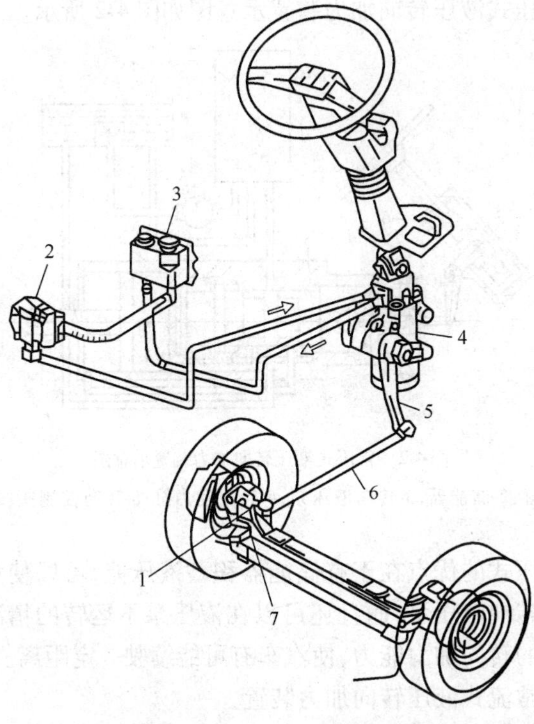

图 4-1 汽车转向传动机构示意图

1-转向节臂;2-转向液压泵;3-液压油箱;4-整体式转向助力器;5-转向直垂臂;6-转向直拉杆;7-左右梯形臂

1.2.2 转向加力装置

转向加力装置

转向加力装置是用以将发动机输出的部分机械能转化为压力能(液压能或气压能),并在驾驶员控制下,对转向传动装置或转向器中某一传动件施加不同方向的液压或气压作用力,以助驾驶员施力不足的一系列零部件。转向加力装置是由机械转向器、转向动力缸和转向控制阀三大部分组成。

按传能介质不同,转向加力装置有气压式和液压式两种。气压转向加力装置主要应用于一部分其前轴最大轴载质量为

3～7t并采用气压制动系统的货车和客车上。液压转向加力装置的工作压力可高达10MPa以上，故其部件尺寸很小。液压系统工作时无噪声，工作滞后时间短，而且能吸收来自不平路面的冲击。因此，液压转向加力装置已在各类各级汽车上获得广泛应用。

(1)液压转向加力装置分类。

液压转向加力装置有常压式和常流式两种。

①常压式液压转向加力装置。

常压式液压转向加力装置示意图如图4-2所示。

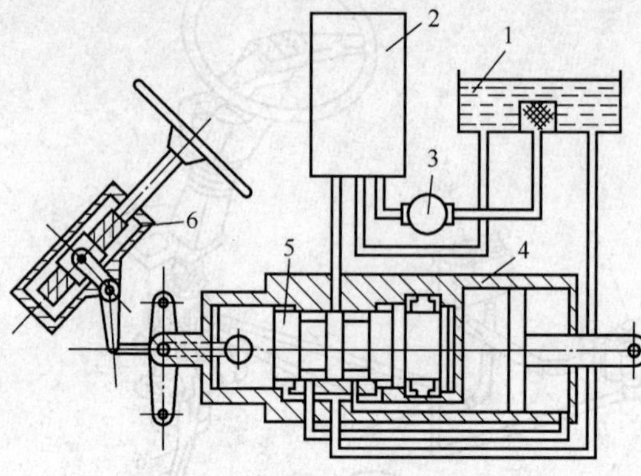

图4-2　常压式液压转向加力装置示意图

1-转向油罐；2-储能器；3-转向液压泵；4-转向动力缸；5-转向控制阀；6-机械转向器

常压式的优点在于有储能器积蓄液压能，可以使用流量较小的转向液压泵，而且还可以在液压泵不运转的情况下保持一定的转向加力能力，使汽车有可能续驶一定距离。

②常流式液压转向加力装置。

常流式液压转向加力装置示意图如图4-3所示。

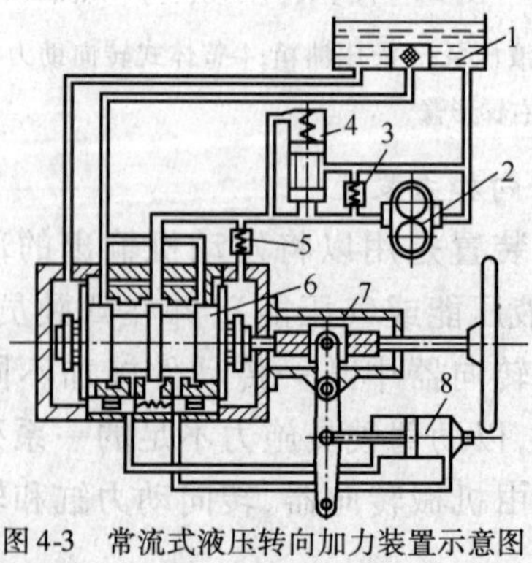

图4-3　常流式液压转向加力装置示意图

1-转向油罐；2-转向液压泵；3-安全阀；4-流量控制阀；5-单向阀；6-转向控制阀；7-机械转向器；8-转向动力缸

常流式的优点则是结构简单,液压泵寿命长,漏泄较少,消耗功率也较少。因此,目前只有少数重型汽车(如法国贝利埃 T25 型、美国 WABC0120C 型等自卸汽车)采用常压式转向加力装置,而常流式转向加力装置则广泛应用于各种汽车。

(2)常流式转向加力装置的结构布置方案。

常流式转向加力装置的结构布置方案,按机械转向器、转向控制阀和转向动力缸三者的组合及相对位置,可有如下 3 种布置方案,如图 4-4 所示。

在图 4-4a)中,机械转向器 9 和转向动力缸 10 设计成一体,并与转向控制阀 8 组装在一起。这种三合一的部件,称为整体式动力转向器。另一种方案是,只将转向控制阀同机械转向器组合成一个部件,该部件称为半整体式动力转向器,转向动力缸则作为独立的部件(图 4-4b)。第三种方案是,将机械转向器作为独立部件,而将转向控制阀和转向动力缸组合成一个部件,称为转向加力器(图 4-4c)。

1.2.3 整体式动力转向器

整体式动力转向器

整体式动力转向器将机械转向器和转向动力缸设计成一体,并与转向控制阀组装在一起。EQ1141G7D、一汽解放六平柴和九平柴汽车的转向系、解放 CA1120PK2L2 汽车、黄河 JN1181C13 型汽车、五十铃 CVR146L 型汽车均装有整体式动力转向器。

图 4-5 为整体式动力转向器结构简图,助力方式为扭杆转阀式。动力转向部分与循环球式机械转向器做成一体,扭杆 1 随转向盘和转向传动轴一起旋转,由扭杆的弹性控制转阀和转向助力油的流向,起动力转向作用。

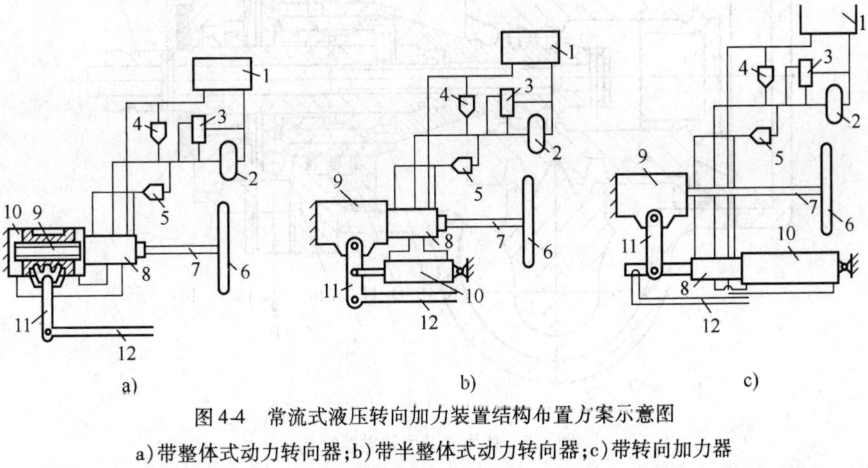

图 4-4　常流式液压转向加力装置结构布置方案示意图

a)带整体式动力转向器;b)带半整体式动力转向器;c)带转向加力器

1-转向油罐;2-转向液压泵;3-流量控制阀;4-安全阀;5-单向阀;6-转向盘;7-转向轴;8-转向控制阀;9-机械转向器;10-转向动力缸;11-转向摇臂;12-转向直拉杆

动力转向器的阀体 5 上加工有油道，被密封环 6 分隔成互不相通的进油道与回油道，隔套 11 上加工有与进、回油道分别相通的均布油孔，转向螺杆 7 上加工有均布的通向由转向螺母 9 分隔成的左右两腔。右腔为转向螺杆上加工纵向槽，直接通右腔；左腔为转向螺杆上的油孔通过阀体 5 上的油道及外壳 8 上的油道通往左腔。阀套 10 上的油孔与转向螺杆 7 上的进、回油孔相通，阀套 10 的内壁上加工有通向阀体 5 回油孔的油槽，转向螺杆 7 与阀套 10 构成转阀。扭杆 1 与阀芯 2 及阀套 10 通过连接销组成一体，扭杆 1 的前端与转向螺杆 7 通过连接销连接。转向时，由于地面的阻力，转向螺杆 7 不动，即扭杆 1 前端不动，而由于打转向时扭杆 1 带动阀芯 2 及阀套 10 相对转向螺杆 7 旋转一个角度，阀套 10 与转向螺杆 7 组成的通往左右两腔和回油道的间隙（即油道）发生变化，间隙的一侧被逐渐减少至封闭，间隙的另一侧被加大。间隙减小的一侧通往的一腔与进油道隔断，与回油道相通，间隙加大的一腔与进油道相通，与回油道隔断。由于转向时地面的阻力和油道间隙发生变化，使油泵的压力增高，高压油经进油口及油道进入一腔，推动转向螺母 9 一面旋转一面移动，带动车轮转动，而另一腔的油经回油道流回动力转向油罐。

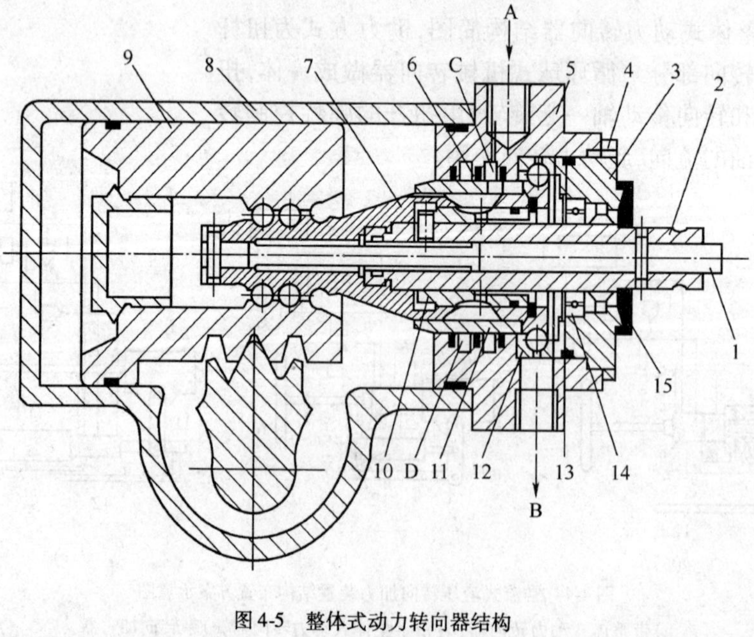

图 4-5　整体式动力转向器结构

1-扭杆；2-阀芯；3-上盖；4-上盖防松螺母；5-阀体；6-密封环；7-转向螺杆；8-外壳；9-转向螺母；10-阀套；11-隔套；12-螺杆轴承外圈；13-锁环；14-螺杆轴承；15-防尘盖；A-进油口；B-出油口；C-进油道；D-回油道

当转向盘打到一定位置不动时，由于车轮的转动，使转向螺杆 7 转动一个角度，使转向螺杆 7 与阀套 10 组成间隙逐渐达到两侧间隙相同，即使左右两腔均与回油道相通，左右两腔的压力趋于相等，即保持车轮的角度，使汽车按一定角度转弯。

当松开转向盘后，由于地面的反作用力，使车轮回转，带动转向螺母 9 及转向螺杆 7 回转一个角度，转向螺杆 7 与阀套 10 组成的间隙按与转向时相反的方向动作，此时左右两腔亦按与转向时相反的顺序与进回油口相通，使转向盘自动回位，但由于有液压的阻力，自动回位功能不如机械转向明显，需人为回位。

1.2.4　半整体式动力转向器

半整体式动力转向器

半整体式动力转向器结构如图 4-6 所示。

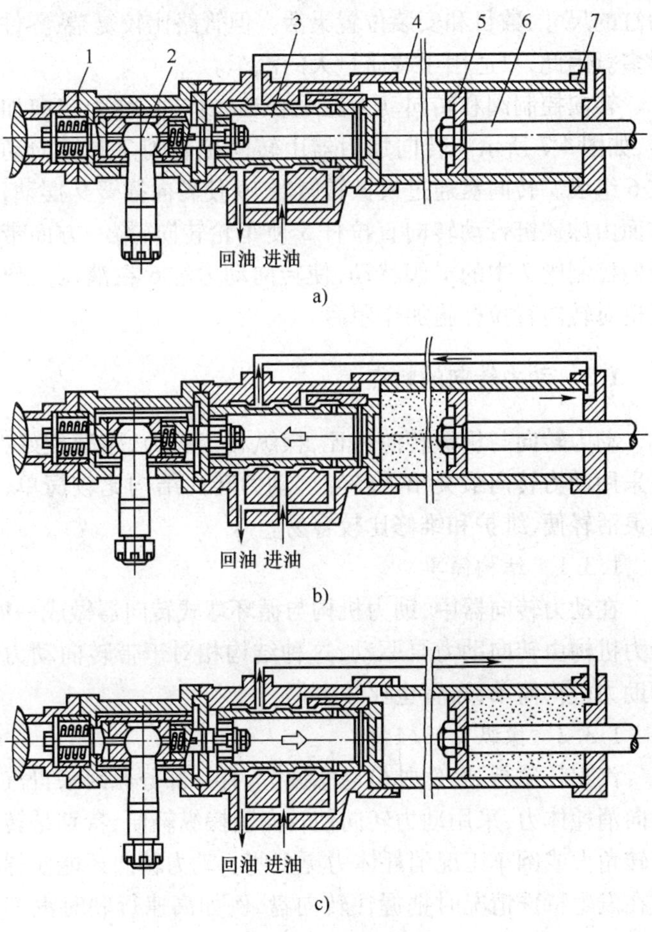

图 4-6　半整体式动力转向器

a）直线行驶；b）左转弯；c）右转弯

1-复位弹簧；2-球头销；3-滑阀；4-动力缸；5-活塞；6-活塞杆；7-密封环

动力缸和转向器各为独立的总成。转向时，转向摇臂通过转向动力缸使转向直拉杆前后移动，经转向节臂、梯形臂和转向横拉杆使转向车轮偏转。

当汽车直线行驶时，滑阀在复位弹簧的作用下位于中间位置，活塞左、右腔油压相等。

当汽车左转弯时，转向器通过转向摇臂带动球头销向左移动，在克服复位弹簧的弹力之后，带动滑阀向左移动，从而接通油路建立油压差，使活塞和动力缸相对移动。由于活塞杆铰接于车架，所以动力缸向左移动，通过球头销带动转向直拉杆，使转向车轮向左偏转。

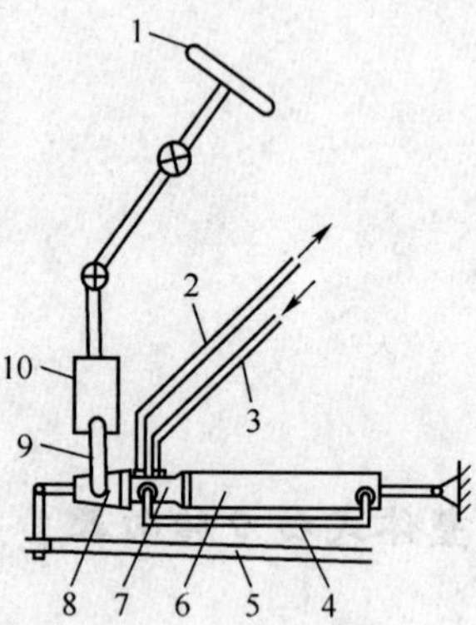

图 4-7　转向加力器

1-转向盘；2-回油管路；3-进油管路；4-油管；5-转向直拉杆；6-转向动力缸；7-转向控制阀；8-接头；9-转向摇臂；10-机械转向器

在汽车右转弯时，滑阀向右移动，动力缸也向右移动，转向车轮向右偏转。

半整体式动力转向系统主要总成各自独立，结构简单，动力缸的尺寸、数目和安装位置灵活。但管路比较复杂，零件数量多。因此，只适用于载质量大的汽车。

转向控制阀和转向动力缸组合在一体时，称为转向加力器，如图 4-7 所示。转向加力器由转向控制阀 7 和转向动力缸 6 组成。转向盘通过机械转向器 10 使转向摇臂 9 摆动，一方面由球铰链带动转向直拉杆 5 使车轮转向，另一方面带动转向控制阀 7 中的滑阀移动，使转向动力缸 6 在液压力作用下也对转向直拉杆施加作用力。

1.3　动力转向的特点

动力转向与机械转向相比，操纵相当省力，路感较好，这是采用动力转向最突出的特点。动力转向结构比较简单，操纵灵活轻便，维护和维修比较容易。

1.3.1　结构简单

在动力转向器中，助力机构与循环球式转向器做成一体，助力机构由转向助力泵驱动，这种结构相对于带转向动力缸的助力机构简单，布置也比较方便。

1.3.2　操纵灵活轻便

汽车长途行驶，驾驶员易感疲劳，有一部分原因来自汽车转向消耗体力，采用动力转向使转向盘操纵轻便，特别是转向盘转角大或倒车工况消耗体力更多些。动力转向还能使驾驶员在发生特殊情况时把握住转向盘，例如高速行驶时汽车前轮爆胎，可使汽车不至于翻到路旁的沟里，这是采用动力转向的好处。

1.3.3　维修方便

装用动力转向装置后，只要转向储油罐中加满油，转向油泵好用,一般动力转向能够正常工作。转向助力装置维修比较方便。在某些情况下,动力转向液压系统失效,循环球式转向器仍可独立承担转向动作,只是转向较有动力转向时感到更沉重和更消耗体力而已。

2 动力转向系的故障诊断与检修

2.1 动力转向系常见故障及排除方法

动力转向系常见故障及排除方法

动力转向的故障与机械转向的故障基本相同,但由于动力转向装置是液压控制的,会多出液压系统的故障,动力转向的常见故障主要有:转向沉重、转向盘回位性差、自由行程过大、左右转向轻重不同、前轮摆振和转向系统有异响等。

2.1.1 转向沉重

2.1.1.1 现象:转向沉重,转向助力性差或感到无助力。

2.1.1.2 原因:

(1)动力转向油罐缺油;

(2)转向油泵驱动皮带松动;

(3)液压系统油压不足;

(4)液压系统管路堵塞,或液压系统压力泄漏;

(5)液压系统中有空气;

(6)转向系有机械故障。

2.1.1.3 排除方法:

(1)检查动力转向油罐中是否缺油,将合格的液压油添加到油罐中至标准高度。

(2)检查转向油泵驱动皮带是否松动或打滑,调整驱动皮带松紧度,必要时更换驱动皮带。

(3)除上述原因外,还应检查转向油泵工作是否正常,可在转向油泵和高压油管间接入一个压力表,可原地转向检查转向油泵工作压力。转向油泵的故障在于油泵密封件损坏漏油、油泵磨损,引起内部泄漏严重;溢流阀卡滞等。压力过低可更换转向油泵。

(4)检查油路系统是否有脏物、胶质和积炭,液压油是否过脏。清洗液压系统并更换液压油。检查阀芯和隔套等动力转向控制件的径向间隙是否过大或密封台肩是否磨损,油压泄漏过多。必要时拆检或更换转向控制装置。

(5)液压系统放气。检查转向油罐液面高度,必要时添加合格液压油;抬起前轴并支撑前轴;转动转向盘,从一端限位到另一端限位,连续3次,并重新检查液面高度;起动发动机并怠速运转,连续3次从一端限位到另一端限位转动转向盘;放下前轮,按上述转动转向盘,并将转向盘停在中间位置,检查液面高度无明显变化且转向系统无响声,放气完成。如有异常仍应重复进行系统放气。

(6)对于转向系统中的机械故障,转向器中的转向螺母、转向螺杆和循环球损坏应拆检转向器;对于转向传动机构磨损,变形和球节铰接过紧或缺油等,应进行检修、调整和注油;对于行驶系统的故障,如轮胎气压不足。前轮定位不正确,前梁车架钢板弹簧变形等故障,应视不同情况,予以调整和维修。

2.1.2 转向盘回位性差

2.1.2.1 现象:汽车行驶中,转向盘自动回位不良,并感到自由行程过大。直线行驶时,自动回正力矩小,较难自动恢复直线行驶方向。左右转向轻重不同。

2.1.2.2 原因:

(1)转向控制阀堵塞,液压系统管路有脏物;

(2)液压系统中有空气;

(3)转向系机械系统故障。

2.1.2.3 排除方法:

(1)免解体清洗动力转向系统或解体维修转向控制系统。

(2)对液压系统按上述方法放气。

(3)维修转向系机械系统,包括检查和调整前轮气压,检查和调整前轮定位角,转向传动机构各铰接处调整并加注润滑油。

2.1.3 前轮摆振

2.1.3.1 现象:汽车行驶时转向盘抖动,汽车前轮振摆,引起汽车摆头,严重时驾驶员不得不降速行驶。

2.1.3.2 原因:

(1)液压系统中混有空气;

(2)控制系统和液压管路堵塞;转向控制阀损坏;

(3)转向扭杆损坏;

(4)机械系统故障。

2.1.3.3 排除方法:

(1)液压系统放气;

(2)清洗或维修转向控制阀和检查维修扭杆;

(3)排除转向传动系统和行驶系统机械故障。

2.1.4　转向系统异响

2.1.4.1　现象:汽车行驶中听到转向系统中有异响,异响来自转向助力器和转向油泵等处。

2.1.4.2　原因:

(1)动力转向系统中有空气;

(2)转向油泵损坏;

(3)转向控制机构损坏或堵塞;

(4)机械系统噪声。

2.1.4.3　排除方法:

(1)动力转向系统放气;

(2)检查维修转向油泵,调整或更换皮带;

(3)清洗或维修转向器;

(4)调整和维修转向传动机构。

2.2　动力转向系的调整与维修

2.2.1　转向盘自由行程的调整

动力转向系的调整与维修

转向盘自由行程也称为自由转动量,是驾驶员操纵转向盘动作的自我感觉,如果转向盘自由行程过大,对驾驶汽车方向不利,必须进行调整。检查转向盘自由行程,一是靠汽车行驶时驾驶员操纵转向盘的手感;一是将汽车停放在直线行驶位置,发动机熄火,使转向系统处于无转向助力状态,用手来回拨动转向盘,感觉到转动阻力明显变大时,以转向盘外缘测量自由行程的转角。转向盘和自由转动量在左右两个方向上均应不超过15°。

调整转向盘自由行程,实际上是调整转向器中转向螺母与扇齿的啮合间隙。调整时先拧松转向器调整螺栓的锁紧螺母,顺时针方向旋动调整螺栓为减小转向盘自由行程,逆时针方向旋动调整螺栓为增大转向盘自由行程。调整时注意旋动方向,每次调动量不宜过大,达到要求的自由行程即可,调好后用起子抵住调整螺栓,并拧紧锁紧螺母。

在调整中,确实无法达到所要求的自由行程,感到驾驶不便和转向系统有故障时,应将转向器拆下修理。

2.2.2　转向盘位置调整

为方便驾驶员驾驶,转向盘的位置可调整,调整实际上是改变转向盘相对于转向柱的位置,转向盘位置调整如图4-8所示。

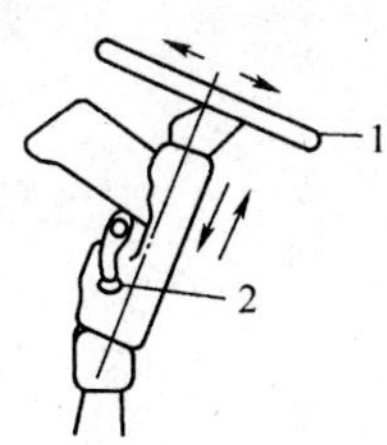

图4-8　转向盘位置调整

1-转向盘;2-锁止手柄

调整时应将转向盘锁止杆用力向上拉起,松开锁止杆,转向盘即处于可调状态,可以上下滑动,又可以前后摆动。转向盘可以向上滑动40mm,向下滑动20mm;前后摆动各5°。按需要调好位置后,将转向盘锁止杆向下用力压到底,转向盘固定不动。一次调好后,一般无须再调;行车中为集中精力驾驶汽车,不要调整。

2.2.3 转向油泵驱动皮带的调整

转向油泵驱动皮带跨装在发动机曲轴皮带轮和转向油泵皮带轮上,用于传递驱动转向油泵的动力。当转向沉重时,应首先想到转向油泵驱动皮带松动,应调整皮带的松紧度。调整时应先松开支架上的调整螺栓,将皮带拉紧,而后锁紧调整螺栓。调整后以50N的力加在两个皮带轮中间位置的皮带上,其挠度应为7~8mm。过松容易打滑,过紧对转向油泵轴不利,容易引起早期磨损。

当转向油泵驱动皮带松紧度调好后,转向油泵应正常工作,此时汽车行驶时转向动作在动力转向支持下应比较轻松自如。如果仍感到转向沉重,就应考虑维修动力转向器或更换维修转向油泵,或检查维修转向传动机构。

2.2.4 动力转向器的拆卸

动力转向器的拆卸

维修动力转向器之前,应将其从汽车上拆下。动力转向器的连接件较多,注意各连接关系。

2.2.4.1 转向系统放油。取一个油盆,放在转向系油罐下,松开动力转向器回油管的连接件,将油罐中的油放入到油盆中,并将回油管口接导管放入油盆中;发动机怠速运转,轻轻转动转向盘,使转向系统中的油全部回流至油盆中,至不滴油为止,或将抽油机的吸油管插入转向油罐中吸油,怠速运转发动机和轻转转向盘,直到油吸净为止。

2.2.4.2 拆下与动力转向器相连接的回油管和进油管(高压油管),使动力转向器与动力转向油泵和转向油罐分离。

2.2.4.3 汽车停放于直线行驶位置,即转向器中的转向臂轴也位于中间位置。松开转向臂紧固螺母,从纵拉杆上拆下转向臂,使转向臂与转向机构分离;再从转向臂上拆下转向臂轴紧固螺母和弹簧垫圈,做出位置标记,使转向臂与转向臂轴花键分离。

2.2.4.4 将转向盘锁止杆向上拉起,松开锁止杆,放松转向传动轴并向上拉起;松开转向传动轴最下端的转向万向节叉上的紧固螺栓螺母,将万向节叉向上移动,使动力转向器的阀芯和扭杆总成与转向万向节叉分离,如图4-5所示。

2.2.4.5　松开动力转向器在车架上的固定螺栓，从车架上取下动力转向器总成。

2.2.5　动力转向器的解体

动力转向器总成中包括有循环球式转向器和动力转向控制机构两部分，解体时应注意二者之间的动作关系，如图4-5所示，以便于检查零件损坏情况，排除故障，并重新装复。

2.2.5.1　取出转向臂轴。先拧下动力转向器侧盖上的6个紧固螺栓，再用铜棒轻轻敲打转向臂轴的端头，顶出侧盖总成；从侧盖侧取出转向臂轴齿扇总成，使转向螺母呈自由状态，取出转向臂轴时不要让花键划伤转向臂轴油封。

2.2.5.2　拆卸转向螺母。先拧下动力转向器阀体上的4个紧固螺栓，再用铜棒轻轻敲打阀体，使阀体与外壳分离，从外壳中取出阀芯和转向螺母总成。

解体转向螺母、转向螺杆和循环球总成，事先可试一下，如无异常响声和异常现象可不必解体。解体时，先拧下固定循环球导管夹的螺钉并拆下导管夹，取出循环球导管；一手握住转向螺母，一手缓慢地转动转向螺杆，挤出全部循环钢球，即可使转向螺母与转向螺杆脱开；如果不能脱开，就是滚道里还有钢球，只要里面还有一粒钢球，转向螺母也不能拆下，拆卸时不要丢失钢球等零件。

2.2.5.3　阀芯的解体：先从阀芯总成上端取下防尘盖，拧松阀芯上盖防松螺母，旋下阀芯上盖；顶出扭杆上端和下端的两个连接销，将阀芯解体，即可拆散扭杆、阀芯、阀套、转向螺杆、隔套和轴承。

2.2.6　动力转向器的解体检查

动力转向器的解体检查

解体的目的在检查、排除故障。检查前应将所有拆卸的动力转向器的零件用干净的清洗液或洗油刷洗干净，吹干待查。

2.2.6.1　检查动力转向器壳体、阀体和侧盖有无裂纹或损坏，必要时更换新件。

2.2.6.2　检查转向螺杆和转向螺母，必要时应进行磁力探伤，如有裂纹或滚道表面严重损坏，使钢球滚动受阻时，应更换新件。

2.2.6.3　检查转向螺母齿条和转向臂轴齿扇的配合齿面，如有严重损伤或表面剥落时，应更换新件。

2.2.6.4　检查所有的钢球，应圆整光滑无磨损，如有损坏应根据滚道尺寸进行更换，保证重装后各钢球受力均匀和滑动自如。

2.2.6.5　检查转向臂轴花键是否有损坏或扭曲现象。检查转向臂轴是否有裂纹,必要时进行磁力探伤,如发现有损坏或裂纹,一定要更换新件。

2.2.6.6　检查动力转向控制件扭杆是否损坏或折断,必要时换新;检查阀芯、阀套、转向螺杆、隔套等外表面和台肩有无磨损和损坏情况,必要时换新。

2.2.6.7　检查转向螺杆轴承的损坏情况,必要时换新。

2.2.6.8　检查所有的密封环、油封的密封情况,重装时应换新件,保证控制功能和不漏油。

2.2.7　动力转向器的装配与调整

动力转向器的装配与调整

动力转向器的装配按拆卸的相反次序进行,装配中必须保证所有零件完好和清洁。

2.2.7.1　阀芯的装配与调整。在阀体中依次装入密封环、轴承、隔套、转向螺杆、阀套、阀芯和扭杆等零件;压入扭杆上端和下端的两个连接销;旋上阀芯上盖,调整上盖旋紧力矩,使阀芯转动自如,拧死上盖防松螺母,压入防尘盖。

2.2.7.2　转向螺母的装配与调整。先将转向螺母从下端套入转向螺杆上,转向螺母端头滚道对准转向螺杆端头滚道;将钢球由转向螺母滚道孔放入,慢慢转动转向螺杆并逐个放入钢球,将钢球放满,转向螺杆也旋到底;将剩余钢球装满于导管里,导管两端涂润滑油插入转向螺母的导管孔中,并使导管落到底,再用螺钉将导管夹固定在转向螺母上;转动转向螺杆或转向螺母应转动自如。

装配好的转向螺杆和转向螺母总成轴向间隙和径向间隙均应不大于0.06mm,如间隙过大,可能是钢球没有装满。如钢球确已装满而间隙过大,则应成组更换钢球。当总成装配好后,可将总成垂直立起,将转向螺母旋到上端后放手,转向螺母应从转向螺杆上端均匀加速旋落,再次手动升起再次旋落。

2.2.7.3　动力转向器的装配与调整。在阀芯和螺母总成上加密封环,在动力转向器外壳上端面加密封垫,将阀芯和螺母总成装入外壳中,在阀体上交替拧紧4个紧固螺栓,使阀体和外壳连成一个整体。

转动阀芯和转向螺杆,使转向螺母位于中间位置,在外壳的转向臂轴轴承孔中装入滚子轴承;在转向臂轴的间隙调整端装入调整螺栓等调整件,将装有滚针轴承的侧盖拧到装好的调整螺栓上,使调整螺栓在侧盖外面露出,转向臂轴轴端与侧盖间的距离呈旋转可调;将侧盖密封垫套装到侧盖内端面,转动转向臂轴使转向臂轴齿扇的中间齿对准转向螺母齿条的中间齿沟,将转向臂轴慢慢向里推进装有滚针轴承的壳体的轴承孔中,并压向前方,而后用6个螺栓将侧盖固定在壳体上,再用一个专用工具从转向臂轴花键端装入转回臂轴油封。

左右2个方向旋转阀芯和转向螺杆总成,转向臂轴应能前后转动自如,并使转向臂轴处于中间位置;试调调整螺栓,使转向螺杆齿条与转向臂轴齿扇的啮合稍有间隙并将调整螺栓锁住。

2.2.8　动力转向器安装

将动力转向器安装到车上,恢复动力转向功能。

2.2.8.1　用4个固定螺栓将动力转向器固定在车架前端的动力转向器托架座上,拧紧力矩为400~450N·m。

2.2.8.2　连接转向传动轴。将转向传动轴下端的万向节叉向下拉动,使转向助力器的阀芯进入万向节叉孔中,穿上螺栓,装上弹簧垫片和螺母,将螺栓和螺母可靠拧紧,六平柴万向节叉螺栓紧固力矩为35~45N·m,九平柴万向节叉螺栓紧固力矩为50~65N·m,将转向传动轴与动力转向器可靠连接;调整转向盘的上下和前后位置,向下方压下转向锁止杆,将调好的转向盘位置固定。

2.2.8.3　连接转向纵拉杆。先装转向臂:按拆装标记将转向臂的花键对准转向臂轴的花键,用铜棒敲到底,装上弹簧垫圈和紧固螺母,紧固螺母拧紧力矩为250~300N·m。再装纵拉杆,慢慢转动转向盘,使转向臂下端销孔与转向纵拉杆球头销对准,将球头销穿入销孔中,装上锁紧螺母,转向纵拉杆球头销锁紧螺母,拧紧力矩为200~250N·m。拧到规定扭矩后再穿上开口销,穿开口销前允许反转螺母1/3~1/5圈,将螺母固定住。

2.2.8.4　连接动力转向器油管。可靠地连接动力转向器进油管(高压油管),与转向油泵可靠地连接;连接回油管,与转向油罐连接。

2.2.8.5　注油和放气。在已清洗好的和更换滤芯的油罐中加注合格的动力转向器油(液压油),出厂汽车要求加入上海炼油厂或兰州炼油厂8号液力传动油。动力转向器放气和液压系统放气。

起动发动机并怠速运转,向左右两个方向将转向盘转到底,循环4~5次,直到转向机构中无气和无噪声为止。

六平柴汽车动力转向系总的加油量为3.5L,九平柴汽车动力转向系总的加油量为4.0L。加油后和放气后检查油罐中油标尺所指示的油面高度,正常的油面高度应位于油标尺的上下标记之间。

汽车起步,以较低速行驶并转弯,检查转动转向盘的手感,应操纵自如。明显感到转向助力好和转向盘自由行程好,无任何不良感觉,再正常行驶。稍有不适,还应重新调整。

2.2.9 转向油泵的维修

转向油泵的维修

转向油泵是动力转向装置的动力源,当其发生故障时将导致转向沉重或无转向助力。转向油泵的故障主要表现在液压油输送压力低或无油压,维修主要包括:

2.2.9.1 转向油泵驱动皮带的调整。调整驱动皮带的松紧度,使转向油泵能够正常运转。

2.2.9.2 检查转向油泵输油压力。在转向油泵至动力转向器间的高压油管中接一个油压表,在发动机怠速或高于怠速转速情况下原地转动转向盘,测输油压力,如油压过低,可清洗转向油泵,解体维修或更换新泵。

2.2.9.3 免解体清洗。如转向油泵过脏和动力转向器等过脏而使动力转向装置发生转向沉重等故障时,可用强力清洗剂清洗油路系统,而后加注合格的液压油,可使系统恢复正常工作。

2.2.9.4 转向油泵解体维修也比较简单,重新装复时要注意密封,否则易产生漏油故障。

2.2.9.5 必要时更换转向油泵。在转向油泵维修中,注意高压油管的连接和密封,保证不漏油。

2.2.10 转向纵拉杆和横拉杆的调节

在转向机构中,采用传统的纵拉杆和横拉杆球头销结构。纵拉杆两端球头销用来连接转向臂下端和前轴转向节上臂,转向时将转向臂的前后摆动变为汽车左前轮的偏转;横拉杆两端球头销用来连接左转向节臂和右转向节臂,转向时左前轮的偏转拉动右前轮偏转,实现汽车转弯,是汽车转向机构中的重要组成部分。

转向球头销主要由球头和球头碗组成,当球头或球头碗磨损后就会使各拉杆连接间隙变大,转向传动机构间隙变大使转向盘自由行程变大,可能出现转向盘打手和前轮摆振等故障。汽车在泥水中行驶或受到风砂和水雨浸蚀时,泥砂和脏物会侵入球头碗中,引起转向机构卡滞,可能出现转向沉重或左右转向力不一致等故障,这就要对球头销进行调整和维护。

调整时应支起前梁,用手推动车轮偏转,直接感知各球头的间隙的大小。间隙过大时,先拔掉拉杆端部的开口销,旋紧球头碗螺塞;再夹住球头,将螺塞旋回1/3~1/5圈,重新穿入一个新的开口销,锁住螺塞。最后用手活动拉杆,手感较紧,既不能转动又不能移动为好。

如果球头销中已经侵入泥砂,就要将球头和球头碗拆下擦洗干净,检查有无损坏,而后按上述方法进行装回和调整。

思考与练习

一、选择题

1. 动力转向系是在机械转向系的基础上加设一套(　　)而形成的。

A. 转向机构　　B. 转向传动机构

C. 转向加力装置　　D. 整体式动力转向器

2. 下列(　　)型汽车没有采用整体式动力转向器。

A. EQ1141G7D　　B. 解放六/九平柴

C. 五十铃 CVR146L　　D. 红岩 CQ261

3. 转向盘回位性差可能不是下列(　　)原因造成的。

A. 转向控制阀堵塞,液压系统管路有脏物

B. 液压系统中有空气

C. 转向系机械系统故障

D. 转向扭杆损坏

4. 下列哪项故障不是动力转向系的常见故障(　　)。

A. 转向沉重　　B. 汽车跑偏

C. 前轮摆振　　D. 转向盘回位性差

5. EQ1092 汽车转向盘自由行程应不大于(　　),否则应查明原因后排除。

A. 20°　　B. 30°

C. 40°　　D. 50°

二、判断题

1. 动力转向系在转向加力装置失效时,不能由驾驶员独立承担汽车转向任务。　(　　)

2. 按传能介质不同,转向加力装置有气压式和液压式两种。　(　　)

3. 动力转向与机械转向相比,操纵相当省力,路感较好,维修比较方便。　(　　)

4. 转向盘回位性差的原因可能是动力转向油罐中缺油。　(　　)

5. 转向盘自由行程,是指处于直线行驶位置的前轮不发生偏转的情况下,转向盘所能转过的角度。 ( )

三、简答题

1. 分析实验所遇到的故障排除方法和故障原因。

2. 实验所遇到的转向系主要零件是否合格,为什么?

3. 在拆装动力转向器时,应注意哪些问题? 注意检修哪些内容?

4. 简述整体式动力转向器的构造。

单元五 大型运输车辆制动系的构造与维修

学习目标

知识目标

1. 掌握大型运输车辆制动系的类型、组成和结构特点；
2. 掌握大型运输车辆制动器和制动传动装置的构造、工作过程和检修方法；
3. 掌握大型运输车辆辅助制动传动装置的类型与构造；
4. 掌握大型运输车辆车轮防抱死装置的结构与原理。

能力目标

1. 能对大型运输车辆的制动系部件进行熟练的拆卸、检查和调整；
2. 能进行一般故障的诊断和排除。

1 概 述

制动系的功用

制动系的功用是用来迫使汽车减速或停车，控制下坡时的车速，并保持汽车能停放在斜坡上。良好的制动性能对保证安全行车和提高运输生产率起着极其重要的作用。

一般载货汽车的制动系是由汽车行驶中暂时降低车速直至停车的行车制动装置(脚制动)和汽车停驶后，仍能保持在原位，特别是在坡道上原地停住的驻车制动装置(手制动)两套独立系统组成。

大型运输车辆，像重型汽车，尤其是超重型矿用自卸汽车，由于吨位大，行驶时车辆的惯性也大，需要的制动力也就大，同时由于其特殊的使用条件，对汽车制动性能的要求与一般载货汽车有所不同，制动系也有许多不同的形式。大型运输车辆除装设有行车制动、驻车制动装置外，一般还装设有紧急制动和安全制动装置。紧急制动是在行车制动失效时，作为紧急制动之用。安全制动是当制动系气压不足时起制动作用，使车辆无法行驶。

为确保汽车行驶安全并且操纵轻便省力，重型汽车一般均采用气压式制动驱动机构;气液综合式(即气推油式)制动驱动机构,在超重型矿用自卸汽车中得到了广泛地采用。全液压动力制动在超重型矿用自卸汽车中也开始采用。制动管路广泛地采用了双管路系统。

矿山使用的重型汽车,经常行驶在弯曲而坡度很大的坡道上,长期而又频繁地使用行车制动器,势必造成制动鼓内的温度急剧上升,使摩擦片迅速磨损,引起“衰退现象”和“气阻现象”,而影响行车安全。

所谓“衰退现象”是指摩擦片由于温度升高而引起摩擦系数降低,而制动力矩也相应减小。所谓“气阻现象”是由于制动鼓过热,车轮制动器油缸内制动液蒸发而产生气泡,使油压降低,使制动性能下降甚至失效。为此,大型运输车辆的制动系还增设有各种不同形式的辅助制动装置,如排气制动、液力减速、电力减速等辅助制动装置,以减轻常用的行车制动装置的负担。

汽车在制动过程中,作用于车轮上的有效制动力的最大值受轮胎与路面间附着力的限制。如有效制动力等于附着力,车轮将停止转动而产生滑移(即所谓车轮“抱死”或拖印子)。此时,汽车行驶操纵稳定性将受到破坏。如前轮抱死,则前轮对侧向力失去抵抗能力,汽车转向将失去控制,如后轮抱死,由于后轮丧失承受侧向力的能力,后轮则侧滑而发生甩尾现象。为避免制动时前轮或后轮抱死,有的重型汽车装有前、后轮制动力分配的调节装置。目前有些汽车上已装用了在任何情况下制动时,都能避免车轮抱死的电子控制防抱死装置。

2 制动器的构造和制动传动装置

2.1 制动器的构造

制动器的构造

大型运输车辆会经常行驶在山区公路上,需对车辆进行持续制动。为此制动系统一般具有以下几种制动装置。

(1)行车制动装置。

以使行驶中的车辆减低行驶速度甚至停车的制动系统。

(2)驻车制动装置。

以使已停驶的车辆驻留原地不动的制动。

(3)缓速制动装置。

不使用或少使用行车制动的条件下,使车辆速度降低或保持稳定,但不能将车辆紧急制停。

(4)防抱死制动装置。

在行车制动时,防止车轮抱死滑移,以安全制动。

(5)紧急制动装置。

是在行车制动失效时,作为紧急制动之用。

(6)安全制动装置。

当制动系气压不足时起制动作用,使车辆无法行驶。

大型运输车辆行车制动一般采用气压式双回路制动系统。所有行车制动器的气压管路分属两个彼此隔绝的回路。这样,即使一个回路失效,还能利用另一个回路获得一定的制动力。

如果制动器的旋转元件是固定在车轮上,其制动力矩直接作用于车轮,称为车轮制动器。旋转元件装在传动系的传动轴上或主减速器的主动齿轮轴上,则称为中央制动器。车轮制动器一般是由脚操纵作行车制动用,但也有的兼起停车制动的作用,而中央制动器一般用手操纵作驻车制动用。

车轮制动器和中央制动器的结构原理基本相同。制动器按旋转零件的类型可分为鼓式和盘式两种。

鼓式车轮制动器,可调固定支点支承,为双凸轮驱动方式。在非制动工况时,制动蹄片与制动鼓间有间隙,制动鼓可同车轮一起转动;当制动时,储气筒内的压缩空气通过制动阀等管路,进入制动气室,制动室连接叉(推杆)推动制动调整臂偏转,驱动制动凸轮轴和制动凸轮转动一个角度,凸轮的转动将对应的两个蹄片推向制动鼓内圆,使制动摩擦片与制动鼓内圆紧压,靠摩擦作用使旋转的制动鼓减速直到停转。从制动底板内侧调整蹄片轴可调整制动蹄片(支承端)的间隙,调整制动调整臂的调整六角头可调整制动蹄片(凸轮端)的间隙。

大型运输车辆的车轮制动器与一般汽车的车轮制动器形式基本相同,维修方法是一致的,这里不再赘述。

2.2 制动传动装置

制动传动装置

大型运输车辆一般采用气压制动系。气压制动系是发展最早的一种动力制动系。其供能装置和传动装置全部是气压式的。其控制装置大多数是由制动踏板机构和制动阀等气压控制元件组成,也有的在踏板机构和制动之间还串联有液压式操纵传动装置。

沃尔沃 B10M 型客车的气路系统由 3 部分组成:即气源气路、制动气路和辅助气路,如图 5-1 所示。

气源气路是从空气压缩机到四路保护阀,由空气压缩机、散热器、单筒压缩空气干燥器、安全阀、限压阀、主储气罐、溢流阀、安全阀和四路保护阀构成。空气压缩机输出的压缩空气经螺旋形散热管、双筒干燥器、安全阀进入两个主储气罐,然后压缩空气从主储气罐出来经四路保护阀分配到行车制动阀、驻车制动阀、前制动储气罐和后制动储气罐。供应前后车轮制动和驻车制动所需的压缩空气。

散热管是将气管盘成螺旋形以便散热,使进入压缩空气干燥器中的压缩空气温度不高于 65℃。

气路系统的标准气压在 460 ~ 1000kPa 之间,在仪表板上有两块气压表分别指示前后两轮制动储气罐内的空气压力,驾驶时表针必须在红色区域以外。如任何一个管路气压降到 460kPa 则报警灯点亮。

制动气路由前制动储气罐、后制动储气罐、行车制动阀、快放阀、ABS 压力控制阀、前制动气室、后制动气室、感载阀、驻车制动阀、阻止阀和驻车制动快放阀等组成。

制动系统为双回路空气制动系统,后制动采用储能弹簧制动气室。

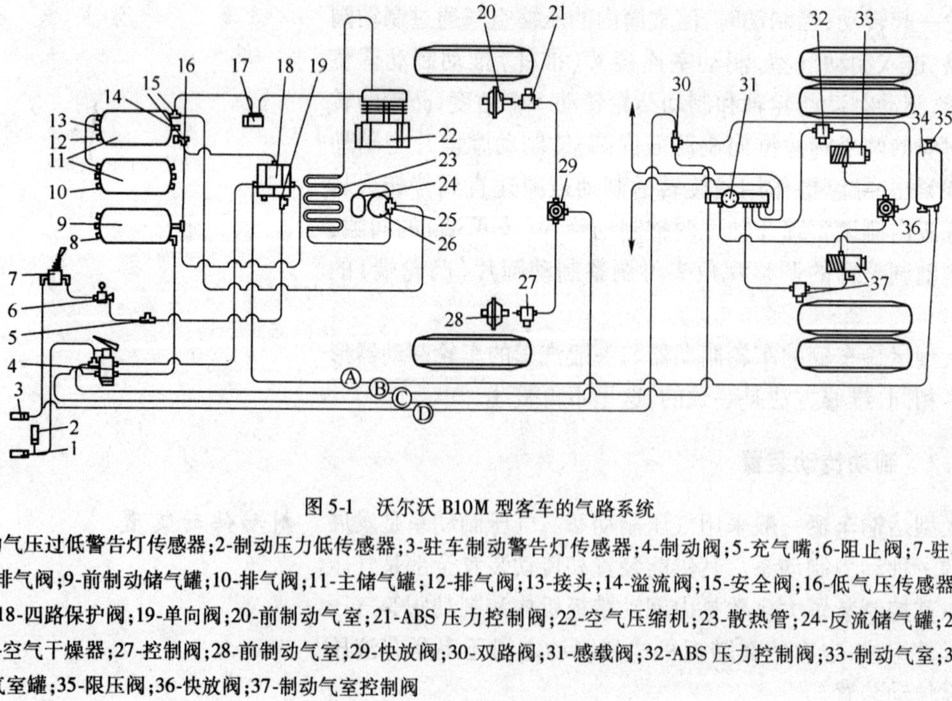

图 5-1　沃尔沃 B10M 型客车的气路系统

1-制动气压过低警告灯传感器;2-制动压力低传感器;3-驻车制动警告灯传感器;4-制动阀;5-充气嘴;6-阻止阀;7-驻车制动阀;8-排气阀;9-前制动储气罐;10-排气阀;11-主储气罐;12-排气阀;13-接头;14-溢流阀;15-安全阀;16-低气压传感器;17-限压阀;18-四路保护阀;19-单向阀;20-前制动气室;21-ABS 压力控制阀;22-空气压缩机;23-散热管;24-反流储气罐;25-安全阀;26-空气干燥器;27-控制阀;28-前制动气室;29-快放阀;30-双路阀;31-感载阀;32-ABS 压力控制阀;33-制动气室;34-后制动储气室罐;35-限压阀;36-快放阀;37-制动气室控制阀

驻车制动操纵手柄位于仪表板左端，拉动锁紧环同时向后扳动手柄，驻车制动作用逐渐增加，手柄完全扳到底后全制动，通过后制动气室作用在后车轮上。解除驻车制动时，向前扳动驻车制动操纵手柄，同时按下制动阻止阀即可解除驻车制动。如果制动系统气压降到460kPa以下，阻止阀将自动弹起，施加驻车制动，扳动手柄无法解除制动，只有恢复气压，报警灯传感器使报警灯熄灭后，才能按下阻止阀解除驻车制动。驻车制动一般也可作为安全制动用，当储气筒气压低于安全气压时，汽车自动处于制动状态，使车辆无法开动。

溢流阀用来保证制动系统与空气悬架系统的相互独立与可靠性。当空气悬架气路系统的供气压力降到一定值后，压缩空气通过单向溢流阀向空气悬架气路系统供气，其供气流向是不可逆的。这就防止了因空气悬架气路系统漏气而影响汽车的制动；另一方面也可防止因制动系统气压下降而导致空气悬架的压缩空气倒流，从而保证空气悬架系统工作安全可靠。

辅助气路用于空气悬架、车门控制、发动机排气制动及其他气动控制机构用气源。

2.3　主要总成的构造和工作情况

大型运输车辆气压制动系的供能装置包括：产生气压能的空压机和储存气压能的储气筒；将气压限制在安全范围内的调压阀及安全阀；改善传能介质（空气）状态的进气滤清器、排气滤清器、管道滤清器、油水分离器、空气干燥器、防冻器等；在一个回路出故障时用以保护其回路，使其中气压能不受损失的多回路压力保护阀等部件。

2.3.1　空压机

大型运输车辆空压机一般采用风冷、单缸或双缸形，并由发动机通过齿轮或皮带驱动。

空压机具有与发动机类似的曲柄连杆机构。气缸体是铸铁的，带有散热肋片。每个气缸都有由弹簧压闭的进气阀片和排气阀片。

2.3.2　空气干燥器

空气压缩机输出的压缩空气总是带有水份的，它会腐蚀零件，在冬季会堵塞管路以致造成事故。压缩空气干燥器，利用干燥剂的吸附作用，吸附水蒸气，并定期自动排出。

2.3.3　压力调节器

2.3.3.1　构造　压力调节器与湿储气罐相连，其功用是监测至空气干燥器卸荷阀的信号。当湿储气罐压力比压力调节器设定的最大压力极限值高或比最小值低时，断开或接通空压机，如图 5-2 所示。

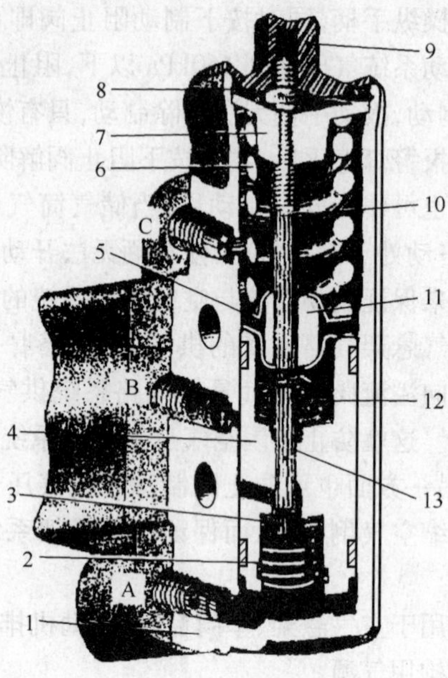

图 5-2　压力调节器的构造

A-来自湿储气罐的压力信号；B-至卸荷阀的压力信号；C-通气孔

1-壳体；2-阀弹簧；3-阀；4-活塞；5-垫圈；6-反应弹簧；7-阀座；8-护圈；9-防护帽；10-调整螺栓；11-隔离套筒；12-弹簧；13-阀杆

2.3.3.2　工作过程　充气时，反应弹簧压住活塞，致使阀关闭连接口（湿储气罐）和（卸荷阀）之间的通道。空压机向压缩空气系统充气，如图 5-3 所示。

卸荷时，湿储气罐压力达到压力调节器断开压力时，活塞被下压以致阀杆打开了阀。这使A和B连接口之间的通道

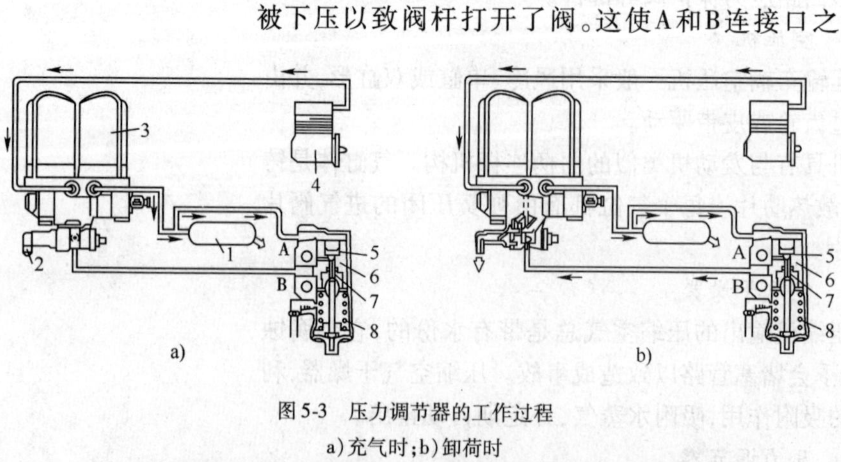

图 5-3　压力调节器的工作过程

a）充气时；b）卸荷时

1-湿贮气罐；2-卸荷阀；3-空气干燥器；4-空压机；5-阀；6-活塞；7-阀杆；8-反应弹簧

打开，并监测至空气干燥器卸荷阀的压力信号（图5-3）。此时空压机通过空气干燥器排气口排出压缩空气。空压机卸荷并且湿储气罐压力不再增加。

2.3.4　安全阀

安全阀的功用是防止系统压力过高，安全阀由球阀和阀弹簧组成，如图5-4所示。

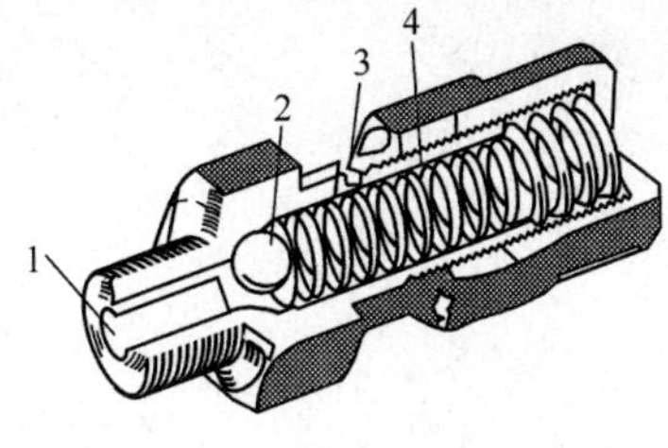

图5-4　安全阀
1-入口；2-球阀；3-排气口；4-弹簧

如果空气压缩系统压力超过安全阀的开启压力，球阀打开使高压空气排向大气。在沃尔沃客车上安装3个具有不同开启压力的安全阀：一个用于空压机向空气干燥器的供能管路；一个用于空气悬架系统；另一个用于制动回路供能，装在四回路保护阀之后。

2.3.5　限压阀

连接在湿储气罐和四回路保护阀之间的限压阀限制制动系统供气压力使其保持在0.75～0.77MPa的恒压。

限压阀有两个连接口：进气口和出气口。当系统压力限于设定压力时，活塞上的阀体从阀座上提起，其提起高度取决于活塞上弹簧的压力，如图5-5a）所示。

空气从进气口流入，流过阀座并经出气口流出。空气经一通道流至活塞顶部，在此克服弹簧力压下活塞。

当压力达到预设的极限压力、阀体已压到阀座上，以切断进一步的空气流动。这使出气口压力停止进一步上升。

当进气口处压力下降，空气从出口流经止回阀并且通过进气口流出（图5-5b）。这使出气口压力降低，以致活塞被向

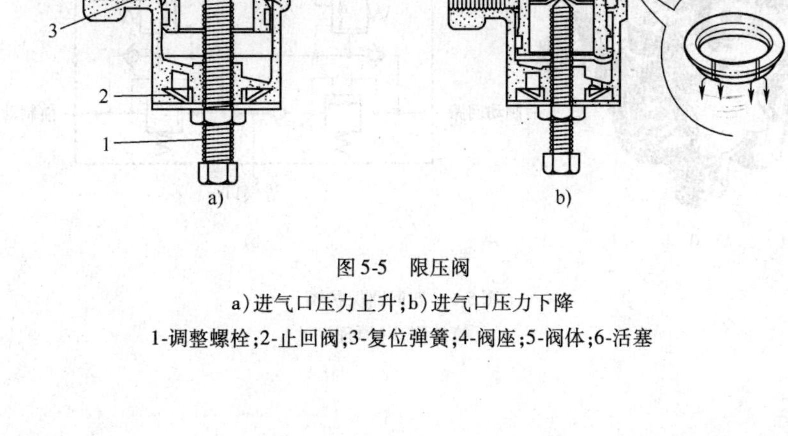

图5-5　限压阀
a）进气口压力上升；b）进气口压力下降
1-调整螺栓；2-止回阀；3-复位弹簧；4-阀座；5-阀体；6-活塞

上推。

安装止回阀在于防止杂质和脏物进入到该阀排向大气的通道。限压阀由调整螺钉进行调节。

2.3.6　四回路保护阀

压缩空气从湿储气罐限压阀流向四回路保护阀,四回路保护阀将气流分配到制动系统的4个回路,即前制动回路、后制动回路、附加装置和驻车制动回路,如图5-6所示。

四回路保护阀由4个无流型溢流阀组成,每个回路1个。在供气端有一个专门设计的密封圈,用于防止气体流回湿储罐。

无论关闭还是开启,前制动回路和后制动回路完全与其他回路独立。在供气端,附加装置和驻车制动回路之间已经安装了一通道,以便空气在这些回路开启时在回路之间流动,即当压力超过这些回路的开启压力(0.57~0.60MPa)时。

当四回路保护阀进气口的空压机达到0.62~0.65MPa时,前制动回路溢流阀的开启,取决于开启压力允许值的调节,以将制动回路储气罐充到附加装置回路和驻车制动回路相同的开启压力(0.57~0.60MPa)。当前制动回路或后制动回路已打开,压缩空气就供给到附加装置回路和驻车制动回路的溢流阀。由于这些回路的开启压力比行车制动回路的开启压力低,在其他行车制动回路的溢流阀已打开之前,附加制动回路和驻车制动回路的溢流阀就能打开。

当附加装置回路和驻车制动回路的压力达到0.62~0.65MPa,其他行车制动回路的溢流阀门打开以向该回路储气罐充气。

万一有泄漏,在附加装置回路供能管路的压力将下降,该回路溢流阀压力也同样下降。当压力下降到阀的关闭压力

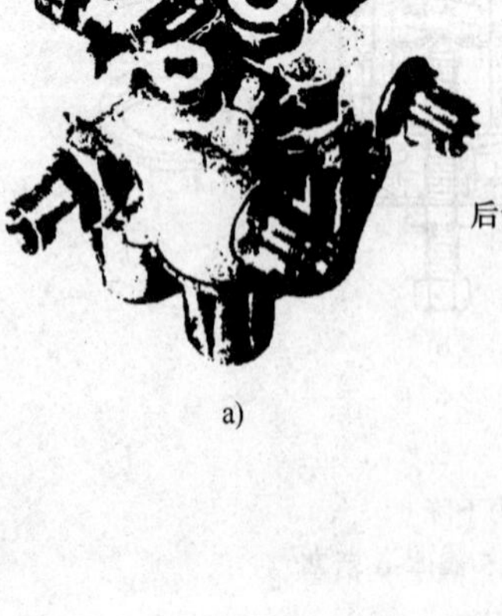

a)

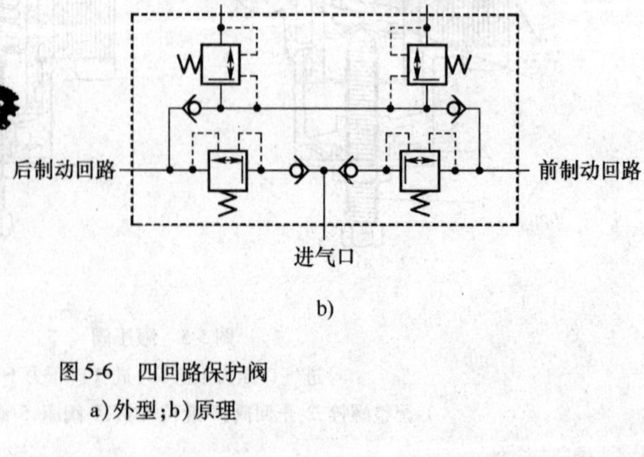

b)

图5-6　四回路保护阀

a)外型;b)原理

时,弹簧力克服膜片下方压力致使阀关闭。这将使其他回路压力升高到一个与泄漏的制动回路的开启压力相等的值。

2.3.7　制动控制阀

制动控制阀用来控制由储气筒进入制动气室的压缩空气量,并有渐进变化的随动作用,以保证作用在制动器上的力与制动踏板的行程成正比。同时,万一压缩空气系统有泄漏,制动控制阀可实施紧急制动功能。

制动控制阀的结构形式很多,工作原理类同。有单管路单腔式、双管路双腔式或多管路三腔式之分。在大型运输车辆上一般采用双管路双腔串联活塞式制动控制阀。

2.3.8　快放阀

储气筒和制动气室二者一般是只通过制动阀用管路连接的。这样,储气筒向制动气室充气以及制动气室内压缩空气排入大气,都必须迂回流经制动阀。在储气筒、制动气室都与制动阀相距较远的情况下,这种迂回充气和排气将导致制动和解除制动的滞后时间过长,不利于汽车的及时制动和制动过后的及时加速。

在制动阀到制动气室的管路上靠近制动气室处,设置如图5-7所示的快放阀,可以保证解除制动时制动气室迅速排气。

快放阀的进气口通向制动阀,两出气口可分别通向左右两侧制动室。制动时,踩下制动踏板,压缩空气从脚制动阀流向连接口(图5-7a)以压迫膜片,膜片关闭排气口(图5-7c),继而压缩空气流过膜片,经两个连接口(图5-7b)流至制动轮缸。

制动解除时,松开制动踏板,连接口(图5-7a)压力下降(压缩空气由脚制动阀排出)。来自制动轮缸的压力把膜片压向连接口(图5-7a)的座口,以打开排气口(图5-7c),由两连接口(图5-7b)排空制动轮缸中的空气。

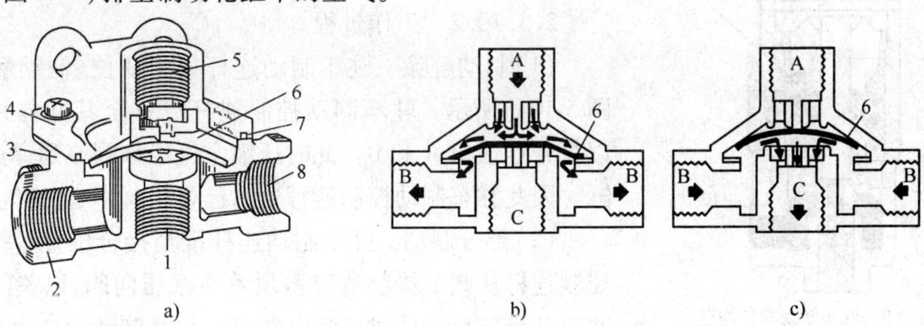

图5-7　快放阀

a)结构;b)制动时;c)解除制动时

1-排气口;2-左制动轮缸连接口;3-壳体;4-罩盖;5-行车制动阀连接口;6-膜片;7-橡胶圈;8-右制动轮缸连接口

2.3.9 制动气室

制动气室的作用是将压缩空气的压力转变为转动制动凸轮的机械力(图 5-8)。

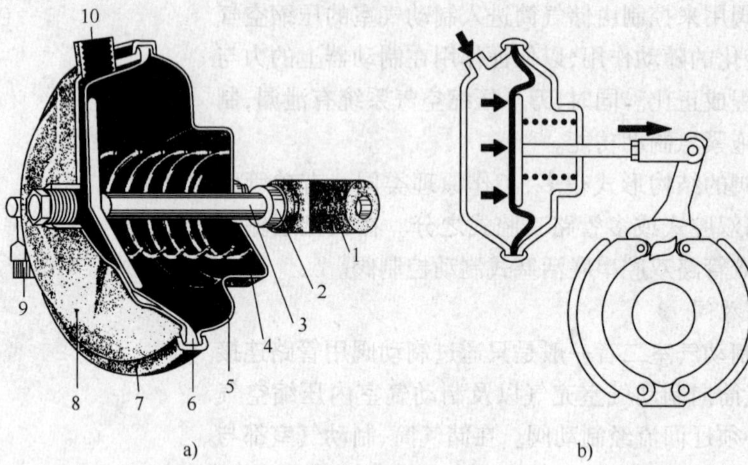

图 5-8 制动气室

a)构造;b)工作原理

1-连接叉;2-锁止螺母;3-推杆;4-复位弹簧;5-外壳;6-膜片;7-卡箍;8-制动轮缸盖;9-螺母;10-压缩空气系统连接口

制动气室有膜片式和活塞式两种,大型运输车辆上一般采用膜片式。膜片式制动气室是由橡胶膜片分隔的两个气室组成。

2.3.10 驻车制动阀

2.3.10.1 构造 驻车制动阀用以实施或解除驻车制动。驻车制动阀的构造如图 5-9 所示。

当驻车制动完全接合,棘爪使阀杠杆锁止。在驻车制动解除之前,杠杆棘爪套筒必须首先提升以允许弹簧加载的杠杆返回到解除位置。

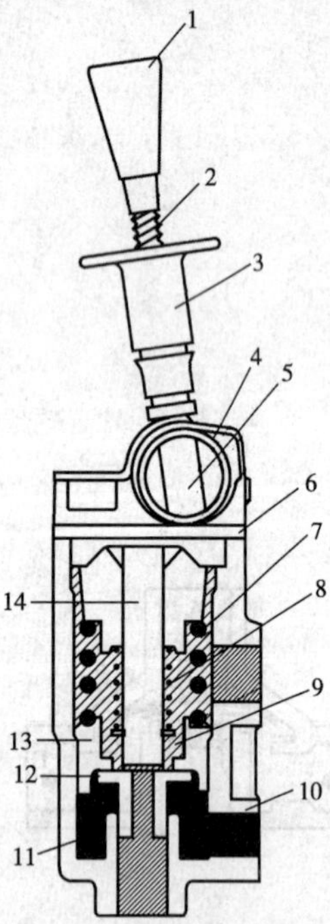

图 5-9 驻车制动阀的构造

1-手柄;2-弹簧;3-棘爪套筒;4-棘爪盘;5-杠杆;6-连接件;7-弹簧;8-弹簧;9-弹簧导管;10-阀体;11-弹簧;12-阀;13-活塞;14-连杆

2.3.10.2 工作过程。

(1)制动解除 驻车制动连杆处于 0 位(制动解除),如图 5-10a)所示。驻车制动控制连杆已移至其低位并压向阀以打开连通口 A 和 B。此时压缩空气经该阀流到弹簧制动轮缸。因此驻车制动控制连杆这时已处于阀中心,排气口关闭。

(2)部分制动 驻车制动连杆推至接合位置。驻车制动控制连杆从阀上提起致弹簧顶着活塞压向阀,以关闭进气口并打开排气口。此时压缩空气可从弹簧制动轮缸通过该阀流到大气中,从而压力下降。加在活塞顶部的力因此降低,从而活塞和阀被弹簧上推直至该阀触抵驻车制动控制连杆。这样就关闭了排气口以防止压力的进一步降低,如图 5-10b)所示，已达到部分制动。

(3)施加完全制动(驻车位置)　驻车制动杠杆完全推到位置1。棘爪套筒已下滑到棘爪盘的凹槽内以使杠杆维持锁止在位置1。活塞已被进一步上推，但是弹簧施加的力使其不致移动得太远，致使驻车制动控制连杆使排气阀关闭，如图5-10c)所示。这就使弹簧制动轮缸完全减速，从而驻车制动处于全部制动位置。

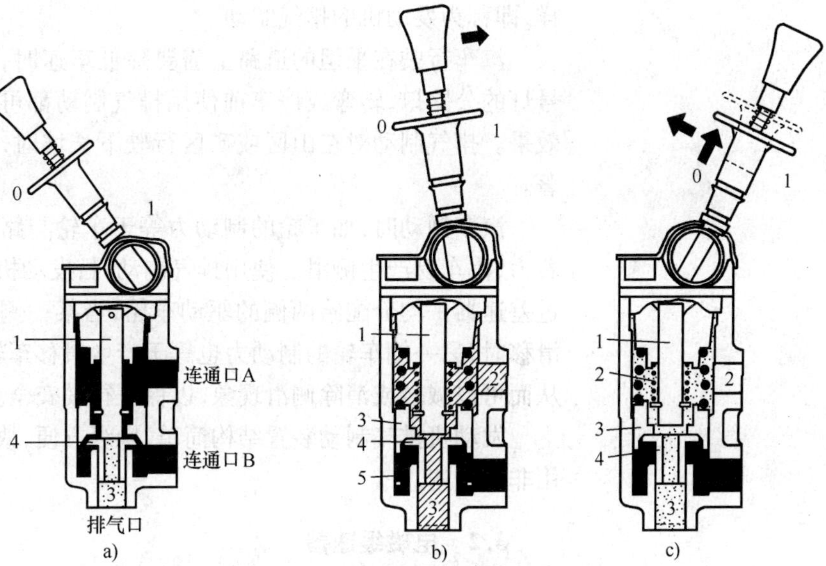

图5-10　驻车制动阀的工作过程

a)制动解除；b)部分制动；c)完全制动

1-控制连杆；2、5-弹簧；3-活塞；4-阀

3　辅助制动装置

经常行驶于山区或矿用的重型汽车，由于满载及下长坡的机会很多，长期而又频繁地使用行车制动器，势必造成制动器内温度急剧上升，使摩擦片迅速磨损，并引起“衰退现象”和“气阻现象”，而影响安全行车。为减轻行车制动器的负担，而又使汽车能安全可靠地行驶，装设辅助制动装置具有重要意义。

根据车型、用途及其结构的不同，大型运输车辆的辅助制动装置有各种不同的形式，主要有排气制动、电磁缓速器及液压缓速器等辅助制动装置。

3.1　排气制动装置

通常情况下，发动机制动是存在的。当松开加速踏板让汽车借惯性力行驶时,发动机本身要产生制动力。这种制动力来源于发动机各运动件之间的摩擦,进排气过程中的泵气损失及驱动各辅助装置(如风扇、水泵、配气机构等)的功率损失。

为提高发动机制动效果,通常在发动机的排气管道中装置一个阀门。当使用发动机制动时,将此阀门关闭,增加排气系统阻力,使泵气损失增加,这时发动机将像空气压缩机那样,即称为发动机的排气制动。

汽车行驶在平坦的道路上需要降低车速时,如在交通信号灯的公路口,转弯或停车前使用排气制动都可收到良好的效果。排气制动对在山区或矿区行驶下长坡时,效果尤为显著。

汽车制动时,如车轮的制动力等于车轮与路面之间的附着力,汽车易产生侧滑。使用排气制动时,发动机的制动力通过差速器平均分配给两侧的驱动车轮,当某一侧的车轮产生滑移时,另一侧车轮的制动力也等于产生滑移车轮的制动力,从而可以减轻或消除侧滑现象,以保证行驶安全。

发动机排气制动装置结构简单,操纵方便,故在汽车上应用非常普遍。

3.2 电磁缓速器

3.2.1 构造

电磁缓速器

电磁缓速器主要用于市内大型客车上,该缓速器安装在变速器与主减速器之间,或直接安装在变速器的后端盖上,只对后轮产生缓速制动。

电磁缓速器由一个带有16块电磁铁的定子和两个转子盘组成。在定子的两侧各有一个由软铁制成的转子盘,如图5-11所示。

定子固定在汽车车架上,转子盘安装在与定子同心的一根轴上,并与传动轴和变速器输出轴相连,其转速与传动轴转速相同。定子的电磁铁被电流触发后,转子旋转,产生制动转矩。静止时不论电磁铁是否接通电流,转子均不产生制动或转动力矩。缓速器无任何可导致磨损的摩擦衬片或摩擦面,因此仅需检查线路连接是否紧固,并加以维护。

3.2.2 工作原理

工作原理

缓速器的工作原理是:一块由软铁制成的圆盘在电磁场中旋转会在圆盘内产生电涡流,如图5-12所示。这种电涡流对圆盘会产生制动效应。这种情况可用一个简单的例子予以说明，如果将手指插入一只水流旋转的水盆中，水中就会有气泡和涡流产生，旋转着的水流也会渐渐地静止下来。插入水中的手指数目越多，制动效应越大。在电涡流缓速器中，磁场中磁力线的作用相当于手指的功能。磁铁的数量越多，强度越大，作用于转子上的制动力矩就越大。转子制动转矩的变化不仅与电磁场强度有关，也与转子的转速和温度有关。

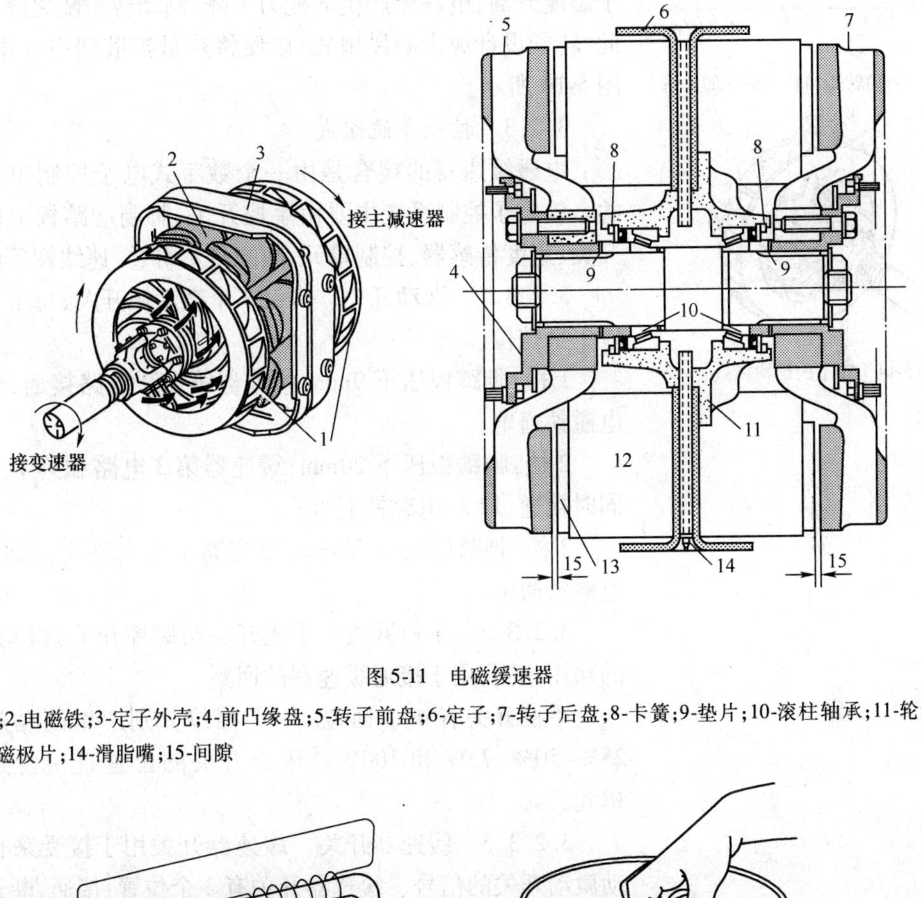

图 5-11 电磁缓速器

1-转子盘；2-电磁铁；3-定子外壳；4-前凸缘盘；5-转子前盘；6-定子；7-转子后盘；8-卡簧；9-垫片；10-滚柱轴承；11-轮毂；12-电磁铁；13-磁极片；14-滑脂嘴；15-间隙

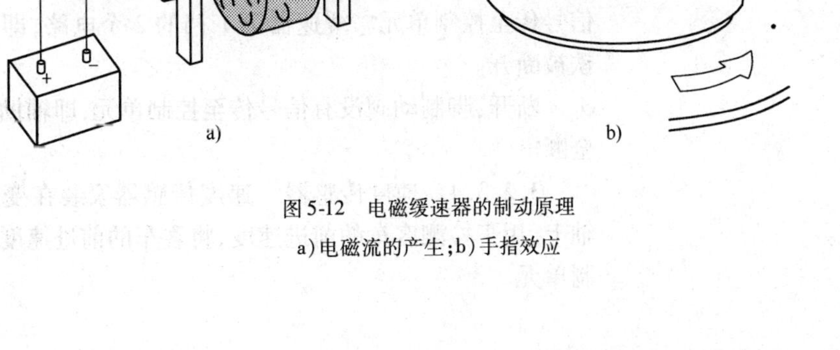

图 5-12 电磁缓速器的制动原理

a) 电磁流的产生；b) 手指效应

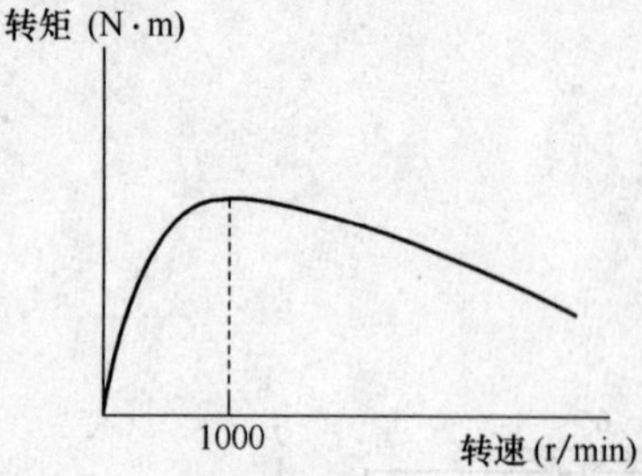

图 5-13　制动转矩与转子转速的关系

图 5-14　转子的结构特点

电磁缓速器的制动转矩和转子转速之间的关系如图 5-13 所示，最大制动转矩出现在转子转速为 1000r/min 处，可达 1325 ~ 1560N · m。转速过高或过低，制动转矩都会逐渐下降，转子静止时制动转矩为零。

普通的制动鼓在制动过程中，制动能量转化为热能。与此相类似，缓速器中的转子在制动时也会导致转子过热。转子温度升高，电涡流产生的能力下降，制动转矩随之降低。因此，转子设计成中心风扇式，以便将热量扩散到空气中去，如图 5-14 所示。

3.2.3　控制系统组成

电磁缓速器的接合是由一个数字式电子控制单元控制的。该电子控制系统主要由手控开关、脚制动踏板上的微动开关、速度传感器、控制单元、故障指示灯、缓速线圈等组成。

3.2.3.1　微动开关　内设 3 个微动微开关，每个开关对应 1 个档位。

1 档：脚踏板压下 9mm，缓速器第 1、2 电路接通，即 8 块电磁铁通电；

2 档：脚踏板压下 20mm，缓速器第 3 电路和第 1、2 电路同时接通，12 块电磁铁通电；

3 档：脚踏板压下 27mm，缓速器 4 个电路均接通，16 块电磁铁通电。

3.2.3.2　手控开关　手控开关与脚控开关（微动开关）的功用相同，用于接通缓速器的回路。

手控开关有 4 个档位。4 个档位分别产生制动效能为 25%、50%、75% 和 100%。手控开关的位置直接传到控制单元。

3.2.3.3　缓速器开关　缓速器开关用于接受来自脚制动微动开关的信号。缓速器开关有 3 个位置：接通、断开和中间位置。

接通：来自脚制动阀的所有信号均传至控制单元。

中间位置：来自 1 档的脚制动阀信号被断开。2 档、3 档信号传至控制单元。缓速器第 1 档的 2 个电路，即 8 块电磁铁被断开。

断开：脚制动阀没有信号传至控制单元，即辅助制动器完全断电。

3.2.3.4　速度传感器　速度传感器安装在变速器输出轴上，用于检测客车的前进速度，将客车的前进速度传递到控制单元。

3.2.3.5　缓速器电磁线圈　缓速器中的电磁线圈有4对线圈,依次对线圈通电,将产生不同强度的电涡流,对传动轴产生制动转矩。

3.2.3.6　控制单元　控制单元根据手动开关或者脚踏板上微动开关、车速传感器、缓速器开关等信号进行分析比较,然后发出信号接通缓速器哪一个线圈回路,以控制不同的制动强度。

3.2.4　检测

3.2.4.1　检测供电电流和线圈　如果制动动力不匹配的话,尽管控制系统正常,也可能是有一个电路或线圈没有有效的搭铁,或者某处存在断路,或者电阻已失效。应进行如下检查:　**检测**

(1)首先检查定子和转子之间的间隙与规定的数值是否一致。若间隙尺寸不正确,必须调整或维修连接件与轴承。

(2)检查继电器中的接线与保险,以及控制单元和缓速器的接线。

(3)检查并测量电阻,也可检查测量能耗。

3.2.4.2　调整微动开关　对于安装有微动开关的制动阀,需要进行调整,其调整方法如下:

(1)第一级微动开关。

将蜂鸣器或控制灯连接到第一级微动开关的导线上,并将制动踏板压下3°,拧松固定第一级微动开关的两个固定螺钉中的一个。调整是将开关从底部朝上推入到槽内,在该位置时蜂鸣器开始响(控制灯发亮),将螺钉紧固在此位置。重新压制动踏板再一次进行检查。

(2)第二级微动开关。

将蜂鸣器和控制灯连接到第二级微动开关的导线上,并将制动踏板压下6.5°。用与第一级相同的方法调整第二级微动开关。

(3)第三级微动开关。

将蜂鸣器或控制灯连接到第三微动开关的导线上,将制动踏板压下8.5°。调整第三级微动开关。

3.3　液压缓速器

沃尔沃客车采用Voithl33-2型电子液力缓速器装置。液压缓速器固定在变速器上的后端,其工作范围在600~2500r/min之间。当转速达到约1000r/min时,制动效果最佳,可达2500N·m。当转速低于600r/min时,制动效果明显下降。　**液压缓速器**

液力缓速器的接合由一个数字式电子控制单元控制。该单元被手动控制触发后,向气动控制阀供电,并根据电流的大小,连续地产生一定比例的压力。这种缓速器控制系统可根据客车的速度迅速调节制动能力,并且可使客车保持在所希望的速度下匀速行驶,即使在长距离下坡的情况下也是如此。

3.3.1 液压缓速器的结构

液压缓速器的结构

缓速器类似于液力偶合器,如图 5-15 所示,不过叶轮中只有一个能转动(即转子);而另一个固定不动(即定子)。

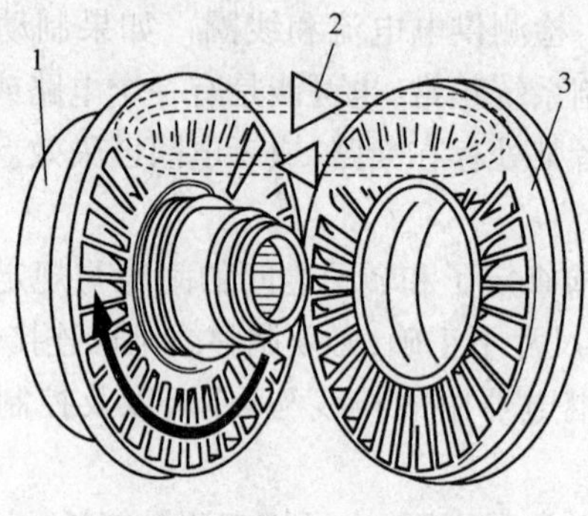

图 5-15 液压缓速器的工作原理

1-转子;2-机油;3-定子

特定转速下的制动转矩大小根据填充转子和定子之间的油量而定。来自控制阀的接合压力作用在被油底壳非回流阀分隔的油底壳部分,从而迫使机油向上进入转子和定子之间的作用空间;接合压力越大,流入的机油越多。转子轴直接接到变速器输出轴,从而将制动转矩传递到传动凸缘盘上。转子轴轴颈由球轴承作为支承。两通阀在缓速器未接合时,通过缓速器壳体内的一根导管控制轴承的润滑。缓速器接合时,阀门将润滑油导管关闭。缓速器制动过程中,机油流回油底壳,油底壳单向阀打开,以保持油底壳两端液面一致。所吸收的制动能量转换为热能,在热交换器中冷却。连接热交换器的导管中的节流垫圈决定缓速器接合时冷却回路中的油量。

3.3.2 控制系统

控制系统

3.3.2.1 组成 液力缓速器由电子控制,缓速器所有档位的接合均由数字式控制单元控制。传感器不间断地监视转速和缓速器的温度,并且和 EDC 及 ABS 控制单元相接。

缓速器制动作用是通过电动 5 档位手动控制杆或者通过制动踏板的微开关(3 档)进行的。缓速器起制动作用时,控制单元向排气控制阀发送一个适当的电流脉冲信号。从而使作用于控制阀的制动作用压力直接与控制单元发送的平均电流强度成比例。

3.3.2.2　功能。

(1)逐档实施制动　手动控制杆依次由2档扳至5档，制动转矩将以下比例增加：25%、50%、75%，最后为100%(5档时)，在以上各档均不能触发巡航控制功能。

缓速器制动加载由制动踏板操作时，通过3个微开关提供25%、50%、75%的最大制动转矩，此时开关的下半部分必须压下触发微开关。

(2)缓速器温度的稳定　缓速器接合时间过久会导致过热。为了防止这种情况发生，缓速器控制单元有一个可以逐步断开缓速器，直到温度稳定在某一设定的限制值以下。

(3)ABS协同工作　在装有制动防抱死系统(ABS)的车辆上，若车轮趋于抱死，ABS控制单元将监测传送到缓速器控制单元的信号，该ABS信号通过接头加至控制单元终端。此时缓速器制动作用暂时降低，直到车轮抱死的危险消除为止。

(4)诊断功能　缓速器控制单元具有诊断功能。可存储故障代码并在功能失效或缓速器温度稳定启动时通过控制灯亮起或闪烁来发出警告。

存储的故障码可通过控制灯的闪烁次数读出，也可以将控制单元的ISO接头接至计算机上，该计算机含有一个特定的接口和故障检查程序。

3.3.2.3　检测。

(1)检查机油液面高度。

①缓速器油温较高时(大于60℃)，应检查机油液面高度。检查时车辆须处于水平状态。机油液面高度是否正确对于缓速器的功能最为重要。缓速器处于冷却状态时不得加注机油。机油加注过量会导致机油溢出。

在使用油尺检查机油液面高度之前：应操纵缓速器制动杆2次，包括全部5个档位，需时约5s。将控制杆扳回至完全松开位置，以便机油液位下降。

②检查液面高度，可使用油尺或拔出缓速器壳体侧面的液面孔塞，液面应处于最小标定值和最大标定值之间(不得旋入油尺)。若有必要，应加注机油，最大标定值的容积差约为1L。通过上端孔塞加注机油时，加注速度不可过快，否则会导致机油流经通气管发生泄漏。

(2)故障诊断。

控制单元具有监测和故障诊断功能，并通过线路与仪表板上的诊断控制灯相连。只要启动位置开关闭合，诊断控制灯就会亮起,但5s后会熄灭。若未熄灭,甚至缓速器控制杆处于0位时也是如此,则说明存在某种功能故障。某些情况下缓速器制动作用仍然有效,但制动能力会有一定程度的降低。更严重的会使缓速器失去制动能力。若控制灯在行驶中闪烁,则说明温度稳定功能生效。产生的功能故障存储在控制单元存储器中,并以闪烁代码的方式寄存。可以通过专用的仪器对故障代码读取。

4 车轮防抱死制动装置ABS

4.1 ABS的构成

ABS的构成

防抱死制动装置又称防抱死制动系统,简称ABS,既是德文anti blockirr svstrm的缩写,也是英文anti blocking system或anti lock brake system的缩写。

防抱死制动装置还有如下的简称:ASB、ALB、ESC、4W-ABS、4WAS、4WAL、RWAL等。ABS可以防止驱动轮滑转,特别是能有效地防止大型客车在加速、转弯等情况,以及在非对称路面上行驶时驱动轮的滑转,以保证大型客车在行驶过程中的安全性和稳定性。

4.2 ABS的特点

ABS的特点

抱死的车轮不能传递侧向转弯力,其结果,会造成客车侧滑或不再有可转向性。如果铰接客车,车轮抱死时,铰接处会对折。ABS防止车轮抱死,当轮胎和路面间能传递的附着力小于需要的附着力时,ABS起作用。

ABS是一反馈系统,根据车轮运动状态,对制动压力进行修正,使车轮运动状态趋于理想化。ABS能全面满足制动过程中大型客车对制动性能的要求,具有以下几个特点:

(1)制动时大型客车的方向稳定性好。

(2)增强驾驶员在大型客车制动过程中控制转向盘,绕开障碍物的能力。

(3)缩短了制动距离(制动距离的大小取决于多种因素,在个别情况下使用ABS制动时,制动距离会长些,但为了保证大型客车有良好的方向稳定性,制动时应使用ABS,如在有松散积雪层的路面上制动时)。

(4)避免轮胎的局部严重磨损。

(5)ABS可以防止驱动轮滑移。

4.3　大型客车 ABS 的基本组成

大型客车 ABS 的基本组成

大型客车 ABS 主要由车轮速度传感器、控制单元和压力控制阀三大部分组成。客车前、后轮均采用单轮控制。由于气体具有可压缩性,压力控制阀要求布置在离制动气室最近的地方。考虑到不增加大型客车的簧下质量,且为了提高压力控制阀的使用寿命,压力控制阀一般装在车架上,而不装在车桥上。控制单元一般置于车身内部。

车轮速度传感器的功能是识别车轮的旋转情况及车轮的动力学状态,并将它变为数据信号送给控制器。

在 ABS 中,车轮速度传感器的作用相当于人的五官。ABS 对传感器的依赖性很大,车轮速度传感器对 ABS 的功能起决定性作用。

压力控制阀是 ABS 的重要部件之一,它是 ABS 的执行机构,根据控制单元的指令实现对制动压力的控制。控制单元是 ABS 的三大部件之一,它判断由传感器传送来的数据信号并向压力控制阀发出控制信号。控制单元简称 ECU,也称电子控制单元。

4.4　轮胎和路面的附着力

除道路表面、气候状态和轮胎型号外,附着系数取决于制动滑动率。自由转动车轮的滑动率为 0%;完全抱死的车轮滑动率是 100%。当滑移率在 5% ~20% 之间时,客车将获得理想的制动效能和良好的转向能力,即获得良好的操纵稳定性。

4.5　客车 ABS 的工作原理

4.5.1　客车 ABS 的逻辑信号

客车 ABS 的工作原理

当制动过急时,电子控制单元 ECU 根据其从车轮速度传感器获得的信号,发现有一个或一个以上车轮抱死的倾向时,会起动压力控制阀,控制 ABS 每个通道的压力减小、保持不变或增大,以使制动相对于车轮运动状态、轮胎和道路间的摩擦条件保持在一个平均的最佳水平上。

ECU 按下列方式进行压力控制阀的起动计算:根据车轮的速度和运动状态,在最佳车轮滑动率的区域内,建立一个略低于大型客车速度的速度参考变量。根据车轮的速度参考变量,产生下面的基本逻辑信号:

减速度;车轮圆周减速度超出了规定的极限值。

加速度;车轮圆周加速度超出了规定的极限值。

负的车轮滑动率极限值;车轮圆周速度低于规定的速度参考变量的极限值。

正的车轮滑动率极限值;车轮圆周速度超出了规定的速度参考变量的极限值。

这些独立的极限值都和其具体车速相适应。这些逻辑信号限定了每个车轮的运动状态,根据这些逻辑信号,ECU 可以决定每个车轮上的制动压力是减小、保持不变或者增大。

除了其具有适应性外,ECU 还具有记忆性的特点,也就是说,随着一个控制循环的进行(例如,由于一个车轮不稳定),最重要的信号都储存在 ECU 中,并被用来优化下一个控制循环。以上两种适应性算法总是处于工作状态,即 ECU 可以对突然的变化立即进行优化反应。

4.5.2 客车 ABS 的控制方法

客车 ABS 的控制方法

客车 ABS 的区别是它有以下几种控制:独立控制、低选择控制、修正的独立控制和智能选择控制。

4.5.2.1 独立控制　当独立控制时,每个车轮的最佳制动压力是由相应的车轮制动缸独立实施的。因此,每个单独控制的车轮需要有其专用的控制通道,即:一个车轮速度传感器和一个压力控制阀。这种独立控制方式可使制动距离最短。然而如果一个桥的左右车轮的附着系数不同(分裂路面)时,制动时独立控制会使大型客车产生绕垂直轴线的横摆力矩,使其难以控制。通常独立控制应用在后桥上。

4.5.2.2 低选控制　低选控制是通过一个单独的压力调节阀成对地控制一个桥上的两个车轮。即每一个低选控制车轮的制动压力是相等的。同桥上的每个车轮上分别装有一个速度传感器,制动压力取决于最先有抱死倾向的车轮的状态。

前桥选用低选控制的一个优点是可以减少横摆和转向力矩,甚至可以减少到零。因此驾驶员的压力较小,即使在分裂路面上紧急制动时,驾驶员也不需要反向的打转向盘。

在分裂路面上制动时,附着系数高的一侧的轮胎和路面间的附着力不能完全被利用,导致其制动距离比独立控制时长。

在相同附着系数的路面上,制动距离同独立控制时没有明显的区别。

低选控制仅能应用在一些特定的 ABS/TCS 中。

4.5.2.3 修正的独立控制　所谓修正的独立控制是为

了实现在分裂路面上的可控制性和比前桥采用低选控制的制动距离短。

修正的独立控制力方式应用在前桥上，和独立控制一样，每个前轮有一个压力控制阀和速度传感器。

起动压力控制阀的特殊的运算法则，只允许左右车轮制动缸的压力差限定在一个规定的范围内。这就使横摆力矩和转向力矩被限定在一定的可提高大型客车可控制性的水平。

附着系数高的一侧车轮的缓速性能比低选控制时高，又比独立控制时低，这种控制方法同独立控制相比，反向转向要求的转向轮的转向角急剧减小，而制动距离只是略有增加。如果左右两侧附着系数相同，控制时修正功能就不起作用，转向桥的控制实际上是独立控制，制动距离也不增加。

4.5.2.4　智能选择控制　相当数量的ABS在一个桥只装备一个单独的压力控制阀，即作用在该桥上的每个车轮的制动压力是相等的。

纯粹的低选控制会导致制动距离过长，智能选择控制即是用来缩短制动距离的。

智能选择控制是低选控制和高选控制的有机结合。

低选时，制动压力根据附着系数较低一侧的车轮的运动状态而确定；高选时，制动压力根据附着系数较高一侧的车轮的运动状态而确定。高选时，附着系数较低一侧的车轮通常会抱死。

为充分利用各种附着情况，在ABS起作用时，智能选择控制根据附着情况和车轮运动状态作出判断，选择应用哪一种控制方式。

在附着系数相同的路面上制动时，制动控制趋向低选控制；同样在分裂路面上制动时，如果低附着力一侧的附着系数值相对较高时，也趋向低选控制。

在分裂路面上制动时，如果低附着力一侧的附着系数值相对较低时，趋向高选控制。

因为高选控制通常伴随着附着系数较低一侧的车轮抱死，所以在较高的附着系数路面制动时，不选高选控制以使轮胎的磨损量小。

4.5.3　ABS控制循环的工作过程

图5-16概述了ABS控制循环的工作原理，包括车轮最主要的变量：车轮制动力、车轮加速度、制动压力及车轮速度。参考速度是根据客车全部车轮的速度估算得出的。

当制动力增加时，车轮的制动作用随之增强。

在1点，车轮制动后所达到的速度，对整个客车来说达不到这一速度水平，在该点上，参考速度与车轮速度大体相近，此后车轮速度降低得更快些。

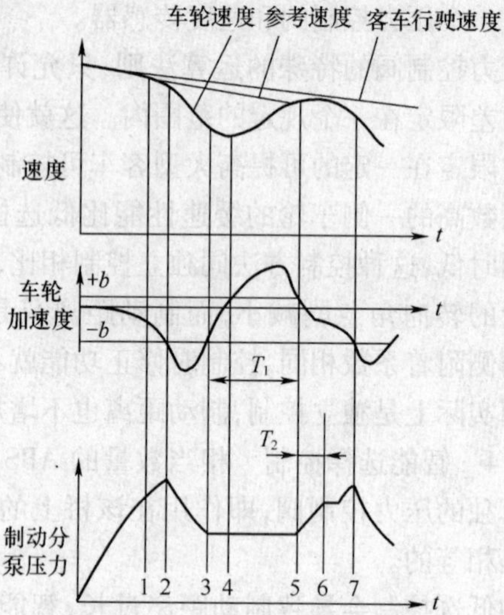

图5-16 ABS控制循环的工作过程

在2点，车轮加速度位于制动临界点 $-b$ 以下，进入到 μ—λ 曲线图中不稳定区域(滑移率数值过高)。此时，尽管制动力矩增加，但只能提高车轮的制动作用，而不能增加整车的制动效能。这就是制动压力迅速下降以至于车轮制动作用降低的原因。车轮的制动程度会在制动系惯量作用下稍有增加而后下降。

在3点，制动作用下降后，车轮加速度又位于临界 $-b$ 以上，这时制动压力将在一段时间间隔 T_1 内保持一稳定的水平。

在4点，T_1 区间内车轮正常的加速度超过加速度临车轮界点 $+b$，如果未达到加速度的临界点，制动压力将进一步降低。

在5点，加速度值位于临界点以下，制动压力一段时间间隔 T_2 迅速增加，并且加速了控制循环。对于第一个控制循环时间 T_2 是预先设置的，而对于其后的每个控制循环 T_2 是经计算得到的。

制动压力在首次迅速增加之后(在5点)，在压力保持和压力增加(在6点)脉冲的作用下，制动力逐渐增加。脉冲将持续作用，直至制动加速达到位于7点处的极限值($-b$)。然后制动压力又开始下降，新的一个控制循环开始。

图5-16所示的控制曲线适用于摩擦系数高的路面。对

于不同的摩擦系数，控制曲线的形状将有所区别。

车轮加速临界值以及车轮制动力都不是固定的，而是由一些变量决定的。控制循环的次数可达到3~5次/s。

4.5.4　缓速制动系统控制

当轮胎和路面之间的附着力很低时，缓速器的应用导致驱动轮的滑动率很高，这对大型客车的稳定性将产生不利影响。为避免此不利影响，一旦ECU发现一个或一个以上车轮有抱死趋势时，或一个后轮滑动率过高时，ABS会关闭缓速器。也就是说：如果只有缓速器起作用，滑动率是由缓速器的起动和关闭来控制的。如果缓速器和行车制动系统同时起作用，当ABS起作用时缓速器被关闭。

4.5.5　大型运输车辆ABS的主要部件

ABS的主要部件

4.5.5.1　车轮速度传感器　防抱死制动系统一般采用磁感应式速度传感器。传感器固定于每一个车轮旁。在车轮轮毂上安装有极轮，其旋转速度与车轮速度相同。脉冲传感器的安装位置与极轮齿轮相对，旋转的极轮产生交变电流，并使传感器感应得到与车轮速度成比例的某一频率。

每个车轮速度传感器都有一个永久磁铁和一个线圈，如图5-17所示。若改变磁阻（如空气间隙）的大小，则磁通量随之变化。磁路通过的感应线圈，当磁通量发生突变时，感应出一定幅度的脉冲电势。该脉冲电势的频率等于磁阻的变化频率。为了使空气间隙变化，脉冲环随制动盘（鼓式制动器的脉冲环安装在轮毂上）一起转动，而永久磁铁和线圈安装在车轴壳上，不随车轮转动，脉冲环一般用导磁率、导电率均比较高的铁质材料制成。当车轮转动时，脉冲环也跟随转动，脉

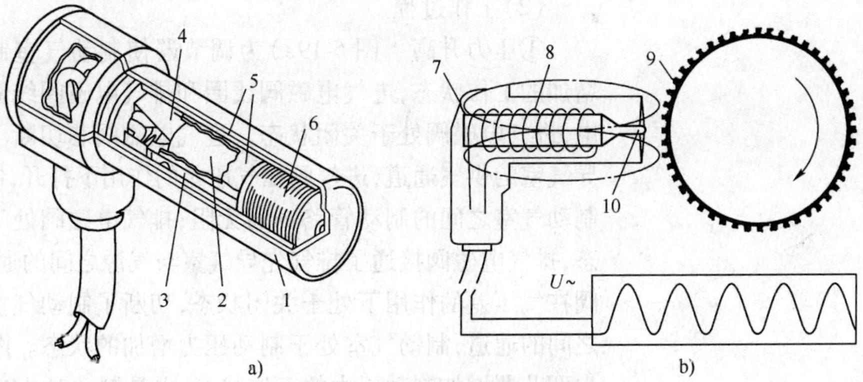

图5-17　车轮速度传感器的结构及安装

a)构造；b)工作原理

1-金属套；2-磁铁；3-导线杆；4-延伸器；5-绝缘体；6、8-线圈；7-磁芯；9-齿形转子；10-磁极尖

冲环上的齿轮间隙交替通过永久磁铁的磁场,从而不断改变磁路的磁场,使线圈中的磁通量发生变化,在线圈中产生一个脉冲电动势,其频率与车轮转速成正比。

4.5.5.2　压力控制阀。

(1)构造　客车 ABS 压力控制阀,一般采用 Bosch 公司生产的气压式控制阀,固定在制动分泵的支架上。当车轮有抱死趋势时,控制阀可调节制动压力。

ABS 压力控制阀主要由阀体、进气阀(膜片、弹簧、阀座、阀盖)、排气阀(膜片、弹簧、阀座、阀盖)、进气电磁阀(常闭)和排气电磁阀(常开)等所组成。它与制动阀和制动气室的关系如图 5-18 所示。一般将它安装在距制动气室较近的制动管路中。从图 5-18 中可以看到压缩空气的流动路线。

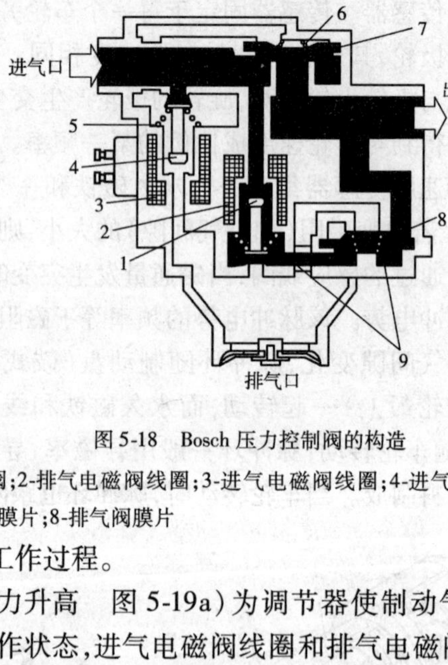

图 5-18　Bosch 压力控制阀的构造

1-排气电磁阀;2-排气电磁阀线圈;3-进气电磁阀线圈;4-进气电磁阀;5、6、9-弹簧;7-进气阀膜片;8-排气阀膜片

(2)工作过程。

①压力升高　图 5-19a)为调节器使制动气室制动压力增加的工作状态,进气电磁阀线圈和排气电磁阀线圈均不通电,进气电磁阀处于关闭状态。进气电磁阀芯切断了进气先导气室的供气通道,进气阀在气压差的作用下打开,制动阀到制动气室之间的制动管路畅通无阻;排气电磁阀处于开启状态,排气电磁阀接通了排气先导气室与气源之间的通道,排气阀在气压差的作用下处于关闭状态,切断了制动气室到大气之间的通道,制动气室处于制动压力增加的状态。图 5-19a)中调节器增加制动压力的工作状态,也是制动时 ABS 不工作的工作状态。当 ABS 电器出现故障时,保证调节器的工作状态恢复到图 5-19a)所示的状态。

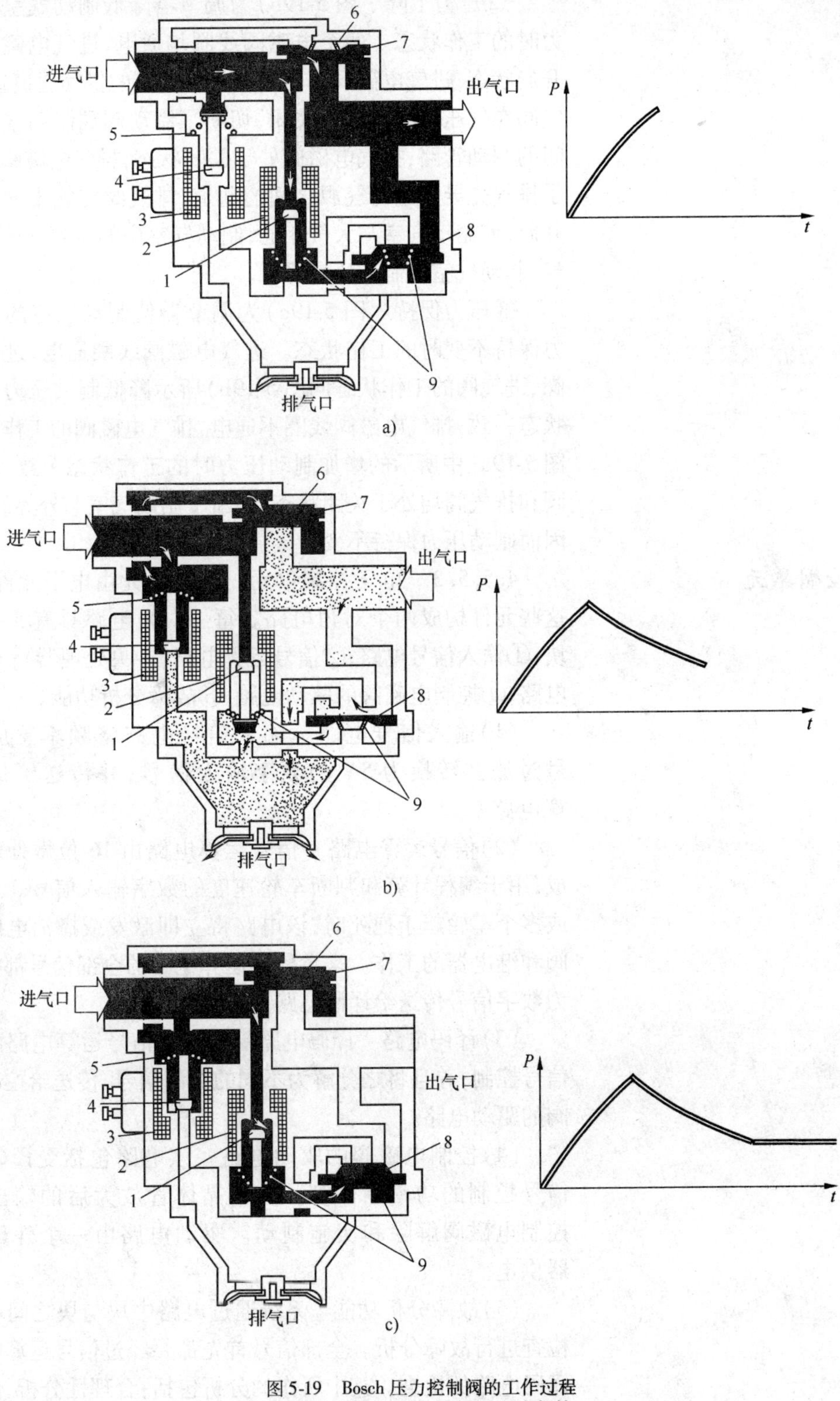

图 5-19 Bosch 压力控制阀的工作过程

a)压力升高;b)压力下降;c)压力保持

1-排气电磁阀;2-排气电磁阀线圈;3-进气电磁阀线圈;4-进气电磁阀;5、6、9-弹簧;7-进气阀膜片;8-排气阀膜片

②压力下降　图5-19b）为调节器降低制动气室制动压力时的工作状态。两个电磁阀线圈均通电，进气电磁阀处于开启状态，进气电磁阀芯使进气先导气室的供气通道畅通，进气阀在气压差的作用下关闭，切断了制动阀到制动气室外之间的制动管路；排气电磁阀处于关闭状态，排气电磁阀芯切断了排气先导气室与气源之间的通道，排气阀在气压的作用下开启，使制动气室与大气相通，制动气室中的压缩气体排到大气，制动气室的制动压力降低。

③压力保持　图5-19c）为调节器使制动气室的制动压力保持不变时的工作状态。进气电磁阀线圈通电，进气电磁阀、进气阀的工作状态同图5-19b）所示降低制动压力时工作状态一致；排气电磁阀线圈不通电，排气电磁阀的工作状态同图5-19a）中所示的增加制动压力时的工作状态一致，即进气阀和排气阀均处于关闭状态，切断了制动气室与外界的联络，因而制动压力保持不变。

电子控制单元

4.5.5.3　电子控制单元　控制单元由电子元件组成。这些元件构成两个对角电路。每一对角电路具有5个功能块：①输入信号电路；②信号运算电路（中央处理器）；③译码电路；④控制电磁阀的驱动电路；⑤故障分析功能。

（1）输入信号电路　输入信号电路将频率感应器信号过滤并转换为5V的数字输入信号，并传送给信号运算电路。

（2）信号运算电路　信号运算电路由16位微处理器组成，用于编程计算和判断车轮速度的数字输入信号。当一个或多个车轮趋于抱死时，该电路将立即激发或撤消电磁控制阀和继电器的工作。来自信号运算电路的全部信号都将转换为数字信号传送给译码电路。

（3）译码电路　译码电路受来自于信号运算电路的数字信号控制，并且将之分解为不同的控制信号，传送给控制电磁阀的驱动电路。

（4）控制电磁阀的驱动电路　该电路包括受译码输入信号控制的功率晶体管。功率晶体管放大后的输出信号控制电磁阀解除和实施制动。驱动电路由一个外部继电器供电。

（5）故障分析功能　系统通过电路中块与块之间不同的检查进行故障分析。全部信号首先都要经过信号运算电路和译码电路的检查。其中所作的分析包括：合理性分析、信号运算分析、信号时间分析、RAM/ROM检查、阻抗检查、EEPROM

检查、电磁控制阀供电检查等。

故障被记录和存储在 EEPROM 储存器内，通过故障代码可将其读出。

4.5.6　ABS 的检修

ABS 检修的一般步骤如图 5-20 所示。

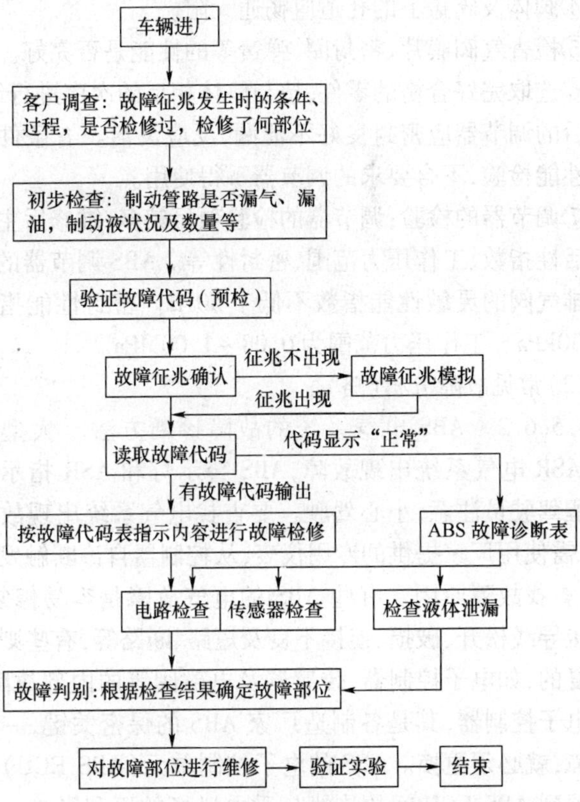

图 5-20　ABS 系统故障检测与诊断的一般程序

4.5.6.1　调节器的检修　ABS 调节器是使用了先导电磁阀的截止阀。先导电磁阀响应频率高，加工精度要求高，一旦损坏，应更换其总成。先导电磁阀的作用是控制先导气体的流向，从而调控制动气室外的压力。先导电磁阀的动力源是大型客车电源。先导电磁阀是二位三通式（通气源、先导气室外及大气）电磁阀，一种位置是保证先导气室（气阀膜片与阀盖之间的空间）与气源相通，一种位置是保证先导气室外与大气相通。　**ABS 调节器**

（1）维修作业。

气压调节器的维修作业包括：解体、清洗、检验零件的磨损和损坏情况以及装配等。维修时特别要注意的是不要将清洗剂弄到电磁阀上。

①用六方扳手松开紧固螺钉即可解体,解体后,使用无机酸类或等效溶液将需要重复使用的零件洗净后,再吹干。

②检查全部可使用零件的内、外表面是否有腐蚀、锈蚀及裂纹。

③检查孔道是否有严重的损坏及磨损。

④阀体及阀盖上的孔道应畅通无阻。

⑤检查气阀膜片、密封圈、弹簧等的性能是否完好。

⑥选取完好合格的零件,按与解体相反的次序进行组装。组装后的调节器应密封良好不泄漏,反应灵活。有条件的应进行性能检验,不合要求的调节器不得使用。

⑦调节器的检验:调节器的检验项目较多,维修后主要检验灵活性指数、工作压力范围、密封性等。ABS 调节器的进气阀和排气阀的灵敏性能指数不低于 50Hz。密封性能指数不大于 30kPa。工作压力范围为 0.08 ~ 1.00MPa。

(2)常见故障分析(略)。

ABS 电气系统的故障诊断方法

4.5.6.2 ABS 电气系统的故障诊断方法 大型客车 ABS/ASR 电气系统出现故障,ABS 警示灯和 ASR 指示灯均会提醒驾驶员注意,小心驾驶。要查找电气系统出现故障的原因,需使用厂家提供的专用仪表,从控制器自诊断触发线处插接,查找故障原因。有些 ABS 的电气故障是容易修复的,如连接导线松开、破损、连接不良及短路、断路等,有些则是难于修复的,如电子控制器、传感器及电磁阀等的内部故障,特别是电子控制器,其是各制造厂家 ABS 的保密关键,一旦出现故障,就必须更换。ABS 的电子控制单元(ABS ECU)以及传感器到 ABS ECU 间的连线易受电磁场的不利影响。一旦 ABS 受到电磁场的干扰,其工作便会失常。因此在设计 ABS 时,均设计有一定的抗电磁干扰的能力,但是在强电磁场区域,ABS 仍会受到电磁场的干扰,电磁场会使 ABS 失常。因此为防止 ABS 工作紊乱,在强电磁场区域最好脱开 ABS。

人工寻找 ABS/ASR 电气系统故障原因的方法如下:

(1)蓄电池电压检查。

检查蓄电池电压是否符合技术要求。

(2)线路检查。

断开点火开关,查找线路是否符合技术要求,可用电阻表进行检查。电缆不得有破损,特别是传感器电缆,其绝缘电阻应符合要求。电缆连接要可靠、不松动;电缆插头不得破裂、插接牢靠、不松动。

(3)ABS 传感器检查。

①ABS传感器圈电阻值为800～1500Ω。可将传感器电缆从插座处分开,用电阻表检查。如发现线圈有短路或断路,就应更换。

②传感器输出电压检查。让车轮以60r/min的转速运转,传感器输出的交流电压应不低于0.15V。检查时,断开点火开关,将大型客车顶起,用手转动车轮,将传感器电缆从插座处分开,用电压表进行测量。车轮转速应均匀,输出交流电压应无大的变化。否则表明传感器与脉冲环的间隙有变化,如车轮轴承松旷、车轮发摆等均会出现上述现象。

传感器输出交流电压应随转速的增加而增高,否则,应更换传感器。

(4)调节器检查。

①泄漏检查　如发现调节器有泄漏,就应排除故障。如果泄漏是因零件破损所引起,就应更换。

②电磁阀线圈阻值检查　电磁阀线圈电阻值约为几欧,可用电阻表进行检查。

③电磁阀功能检查　将车顶起,支撑牢靠。将调节器的电缆线从调节器插座上断开;闭合点火开关,踏下制动踏板,车轮不能转动,让电磁阀通电,应能听到排气声,且车轮可转动;让电磁阀不通电,然后松开制动踏板,车轮可转动。

ABS工况检查

4.5.6.3　ABS工况检查　闭合点火开关,ABS警示灯应亮,当车速超过5km/h时,警示灯熄灭,表明ABS电气系统技术状态正常。当车速超过6km/h时,ABS进入准备工作状态,此时踩下制动踏板,如果车轮有抱死滑移趋势,ABS进入工作状态,可听到调节器的排气声;如果车速降至6km/h以下,ABS就退出控制状态,此时车轮就会抱死滑移。

4.5.6.4　故障码的读取与清除　ABS系统能满足最高的安全性和可靠性要求。在大型客车起步之前,控制器先自检;而且,整个ABS受到监控,一旦发生故障,ABS即完全或部分停止工作(取决于故障的类型),警示灯亮。此时行车制动系统仍发挥常规功能。

除安全监控系统外,ABS控制元件的自我诊断机构还能迅速、可靠地显示故障。当ABS控制元件识别出某个故障时,其代码就被储存起来。以后如在车间维修时,这个代码还可以调出,采用这种方法甚至连插接件接触松动这种微小故障也能迅速排除。具体的故障码读取方法和操作步骤因车型和检测仪器的不同而有较大的区别,可参考各车型的维修手册,这里不在叙述。

金龙牌XMQ6120型豪华客车的ABS/ASR的故障代码及释译见表5-1，存储在控制器里的故障码一定要清除，断开起动器开关期间，诊断按钮检查灯不在展现ABS/ASR配置资料和故障码，表明故障码已清除，方可闭合起动器开关。

金龙牌XMQ6120型豪华客车的ABS/ASR的故障代码及释译 表5-1

代码数	释译	代码数	释译
1	ABS/ASR系统无故障	10	前调节器故障
2	控制器内部故障	11	调节器故障
3	前轮速度传感器故障（短或断路、空气间隙大）	13	调节器继电器故障
4	后轮速度传感器故障（短或断路、空气间隙大）	14	ASR电磁阀故障
6	前轮传感器故障（短或断路）	15	伺服电机故障
7	后轮传感器故障（短或断路）	18	车轮不平衡
9	电源电压低		

5 制动系的故障诊断与检修

5.1 制动器与制动驱动机构的故障诊断

制动系的故障诊断与检修

汽车制动效果的好坏，主要取决于制动蹄作用在制动鼓上的制动力矩和车轮对路面的附着条件。维修的任务主要是恢复车辆原有的制动力矩数值，也就是保证制动蹄和制动鼓之间有足够的摩擦力。

汽车在使用过程中，由于技术状况的变化，会使制动蹄作用于制动鼓的正压力及摩擦系数减小，使制动距离增加，甚至出现制动失灵、跑偏等故障。

5.1.1 制动不良或失灵

这种故障是由于制动力矩不足引起的，而影响制动力矩不足的因素有制动蹄对制动鼓的正压力及它们之间的摩擦系数。

影响正压力的因素有：

5.1.1.1 气压不足。

(1)属于空气压缩机方面的原因有滤清器过脏而堵塞，进、排气阀门磨损、划伤而密封不严，活塞与缸壁配合间隙过大,活塞环严重磨损、缸盖与缸体间密封不严而漏气。

(2)属于压力调节器及安全阀方面的原因有压力调节器及安全阀开启过早或卡住,使储气筒充气压力不足。

(3)属于制动阀方面的原因有排气阀密封不严,活塞密封圈密封不良或膜片破裂而漏气。

(4)制动气室膜片损坏或活塞密封圈漏气。

5.1.1.2　气液综合式制动驱动机构中液压系统有空气,使油压降低,制动效能减弱。若大量空气侵入系统时,将使制动完全失效。油气加力器及制动轮缸活塞与油缸磨损或密封元件密封不严而漏油。

此外,若制动器温度过高,液压系统产生“气阻现象”而引起制动不良,严重时会使制动完全失效。使用不符合规格的制动液也会引起制动不良。

5.1.1.3　属于制动器方面的原因有凸轮轴卡住而运转不良,制动蹄与制动鼓之间的间隙过大。

影响摩擦系数的因素有:

(1)蹄与鼓之间有油质,如轮毂、轮边减速器油封漏油或由于装配不慎带入油质等。

(2)摩擦片靠合面积过小或制动鼓失圆,使局部单位压力过大,导致摩擦片过热、烧蚀而变质。

(3)摩擦片磨损严重,使铆钉外露。

制动不良或失灵,应根据路试的实际情况判定其产生的主要原因,或个别车轮制动不良,其所产生的原因是有区别的,应根据具体情况,进行具体分析。

5.1.2　制动时跑偏

制动时跑偏

制动时跑偏是由于同一车桥,左、右车轮制动力矩不均衡而引起的。制动时,汽车向制动力矩大的一侧车轮跑偏。制动时跑偏,说明某一侧车轮制动器或制动气室有故障,其原因与制动不良是一样的。此外,如左,右车轮制动器摩擦片型号、质量不一致及摩擦片磨损不均匀也引起制动跑偏。

5.1.3　制动器发咬及温度过高

制动器发咬及温度过高

这种故障的现象是当松开制动踏板后,不能立即解除制动,使汽车无法起步或继续行驶,如勉强行驶,制动器发热。

制动器发咬的主要原因有:

(1)蹄与鼓之间的间隙过小,不能保证蹄和鼓彻底分离。

(2)制动蹄复位弹簧弹力不足或断裂,凸轮轴、制动蹄支承销与衬套装配过紧、润滑不良或锈蚀。

(3)制动阀或快放阀工作不正常,使排气缓慢或排气不彻底。

(4)气液综合式制动驱动机构中液压系统有故障:

①液压系统管路中有异物而堵塞,系统中存在残余压力,使制动器分离不彻底。

②制动轮缸活塞自动回位机构因紧固片破裂或与紧固轴配合过松而失效。

此外,盘式制动器摩擦片变形,固定盘或转动盘花键齿卡住,分离不彻底,也引起制动器发咬。

5.2 制动系的检修

5.2.1 空气干燥器的检修

制动系的检修

5.2.1.1 检查干燥功能　检修储气罐时,排空罐内空气,若发现罐内有凝结物聚集,则表明应更换干燥剂。通常干燥剂每隔一年更换一次,但是在一定行驶条件下此间隔有必要缩短。对于长途运输客车,应该在冬季之前及时更换干燥剂。空气消耗少时,水沉淀物会在系统内长时间存留。

5.2.1.2 检查空气筒切换功能　当客车供气开关在位置驱动位置时,检查回路上的电磁阀。借助于万用表或相应的仪表,测量电磁阀在至少 2min 期间的功率消耗。在约 1min 间隔时,功率消耗应该在 0 或 0.4A(线圈电阻约为 70Ω)之间变化,切换听起来像“咔嗒声”。如果消耗相同,电磁切换功能就有故障,需要更换电磁阀。

5.2.1.3 检查反馈流量(吹净)　如果反馈空气流量过大,需用空气流量计进行测量,其步骤如下:

(1)湿储气罐排放最大压力为 0.7MPa,将压力表连接到湿储气罐测试接头上。

(2)将空气流量计连接在空气干燥器排气管上,为了精确测量,空气流量计应直立安装。

(3)起动发动机,怠速运转,观察压力表与空气流量计的读数。

5.2.2 压力调节器的检修

压力调节器的检修

5.2.2.1 调节器关闭时的泄漏检查　把压力调节器安装在专用试验台上,对压力调节器施加 0.7MPa 的压力,此时调节器应处于关闭状态。1min 后,读取压力降,压力降不能超过 0.01MPa,否则应检修或更换压力调节器。

5.2.2.2 调节器打开时的泄漏检查　把压力调节器安装在专用试验台上,对压力调节器施加 1.2MPa 的压力,此时调节器应开启,但关闭所有供气路,观察 1min 后压力表的压力降，不能超过0.1MPa。

5.2.2.3　检查压力调节器断开压力　把湿储气缸压力降低到约为1.0MPa。起动发动机使其以低怠速运转。当指针停止上升时读取压力值。当空气干燥器排气阀打开时会听到“嗞嗞”声，此时的压力为断开压力，一般为1.18～1.22MPa。

5.2.2.4　检查压力调节器接通压力　反复轻踩制动踏板以降低制动回路储气罐压力。同时让一助手用手去感觉空气干燥器排气阀。当空气停止从空气干燥器流出并且指针开始上升时读取压力值，此时的压力即为接通压力。接通压力比断开压力低0.11～0.16MPa。由于空气干燥器有吹净功能，在升压期间少量空气也会从空气干燥器流出。

5.2.2.5　调整压力调节器　调节器压力范围由制造厂设定且不能调整。不正确的断开压力按以下所述来调整。不过接通压力不正确只能解体修理或更换调节器。

(1)拆下保护罩，拧松调整器螺栓的锁止螺母。

(2)调整断开压力。反时针转动调整螺钉，压力值升高，顺时针转动调整螺钉，压力值降低。螺钉转动一圈，压力约改变100MPa。

(3)拧紧锁止螺母并检查断开压力设定值。必要时再调整，装上保护罩。

5.2.3　制动控制阀的检修

5.2.3.1　检查制动控制阀前后制动回路间的压力分配，前后制动回路之间的压力差绝不能超过0.025MPa。后制动回路为初级回路，因而施行轻微制动略有优先，如果回路压力相差过大，可能是由于继动阀功能故障引起的。

5.2.3.2　调整制动踏板限位螺钉　制动踏板限位螺钉调整方法如下：

(1)从制动踏板上撬下橡胶垫。

(2)拧松限位螺栓得到制动踏板间隙，接着将螺栓调整到踏板间隙为零位。

(3)松开后限位螺栓，将制动踏板压下16mm，调整螺栓，以使制动踏板在压下位置时，后限位螺栓刚刚触到踏板。

思考与练习

一、简答题

1. 简述大型运输车辆制动系的结构特点和布置方式。

2. 为什么钳盘式制动器越来越多地应用在大型客车制动系统上?

3. 大型运输车辆制动系中,气路系统由哪些零件组成?

4. 简述制动控制阀的工作原理。

5. 怎样检修气路系统中压力调节器。

6. 缓速制动常用哪些方法?各有何作用?

7. ABS是怎样改善大型客车制动性能的?

8. ABS在大型客车制动系中是如何布置的?

9. 大型客车ABS警示灯报警时,怎样检修ABS?

二、选择题

1. 电磁缓速器一般只对(　　)产生缓速制动作用。

A. 前轮　　B. 前后轮

C. 后轮　　D. 转向轮

2. 四回路保护阀将气流分配到制动系统的4个回路,分别是:前制动回路、后制动回路、附加装置和(　　)。

A. 空压机　　B. 驻车制动回路

C. 液压回路　　D. 车门控制回路

3. 完全抱死的车轮的滑动率是(　　)。

A. 0%　　B. 50%

C. 75%　　D. 100%

4. 大型运输车辆行车制动一般采用(　　)制动系统。

A. 气压双回路　　B. 气压单回路

C. 液压单回路　　D. 液压双回路

三、判断题

1. 当滑移率在100%时,可获得良好的操纵稳定性。(　　)

2. 盘式制动器摩擦块容易更换,维修作业较简单。(　　)

3. 制动控制阀可保证作用在制动器上的力与制动踏板行程成反比。(　　)

4. 防抱死制动系统一般采用磁感应式速度传感器。(　　)

5. 压缩空气干燥器可使进入主储气罐的压缩空气是干燥的,防止气路元件被腐蚀和管路结冰现象。(　　)

单元六　大型自卸车辆举升系统的构造与维修

学习目标

知识目标

1. 叙述大型自卸车辆举升系统主要总成的构造与工作原理；

2. 叙述大型自卸车辆举升系统的常见故障诊断与排除方法；

3. 叙述大型自卸车辆举升系统的维护。

能力目标

1. 会分析大型自卸车辆举升系统主要总成的构造；

2. 会做大型自卸车辆举升系统的维护；

3. 能解决大型自卸车辆举升系统常见故障的排除。

1　大型自卸车辆举升系统主要总成的构造与工作原理

1.1　举升系统的组成与工作原理

举升系统的组成与工作原理

举升系统的功用是举起车厢倾卸货物，而车厢的下降是依靠车厢的质量。目前，在大型自卸车辆上，广泛采用液压举升系统，举升系统一般由举升油泵、举升缸、举升油箱、操纵与控制阀、油的管路等组成。

举升系统多采用浮柱式举升缸，倒置在车架两外侧，或下置在车架内侧，有大部分是采用双向作用式多级举升缸，虽然结构较复杂，但能缩短降落时间。举升系统多数采用齿轮油泵，这种油泵加工简单，而且流量较大，少数用柱塞式或叶片式举升油泵。图 6-1 为一大型自卸车辆自卸系统结构图。

举升系统的工作原理如图 6-2 所示。该液压系统为常流式转向-举升联合系统。在双联齿轮泵的作用下，油液从油箱底部经粗滤器被吸入到双联泵的大、小齿轮泵进油口，大、小齿轮泵的出油口经高压油管分别与举升控制阀和分配阀相通，在分流阀的作用下始终保持约 100L/min 流量的油经转向

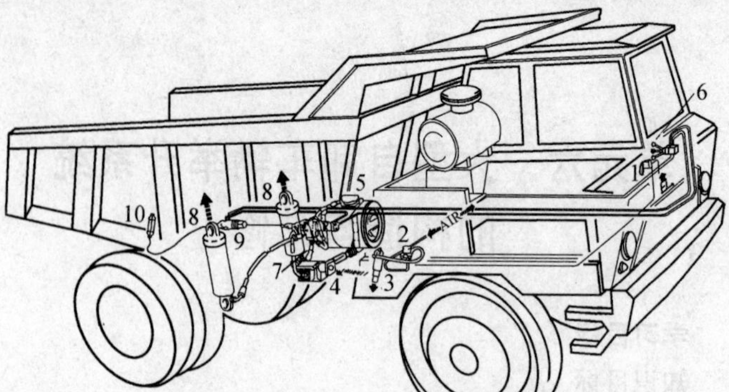

图6-1 大型自卸车辆举升系统的组成

1-电控气动阀操纵手柄;2-接通取力器的电磁阀;3-接通取力器的气缸;4-油泵;5-油箱;6-分配阀的气力控制阀;7-分配阀;8-举升缸;9-货厢限位阀;10-货厢限位阀开关

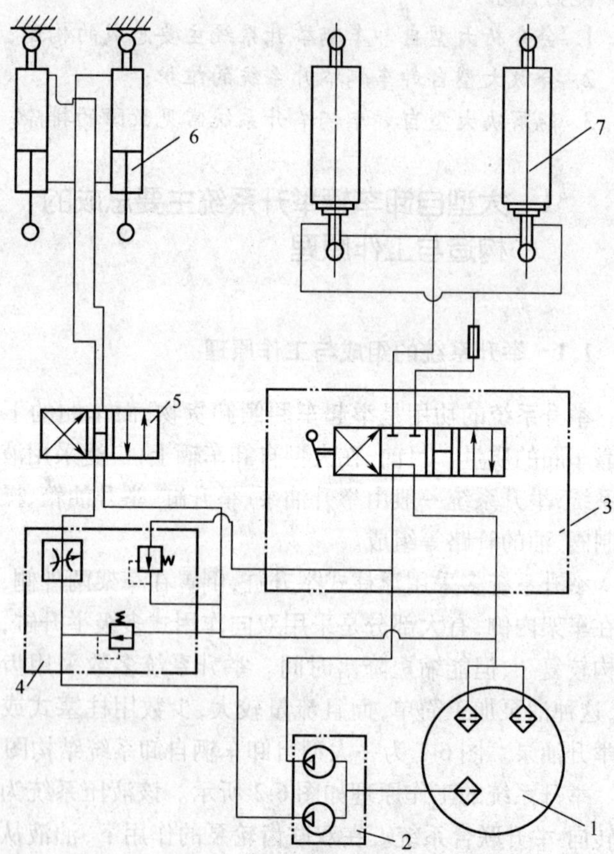

图6-2 液压举升系统原理图

1-油箱;2-双联齿轮泵;3-举升控制阀及举升安全阀;4-分流阀及转向安全阀;5-分配阀;6-转向缸;7-举升缸

分配阀，供给转向液压缸，从而实现车辆的液压动力转向。流经分流阀的另一部分油以及大齿轮泵压出的液压油经举升控制阀后，直接返回油箱，当举升车厢时，油液经举升控制阀后供给举升缸，实现车厢的举升，这时仍可进行动力转向。为了防止系统过载，在分流阀和举升控制阀中，都装有安全阀，其限定压力为 11.71MPa。最后油液经回油滤清器回到油箱。这种装有分流阀的常流式联合液压系统，具有结构简单、元件少、油泵负荷小、寿命长、漏损小、消耗功率小以及传动容易等优点。

1.2 举升系统的主要总成

1.2.1 举升油泵

举升油泵是将发动机的机械能转换成油液压力能的转换装置。它为车厢举升提供液压能。

目前，举升油泵有齿轮泵、柱塞泵和叶片泵等多种形式，其中齿轮泵应用最广。大型自卸车辆上举升齿轮式油泵，其构造如图 6-3 所示。

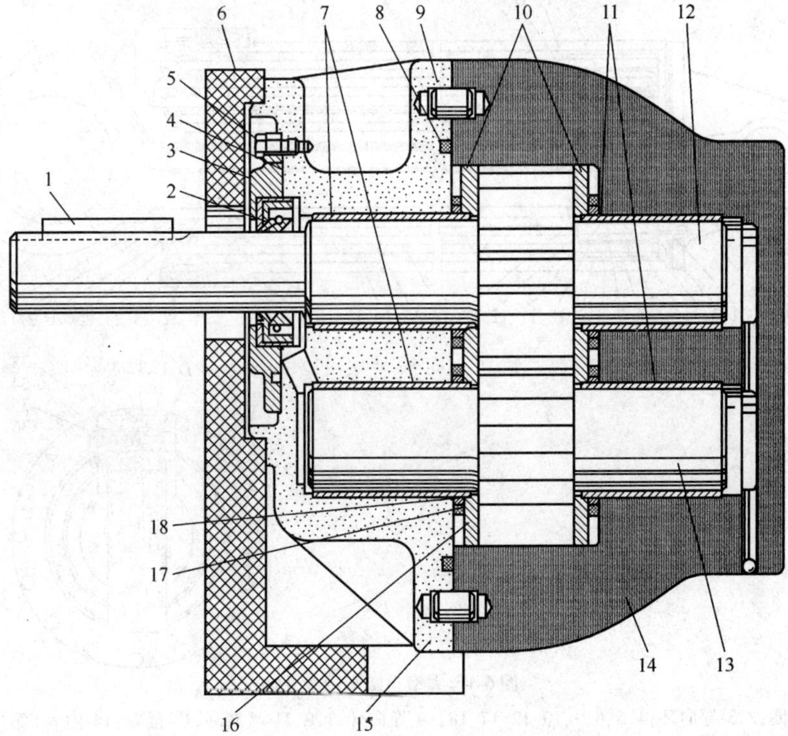

图 6-3 大型自卸车辆齿轮举升泵

1-键；2-密封；3-密封保持架；4、8、17-O 环形；5-螺钉；6-安装托架；7-凸缘轴承；9-销钉；10-压力盘；11-轴承体；12-驱动齿轮；13-怠轮；14-泵体；15-凸缘；16-环保持架；18-辅助环

举升缸

1.2.2 举升缸

举升缸是一种液动机。从油泵经液压操纵箱来的液压油通过举升缸的作用将油液的压力能变为机械能使货厢举升。

大型自卸车辆举升缸的构造如图6-4所示。举升缸是三级、双作用、伸缩式油缸，安装时是倒置的，即活塞杆不动，而缸筒伸缩。缸筒是由无缝钢管制成，其伸缩滑行的外表面经镀铬磨光，光洁度要求很高。下部杆头上有两个油管接头，由中心管隔开，使一个管接头通活塞上腔，另一个通活塞下腔，上腔进油，下腔回油则缸筒伸长，反之则缩短，当缸筒接近完全伸长时，活塞下部回油孔被遮盖。留在上部未能排出的油，形成一个软垫可以起缓冲作用。

举升控制阀

1.2.3 举升控制阀

大型自卸车辆举升控制阀如图6-5所示。

该阀装在油箱顶部，靠近油泵和举升缸，以便简化和缩短管路的连接，减少压力损失。

该阀为普通四位四通滑阀式操纵阀，只是另装有单向阀、安全阀、定位元件等。4个位置是：保持、举升、浮动和下降。

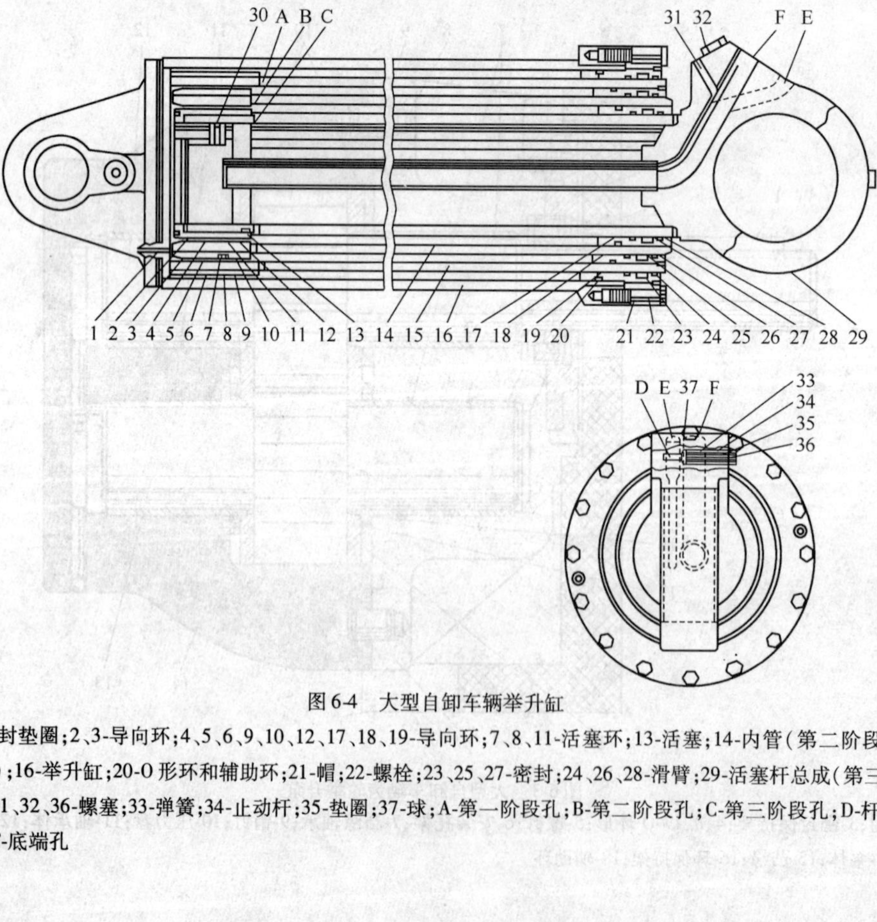

图6-4 大型自卸车辆举升缸

1-螺栓和密封垫圈；2、3-导向环；4、5、6、9、10、12、17、18、19-导向环；7、8、11-活塞环；13-活塞；14-内管（第二阶段）；15-外管（第一阶段）；16-举升缸；20-O形环和辅助环；21-帽；22-螺栓；23、25、27-密封；24、26、28-滑臂；29-活塞杆总成（第三阶段）；30-调整螺钉；31、32、36-螺塞；33-弹簧；34-止动杆；35-垫圈；37-球；A-第一阶段孔；B-第二阶段孔；C-第三阶段孔；D-杆端安全孔；E-杆端孔；F-底端孔保持位置:即举升操纵阀的中间位置。在解除对主滑阀的任何操纵后,借助于定心弹簧就使主滑阀保持在这个位置上。此时阀内的油路使油泵来的油全部流回油箱,而举升缸的进回油口完全封闭,使货厢保持已经取得的任一位置上。

举升位置:当主滑阀往右移动一位置时,阀内的油路使油泵来的油推开单向阀经阀上的举升出油口而进入举升缸的举升腔,而举升缸的下降腔经阀上的回油口与油箱相通,从而实现举升动作。

浮动位置:当主滑阀往左移动一位置时,阀内的油路将使阀上的油泵来油口、回油箱口与举升缸的出回油口均相通。这时货厢可依靠其质量下降,在货厢降落后,使举升操纵阀处在浮动位置上,以避免行驶中或装载时使举升缸及其支承件过载。

下降位置:当主滑阀再往左移动一位置时,阀内的油路使油泵来的油进入举升缸的压力下降腔,而举升缸的举升腔经阀与油箱相通,以实现货厢的压力下降动作。

举升控制阀主滑阀的一端用杠杆与气压缸的活塞杆相连,操纵驾驶室内气压缸的手阀,可使举升控制阀处于其中一个位置,实现了简单方便的远距离操纵。

1.2.4　举升系统液压分配阀

大型自卸车辆液压分配阀的构造如图6-6所示,它是一种三位三通阀。

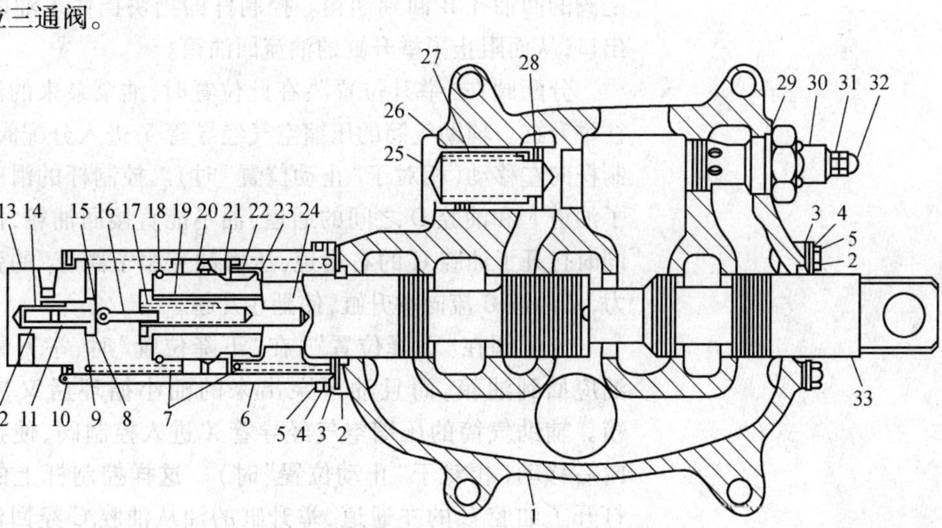

图6-5　大型自卸车辆举升控制阀

1-阀体;2-密封环;3-压板;4-锁止垫圈;5-螺栓;6-后盖;7-定心弹簧;8-小滑阀套;9、12、26、29-O形环;10、17-卡环;11-O形环及支承环;13-小滑阀壳体;14-小滑阀;15-圆柱销;16-小滑阀导杆;18-限位环;19-先导弹簧;20-定位球及座;21-限位环;22-弹簧座;23-定位芯轴;24-尼龙塞;25-螺盖;27-单向阀弹簧;28-单向阀;30-安全阀;31-锁止螺母;32-盖形螺母;33-主滑阀

液压分配阀的作用是将油泵来的具有一定压力的油送到举升缸或油箱中去，当翻斗下降时，举升缸的油经分配阀回到油箱中去，通过液压举升机构的气动控制阀来操纵分配阀。分配阀上的限压阀，当压力过高时对举升机构起保护作用。这个阀是可调的，这样可以调整最大压力至理想值。

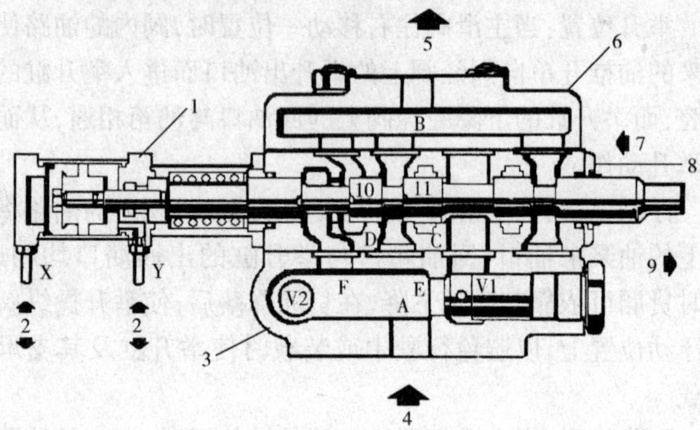

图6-6　分配阀

1-气动控制阀；2-气源；3-进油端盖；4-由油泵来；5-回到油箱；6-出油端盖；7-举升；8-阀体；9-下降；10-滑阀；11-挡块

分配阀的工作过程：

分配阀的工作过程

分配阀在“止动位置”：当分配阀的控制杆在图6-6所示的中间位置时，为分配阀的“止动位置”。

油泵来的油从进油孔A进来，经过油道和油腔D，顺着分配阀的回油孔B回到油箱。控制杆的挡块挡住了油腔C的出口，从而阻止了举升缸的油流回油箱。

分配阀在“举升位置”：在此位置时，油泵泵来的油被送往举升缸。辅助气筒的压缩空气经导管Y进入分配阀，使控制杆向左移动（相对于“止动位置”时）。控制杆的滑阀切断了油道F和油腔D之间的通道，油不能直接回油箱，而挡块同时打开了油腔C的右通道，压力油克服了阀 V_1 的弹簧弹力，从油道C流向举升缸，使翻斗升起。

分配阀在“下降位置”：在“下降位置”时，举升缸中的油应回到油箱，而且油泵泵出来的油小循环后又流回油箱。辅助气筒的压缩空气经导管X进入控制阀，使控制阀向右移动（相对于“止动位置”时）。这样控制杆上的挡块打开了油腔C的左通道，举升缸的油从油腔C经回油道B流回油箱。油泵泵出的油经油道F、油腔D，从分配阀回油孔B流回油箱。

分配阀上限压阀的工作过程：限压阀作用是当油压过大

时,对举升机构起保护作用。当 A 处的压力超过规定值 9.8MPa,油克服了弹簧的弹力,将限压阀顶开,从而打开了 A 与油箱的通道,油泵泵来的油直接回到油箱。

1.2.5　举升系统安全阀

为了防止系统过载,大型自卸车辆举升系统装有先导式锥形安全阀,其结构如图 6-7 所示。

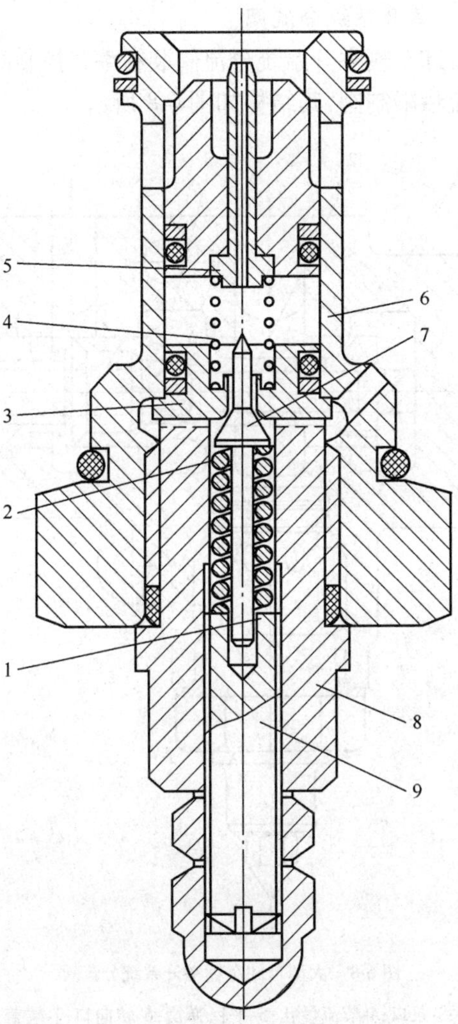

图 6-7　大型自卸车辆举升系统安全阀

1-先导锥阀;2-调整弹簧;3-先导阀座;4-弹簧;5-柱塞;6、8-阀体;7-锥阀;9-弹簧座

举升系统安全阀

举升控制阀和分流阀都装有先导式锥形安全阀,锥阀在弹簧及油压作用下,紧压在阀体的阀座上,先导锥阀在调整弹簧的压力作用下,紧压在先导阀座上,调压弹簧的压力是按限定压力调整的。当油压达到限定压力时,先导锥阀开启,柱塞下油腔的高压油经开启间隙流到回油腔。由于柱塞中心孔较

长、较小,具有一定阻尼作用,因而下腔油压降低,在上下腔压力差的作用下,柱塞迅速地向下移动,直到紧靠先导锥阀(中心孔被堵死),并进一步将先导锥阀打开,下油腔压力迅速下降,锥阀在此上下腔较大的压力差作用下迅速开启,高压油大量地回到油箱,从而避免油压继续升高,系统不致过载。安全阀的限定压力为11.71MPa,额定流量为620L/min。

1.2.6 举升系统分流阀

举升系统分流阀

大型自卸车辆举升系统分流阀装在举升控制阀上方为节差压力式流量限制阀,其结构如图6-8所示。

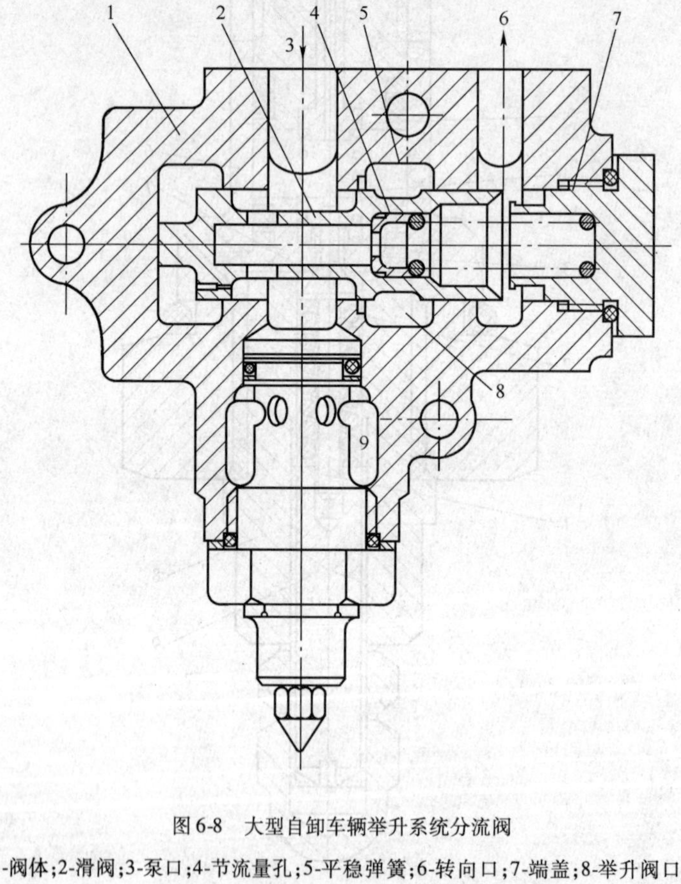

图6-8 大型自卸车辆举升系统分流阀

1-阀体;2-滑阀;3-泵口;4-节流量孔;5-平稳弹簧;6-转向口;7-端盖;8-举升阀口;9-回油口

分流阀的工作是依靠节流量孔的作用使左右两端产生压力差,差值的大小与流量成正比。流量大时,压力差值也大,当流量达到100L/min时,则能克服平衡弹簧的压力迫使滑阀向右移动,部分油液流往举升控制阀,流量低时,压力差值也相应降低,在平衡弹簧的压力下,滑阀被推到左端,切断往举升控制阀的通路,这时来自双联泵小齿轮泵的液压油全部供给转向系。依靠滑阀右端出油口与端盖尾部轴颈相对间隙所产生的节流作用。在流量大时,保持有100L/min的油流向转向阀,流量小时,则全部供给转向阀。

滑阀左端尾部上的阻尼孔用来吸收滑阀的震动能量。

1.3　举升系统工作过程

举升系统工作过程

大型自卸车辆举升系统中操纵控制系统采用气动控制的液压力操纵系统,设有举升限位装置,能在车厢举升到达最大转角时自动停止举升。琴键式控制阀,设有“停”、“升”、“降”3个琴键。自卸装置的操纵控制系统的回路及工作过程(图6-9)如下。

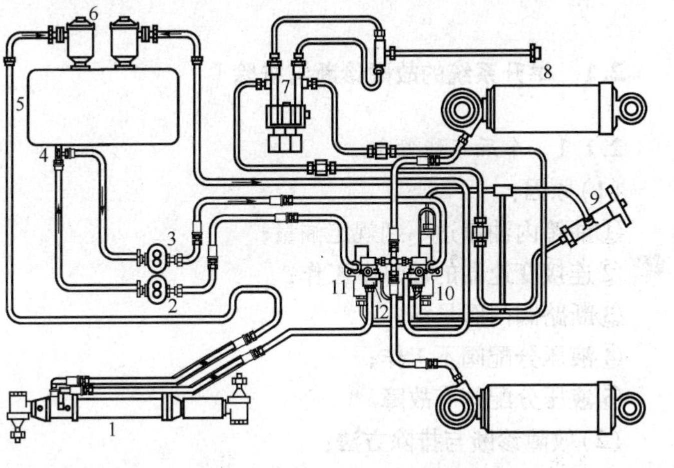

图6-9　举升系统和转向加力机构液压系统示意图

1-转向加力器;2-转向油泵;3-举升油泵;4-阀门;5-贮油箱;6-滤清器;7-举升控制阀;8-举升油缸;9-限位阀;10-操纵阀;11-加力阀;12-调速阀

1.3.1　举升

将变速杆放在空档位置,按下举升控制阀7“升”键,使发动机加速在1500~1800r/min,当车厢举升至极限位置时,按下举升控制阀7“停”键。

气路——压缩空气回路为举升控制阀7→限位阀9→操纵箱(操纵阀10和加力阀11)。

油路——液压油回路为贮油箱5→油泵(2和3)→操纵箱(操纵阀10、加力阀11和调速阀12)→举升油缸8。

1.3.2　停止

按下举升控制阀7“停”键,车厢无论是在举升或降落过程中都将停止动作,并保持在已达到的位置上不动。

气路——压缩空气被举升控制阀7关闭不进入举升控制系统,同时在操纵箱内压缩空气被排空。

油路——液压油回路为贮油箱5→油泵3→操纵阀10→滤清器6→油箱。

1.3.3 降落

按下举升控制阀7“降”键,车厢在降落过程中,当周围环境许可条件下可低速开动汽车。车厢完全降落后,按下“停”键。

气路——压缩空气回路为举升控制阀7→操纵阀10。

油路——液压油回路为举升油缸8→油泵3→操纵阀10→滤清器6→油箱。

2 大型自卸车辆举升系统的故障诊断与维护

2.1 举升系统的故障诊断与排除

举升系统的故障诊断与排除

2.1.1 车厢不能倾翻

(1)原因:

①油箱内油量达不到规定油量;

②连接变速器的油泵不工作;

③断路阀门阀呆滞;

④液压分配阀不工作;

⑤液压分配阀有故障。

(2)故障诊断与排除方法:

①车厢在原位置时加油至规定油量;

②检查从变速器壳内至控制缸油路的密封度;

③用一杠杆将门阀调到原位或者更换;

④松动一下管路,检查空气是否进入下控制缸,拆下控制缸进行清洁;

⑤更换新分配阀。

2.1.2 车厢自举升位置不能放下

(1)原因:液压分配阀不工作。

(2)故障诊断与排除方法:松动一下管头,检查是否有气进入分配阀上控制缸或者拆下清洁。

2.1.3 在规定的位置上举升动作切不开

(1)原因:举升机构切离功能调接不当。

(2)故障诊断与排除方法:通过调节门阀分离阀螺栓来调整分离机构。

2.1.4 车厢下落太快

(1)原因:

①出油口密封不严；

②气控阀密封不严；

③举升缸内壁和活塞损坏。

(2)故障诊断与排除方法：

①液压油太脏，更换液压油；

②检修出油口，更换气控阀；

③检修举升缸内壁和活塞。

2.1.5　举升油泵漏油

(1)原因：举升油泵油封损坏。

(2)故障诊断与排除方法：更换新油封。

2.2　大型自卸车辆举升系统的维护

举升系统的维护

每天出车和交接班时应检查整个液压举升系统的管路、阀件和举升油缸，油泵必须保持工作正常。气动控制系统应保证不漏气，液压系统应保证在工作压力下无渗漏，其中包括举升油缸等。

检查举升系统油箱的油位。如果油位低于要求的标准时要及时加油，其中注意：要加注本车型规定的标号油，加注的油要清洁不得有水和脏物。

在一级维护时，要拆检清洗滤清器的滤网，若发现滤芯网损坏或在清洗时滤芯损坏，必须更换滤芯。要润滑举升系统中各运动构件，如车厢转轴，举升油缸球接头等应用润滑脂润滑。

一般对整个举升系统的管路阀件不需要经常拆检。如果因故障需要拆检时，必须保证零件清洁干净，对密封面和密封构件如O形密封圈等，必须检验是否完整，不允许有碰伤、变形或缺损等缺陷，不允许有金属屑等脏物进入构件内部。

工作中举升缸不允许有卡阻、颠动等现象，油泵在运转时不允许有异常噪声。

在二级维护时要更换举升系统中的用油，以防油质改变影响工作。

2.3　大型自卸车辆举升系统主要总成的维修

2.3.1　举升缸的维修

举升缸的维修

举升缸一般情况下无需经常维护。在使用过程中允许微量油液渗漏。但当渗漏的油过多(或有泄漏现象时)可用调节密封圈螺母进行调节，如果渗漏仍严重时则应进行维修。

2.3.1.1　举升缸的分解与组装　大型自卸车辆举升缸

分解图如图 6-10 所示。

拆卸过程中要注意的几个问题：从上吊耳端按柱塞杆 32、第三节缸 25、第二节缸 17 次序从第一节缸 9 内将它们抽出，不要碰坏镀铬工作表面。拆下上、下球关节轴承的球座。球碗一般不要拆下，如果损坏可拆下孔用弹性挡圈 4 和 39 后将它压出。

彻底清洗拆下的全部零件。重点检查缸筒滑动配合的内外表面，如果导向套内孔磨损过度或拉毛则应修复或更换。若镀铬表面磨损过度或拉毛应镀铬后修复。密封件、防尘圈和尼龙防松圈一旦拆下就应全部更换。

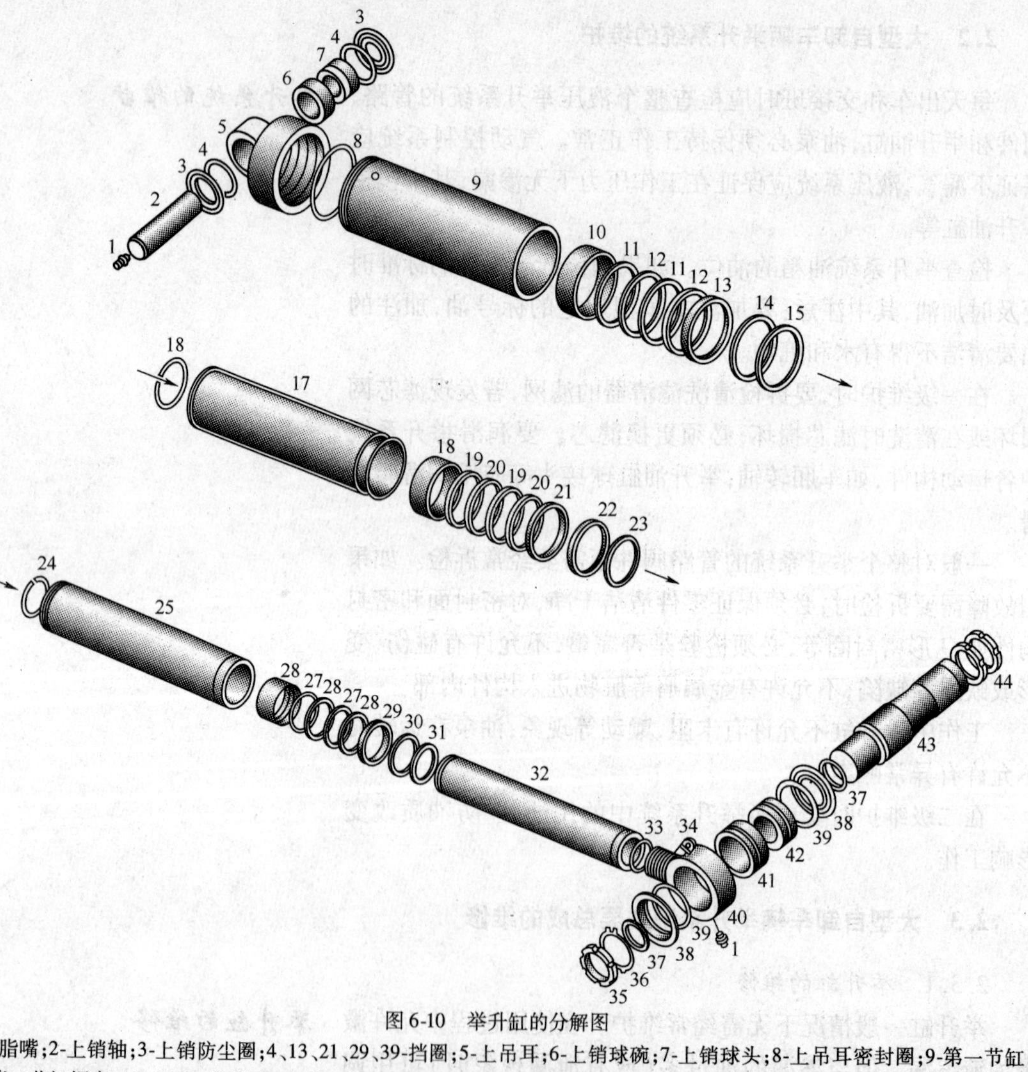

图 6-10　举升缸的分解图

1-滑脂嘴；2-上销轴；3-上销防尘圈；4、13、21、29、39-挡圈；5-上吊耳；6-上销球碗；7-上销球头；8-上吊耳密封圈；9-第一节缸；10-第二节缸铜套；11、19、27-弹性圈；12-第一节密封圈；14、22、30-调节螺母；15、23、31-毡封；16、24-卡簧；17-第二节缸；18-第二节缸铜套；20-第二节密封圈；25-第三节缸；26-第三节缸铜套；28-第三节密封圈；32-柱塞杆；33-下吊耳密封圈；34-防松塞；35-下销外螺母；36、37-垫圈；38-下销防尘圈；40-下吊耳；41-下销球座；42-下销球座；43-下销轴；44-下销内螺母组装过程要注意的几个问题：组装时，要用润滑油浸润防尘圈和油封组，按油封组、挡圈和调节螺母的次序先后将它们装进各自缸筒的内孔。注意：油封的刃口安装时必须向内，此时调节螺母不要拧紧。在装配第二节缸、第三节缸和柱塞杆时，不要碰坏油封和防尘圈。装卡簧时，卡簧开口处与缸筒的铣槽必须错开一定角度。在新的尼龙防松塞敲入下吊耳孔中时，不要敲坏吊耳螺纹，一般应用木锤敲入。举升缸装配好后应注意保持清洁，特别要防止脏物混入缸内或球关节轴承内。

2.3.1.2　举升缸的试验检查　举升缸组装之后，应在试验台上进行试验，以免在车上重复拆装。台架上的试验规范可参照制造厂举升缸出厂标准进行。在无实验台的情况下可在车上进行。举升缸试验时主要检查以下内容：

(1)检查举升缸在全负荷工况下的密封性。举升缸不得漏油(镀铬表面允许有薄层油膜存在)。

(2)检查举升缸筒移动的平稳性，往复升降的过程中不得卡阻或出现不正常的金属摩擦声。

(3)举升缸各筒应按顺序进出。应能从最小直径的开始，平稳而不跳动地一个进入一个。

(4)举升缸不致因调节螺母拧得过紧而影响其下降速度。

2.3.2　举升控制阀的维修

2.3.2.1　操纵阀的分解与组装(图6-11)　拧下二端盖1，取出两端垫圈、活塞与滑阀。取出两个衬套3，最后分解操纵阀上的安全阀。　**举升控制阀的维修**

组装时注意将滑阀用手轻推入阀体孔内，滑阀方向不得装反，滑阀在阀孔内应能滑动但又应有不大的摩擦阻力感觉。在安全阀座20上装上锁紧螺母19、密封垫圈18和O形密封圈17以后拧入阀孔上，但不要拧紧(包括锁紧螺母)因在试验台上还须进行调整。

2.3.2.2　操纵阀的试验　操纵阀校验的内容是：在0.39kPa的气压下通过举升控制阀控制校验操纵阀的工作性能，即油路变换应正确、灵敏，油和气不得互漏。

安全阀的开启压力可通过拧动安全阀座加以调整。安全阀应调整到11.77MPa油压下开启。然后用锁紧螺母固紧，用密封垫圈及O形密封圈加以密封。

2.4　举升系统的安装与调试

举升系统的安装与调试

2.4.1　举升系统的安装

(1)安装前的准备工作和要求。

①对需要安装的液压元件,应用煤油或其他清洗剂清洗干净,并进行认真地校验,必要时要进行密封和压力试验,确保达到其性能要求。

②对系统中所有的仪器、仪表应进行严格地调试,确保其灵敏、准确、可靠。

③检查备油管,应确保每根油口的位置,不能接反或接错。

(2)液压元件的安装与要求。

①安装备料和阀时,必须注意各油口的位置,不能接反或接错。

②液压泵输入与电动机驱动轴的同轴度偏差不应大于0.1mm,两轴中心线的倾斜角不应大于1°。

③板式液压元件接合面处的密封圈应有一定的压缩量,各连接螺钉应按交叉顺序均匀拧紧,并使元件的安装平面与底板平面全部接触。

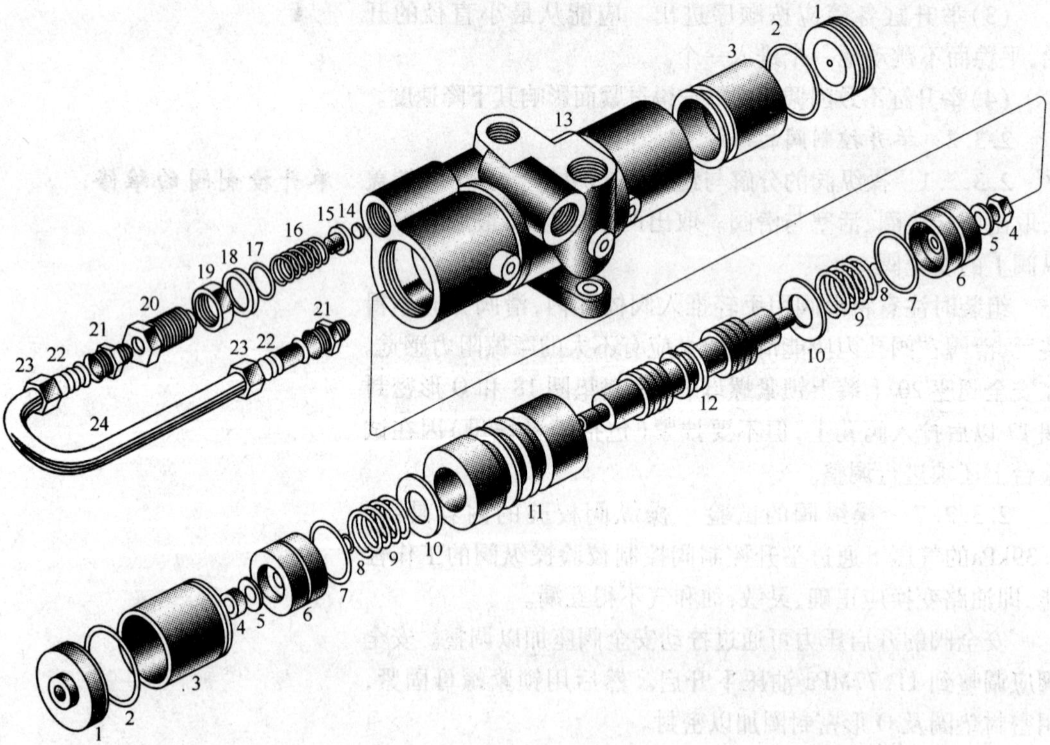

图6-11 操纵阀分解图

1-端盖;2、7、8、17-O形密封圈;3-衬套;4-活塞紧固螺母;5-垫圈;6-活塞;9-复位弹簧;10-弹簧用垫圈;11-滑阀套筒;12-举升滑阀;13-阀体;14-安全阀钢球;15-安全阀弹簧座;16-安全阀弹簧;18-密封垫圈;19-锁紧螺母;20-安全阀座;21-管接头;22-管套;23-管螺母;24-安全阀回油管

④方向控制阀一般应保持轴线水平安装，蓄能器应保持其轴线竖直安装。

⑤应保证液压缸的安装面与活塞杆滑动面的平衡等要求。

⑥各指示表的安装应便于观察和维修。

(3)液压管路的安装与要求。

液压系统的全部管路在正式安装前要进行配管试装，试装合适后将油管拆下，用温度为40～50℃的10%～20%的稀硫酸或稀盐酸溶液酸洗30～40min。取出后再放入30～40℃的苏打水中，最后用温水清洗、干燥、涂油，转入正式安装。

管路的安装应满足以下要求：

①管通的布置要整齐，油管长度应尽量短，管通的直角转弯应尽量少，各平行与交叉的油管之间应有10mm以上的空隙，刚性差的油管应予以可靠地固定，系统和管路复杂时，可将其高压油管、低压油管、回油管和吸油管等分别涂上不同的颜色或编号加以区别，以便于安装和维修。

②扩口管接头及油管端面要先锪平，油管扩口必须用专门工具进行。采用凸缘连接时，凸缘焊接与油管中心线垂直。各油管接头要紧固可靠，密封良好不得漏气。

③液压泵吸油管的高度一般不大于500mm(自卸汽车的油箱位于液压泵之上时可不考虑此要求)。吸油管道的接合处应涂以密封胶，保证密封良好，溢流阀的回油管口不应靠近泵的吸油管口，以免吸入温度高的油液。

④回油管应伸到油箱液面以下，以防油液飞溅而混入气泡。回油管端应加工成45°斜面，使回油平稳。凡外部有泄油管的阀(如减压阀、顺序阀等)，其泄油口与回油管道连通时不允许有背压，否则应单独设回油管。

⑤系统中的主要管道和滤油器、蓄能器、测压表、流量计等辅助元件应能自由拆装而不影响其他元件。布置活接头时，应保证其拆装方便。

⑥高压管路必须使用按其工作压力选定的无缝钢管或钢丝编织胶管，不允许使用有缝钢管或有缺陷的钢管代替，钢管连接宜采用凸缘连接。

2.4.2 举升系统的调试

举升系统的调试

(1)举升系统的清洗　举升系统安装好后，在试车以前必须对管路系统进行清洗，要求高的系统可分两次进行。

第一次清洗，清洗前应清洗油箱并用绸布擦净。然后注入油箱容量60%～70%的工作油(不要用煤油、酒精等)。再将溢流阀及其他阀的排油回路在阀的进口临时切断，将液压缸两端的油管直接连通（使油液不流经液压缸），并使换向阀处于某换向位置（不处于中位）；将主回油管处接一滤油器。这时，即可使泵运转并接通加热装置，将油加热到 50～80℃ 时进行清洗，清洗初期，回油管处的滤油器应用 80～100 目的滤油网。为提高清洗质量，应使泵体间歇运动，并在清洗过程中不断轻轻敲击油管，使管通中各处微粒都被冲洗干净。清洗时间视系统复杂程度等具体情况而定，一般为十几个小时，第一次清洗结束后，应将系统中的油液全部排出。然后再次清洗油箱并用绸布擦净。

第二次清洗，清洗前应先将油路按正式工作油路接好，然后将油箱内注入实际所用的油液并启动液压泵对系统进行清洗，清洗时间一般为 1～3h，清洗结束时，滤油器的过滤网上应无杂质，这次清洗后的油可继续使用。

（2）举升系统的调试　管路系统清洗合格后，都要对液压系统进行必要的高速试车，使其满足各项技术参数的前提下，按实际生产工艺要求的调整，使其在重负荷的情况下也能运转正常。

液压系统调试前应做好以下准备工作：

①需调试的液压系统必须在清洗合格后，方可进入调试状态。

②液压驱动的主机、车辆全部安装完毕，运动部件状态良好并经检查合格后，进入调试状态。

③控制液压系统的电气设备及线路全部安装完毕并检查合格。

④熟悉调试所需技术文件，如液压原理图、管路安装图、系统使用说明书、系统调试使用说明书等。根据以上技术文件，检查管路连接是否正确、可靠，选用的油液是否符合技术文件的要求，油箱内油位是否达到规定高度，根据原理图、装配图认定各液压元件器件的位置。

⑤应消除主机及液压设备，（车辆）周围的杂物，调试现场应有必要明显的安全设施和标志，并由专人负责管理。

⑥参加调试人员应分工明确，统一指挥，对操作者进行必要的培训。例如有的工程比较大的必要时配备对讲机，方便联络。

（3）举升系统调试步骤。

①调试前的检查。

a. 根据系统原理图，装配图及配管图检查并确认每个液压缸由哪个支路的电磁阀操纵。

b. 电磁阀分别进行空载换回，确认电气动作是否正确、灵活、符合动作顺序要求。

c. 将泵、吸油管、回油管路上的截止阀开启，泵出口溢流阀及系统中安全阀手柄全部松开，将减压阀置于最低压力位置。

d. 流量控制阀置于小开口位置。

e. 按照说明书要求，向蓄能器内充氮。

②启动液压泵。

a. 用手转动电动机和液压泵之间的联轴器，确认无干涉并转动灵活。

b. 点动电动机，检查判定电动机转向是否与液压泵转向一致，确认后接连点动几次，无异常情况后按下电动机按钮，液压泵开始工作。

③系统排气。

启动液压泵后，将系统压力调到 1.0MPa 左右，分别控制电磁阀换向，使油液分别循环到各支路中，拧动管道上设置的排气阀，将管道中的气体排出，当油液连续溢出时，关闭排气阀，液压泵排气时可将液压缸活塞杆一侧的排气阀打开，电磁阀动作，活塞杆运动，将空气挤出，升到上止点时，关闭排气阀。打开另一侧的排气阀，使油压缸下行，排出无杆腔中的空气，重复以上排气方法，直到将液压缸中的空气排净为止。

④系统耐压试验。

对于液压管路，耐压试验的压力应为最高工作压力的1.5倍。工作压力为21MPa 的高压系统，耐压试验的压力应为最高工作压力的1.25 倍。如系统自身液压泵可以达到耐压值时，可不必使用电动液压泵。升压过程中应逐渐分段进行，不可一次达到峰值，每升高一级时，应保持几分钟，并观察管路是否正常。试压过程中严禁操纵换向阀。

⑤空载调试。

试压完毕后，将系统压力恢复到准备调试状态，然后按调试说明书中规定的内容，分别对系统的压力、流量、速度、行程进行调整与设定，可逐个支路按先手动后电动的顺序进行，其中还包括压力继电器和行程开关的设定。手动调整结束后，应在设备机、电、液单独无负载试车完毕后，开始进行空载联动试车。

⑥负载试车。

设备(车辆)开始运行时，应逐渐加大负载，如情况正常，才能进行最大负载试车。最大负载试车成功后,应及时检查系统的工作情况是否正常,对压力、噪声、振动、速度、温升、液位等全面进行检查,并根据试车要求作出记录,若系统工作正常,才可交给操作者使用。

思考与练习

一、选择题

1. 大型自卸车辆举升系统多数采用(　　)油泵,这种油泵加工简单,而且流量较大。

A. 齿轮式　　B. 柱塞式　　C. 叶片式

2. 大型自卸车辆举升系统大部分是采用双向作用式(　　)举升缸。

A. 单级　　B. 双级　　C. 多级

3. (　　)是将发动机的机械能转换成油液压力能的转换装置。

A. 举升油泵　　B. 举升缸　　C. 举升油箱

4. 举升控制阀是一种(　　)滑阀式操纵阀。

A. 两位两通　　B. 三位三通　　C. 四位四通

二、判断题

1. 大型自卸车辆举升系统的功用是举起和降落车厢倾卸货物。(　　)

2. 举升缸的作用是将油液的压力能变为机械能使货厢举升。(　　)

3. 举升系统液压分配阀是一种两位两通阀。(　　)

4. 举升缸内壁和活塞损坏会导致车厢下落太快。(　　)

三、简答题

1. 简述大型自卸车辆举升系统的工作原理。

2. 试述举升控制阀的工作过程。

3. 试述液压分配阀的工作过程。

4. 试述举升系统安全阀的工作原理。

5. 简述大型自卸车辆举升系统的工作过程。

6. 分析大型自卸车辆车厢不能倾翻的原因及排除方法。

7. 如何对大型自卸车辆举升系统进行维护?

参考文献

[1] 东风汽车公司. 东风 EQ1141G7D 系列车型维修手册[M]. 2000.

[2] 东风汽车公司、军事交通学院. 东风军用汽车使用维修技术手册[M]. 北京:国防大学出版社,2001.

[3] 幺居标. 汽车底盘构造与维修[M]. 北京:机械工业出版社,2002.

[4] 吴克棋、王振元. 重型汽车构造与维修[M]. 北京:人民交通出版社,1981.

[5] 何若天、雷翔、郑学春. 解放六/九平柴汽车维修手册[M]. 辽宁:辽宁科学技术出版社,2000.

[6] 贾文福. 五十铃 CVR146L 大型载重汽车构造与维修[M]. 北京:北京理工大学出版社,1996.

[7] 陈家瑞. 汽车构造(下册)[M]. 北京:机械工业出版社,2000.

[8] 齐志鹏. 汽车制动系统的构造原理与检修[M]. 北京:人民邮电出版社,2002.

[9] 范迪彬. 汽车构造(下册)[M]. 安徽:安徽科学技术出版社,2001.

[10] 周林福. 汽车底盘构造与维修[M]. 北京:人民交通出版社,2002.

[11] 鲁植雄. 大客车维修专门化[M]. 北京:人民交通出版社,2003.

[12] 杨宏进. 汽车底盘维修实训[M]. 北京:人民交通出版社,2003.

[13] 周若柔. 汽车构造[M]. 北京:中国劳动出版社,1999.